日本の産業革命

日清・日露戦争から考える

石井寛治

講談社学術文庫

目次

日本の産業革命

日本の産業革命

日清・日露戦争から考える

序　章　今なぜ産業革命か？

パラダイム転換への模索

最近の歴史学界では、これまで使われてきた研究の基本的枠組み（＝パラダイム）への疑問が広がり、新しいパラダイムの模索が盛んである。(1) 旧来のパラダイムへの疑問のほこさきは、とくに人類の歴史を段階的に発展するものとみなしてきた歴史観に向けられているようである。

最近起こった社会主義体制の崩壊と市場経済の世界的拡大は、資本主義から社会主義へという発展方向からみれば、歴史が逆流したかのように受け取られた。また、日米間の激しい経済摩擦からは、同じ資本主義経済でもアメリカ経済と日本経済はきわめて異質なことが明らかとなり、さらに中国などが独自な社会主義市場経済を展開しはじめるに及んで、市場経済として共通しているというだけではすまされない、市場経済の多様なあり方が注目されるようになった。

こうしてさまざまなタイプの市場経済が世界を隅々まで覆い尽くすかにみえる今日、企業の広告宣伝活動や政府の財政金融政策が、新しい消費を創出し市場を急激に拡大した結果、人類の経済活動が、地球環境や資源・エネルギーの限界と衝突するというまったく新たな難問が登場してきた[2]。このことは、市場経済が人類の到達した究極の経済システムであると考えて安心するわけにはいかないことを意味している。これからの歴史の方向を見定めるためには、そもそも市場経済なるものの歴史的位置はいかなるものであり、日本のばあいの市場経済はどのような独自性をもっているかが、あらためて問題とされなければならない。

歴史的な問題に即していえば、明治維新を画期として近代日本社会を築き上げようとしたわれわれの祖先たちが、いったいどのようにして欧米諸国の人々が開発した機械制大工業を移植して市場経済化をはかり、みずからの産業革命を行ったのか、そこにどのような問題が生じたかを、あらためて究明する必要が出てきたといえよう。

最近は江戸時代について、その経済発展を高く評価し、明治維新にはじまる「近代化」は楽々と達成されたかのような議論が目につく。しかし、それは当時の人々の「近代化」のための苦労をまったく理解しない議論だといわなければならない。江戸時代の日本人が「鎖国」の夢をむさぼっていた間に、欧米では市民革命と産業革命という巨大な変革が行われたため、一六世紀にはほとんどなかった日欧間の経済力・軍事力の格差が、一九世紀にはとてつもなく開いてしまった。そうした欧米列強からの強力な「外圧」のもとで、幕末の日本は植民地に転落しかねない危機に陥ったのである。

その後、列強との巨大なギャップを埋めるための懸命の努力がなされながらも、政治面では容易に「近代化」しえなかったことが、後に述べるように、産業革命の最中に日本が二つの大戦争を行う一つの原因となるのであり、日本はその結果として急速に帝国主義化したのであった。

一九世紀末から二〇世紀はじめにかけてのアジアでは、日本だけが産業革命を達成した国であったが、同時に日本はアジア唯一の近代帝国主義国となって近隣諸国を支配した。したがって、日本の産業革命の特徴を理解するためには、あわせて日本の帝国主義化の特徴を把握することがどうしても必要となる。

日本帝国主義の歴史については、最近ようやく実証的な研究が蓄積されてきたとはいえ、まだまだ不明な部分が多く、そのことが日本人の近現代史への意識をあいまいなものとし、近隣アジア諸国の人々の日本近現代史の見方との間に大きな食い違いを生んでいる。近隣アジア諸国の人々との真の友好関係を育てていくためには、日本の工業化のサクセス・ストーリーを述べるだけでなく、それと密接にかかわりながら日本が帝国主義化していった歴史を、批判的に究明することが急務である。

ところが最近の日本では、帝国主義の歴史を問題とすること自体を、自国史の暗黒面のみを拡大する誤った歴史観だと決めつける主張がみられるようになった。従来は、教科書検定などの形で国家権力が、自国の帝国主義史を批判的にとらえる教育を抑圧する傾向があったが、最近の特徴は、日本の「大国化」と社会主義の崩壊という事実を受けて、日本の近現代史を帝国主義史として批判的に把握することを「自虐的」だとして退ける学者たちがあらわれたことである。(3)

この議論は、たとえば廃藩置県を武士身分の自発的な解消＝放棄だと誤解して称賛するなど（事実は中央政府が華士族の基本的な収入源としての秩禄《ちつろく》を保証したために無血革命が成功したのであって、それを廃した秩禄処分は士族反乱を招いた）、実にお粗末な史実認識の上になされているのだが、もっとも問題なのは、社会主義が崩壊したので帝国主義への批判も不要となったとする論者の没主体性である。この論者にとっては、帝国主義批判とは、二〇世紀社会主義への信仰と一体のもので、それ以外の批判はありえないかのようであるが、それこそ没主体的な態度であろう。

世間の常識を完全に無視するわけにはいかないが、研究者たるものは、常識＝体制への批判精神を欠いては、聖書にいう「ききめのなくなった塩」に転落するだけでなく、社会を蝕む悪質なウイルスになりかねない。

近代社会と市場経済

さきほど「近代化」とか「近代社会」という言葉を使ったが、しばしば使われる「近代社会」という言葉は、本来どのような意味をもっているのであろうか。

経済史的にみると、前近代社会がさまざまな共同体を基礎にしてその上に階級関係が成立していたのに対して、近代社会は、商品流通＝市場経済を土台とし資本家と賃金労働者の両階級を基本的構成員とする社会、すなわち資本主義社会であるとされてきた。(4) このばあい、市場経済の位置づけについては、それを近代資本主義社会の決定的な指標とする見方から、(5) 市場経済それ自体はどのような時代にも存在した超歴史的なものにすぎず、近代資本主義社会を独自なものとして特徴づけるのは、市場を支配する一握りの「独占」の存在だとする見解[6]まで、さまざまな意見がある。

ここでは、それぞれの社会構造を特徴づける基礎は、社会の大多数を占める労働力の社会的なあり方、すなわち、マルクスのいう「生産諸条件の所有者と直接的生産者との直接的関係[7]」にあるという見解にあらためて注目したい。

この見解によれば、市場経済一般ではなく、生産手段から分離された労働主体が、その労働力を資本家へ時間決めで販売するようになった段階の市場経済こそが資本主義社会ということになるし、そうした段階の市場経済では、生産手段を集中した一群の独占的資本家が、しだいに経済全体を支配するようになる。もちろん、賃金労働者については、生産手段と完全には切り離されない半プロレタリアもまた低賃金労働者として重要であるが[8]、それは世界システムの周辺部ないし半周辺部のことであって、中枢部の熟練労働者は半プロレタリアではない。

そうした社会構造論からすれば、近代社会につづく未来社会の基礎には、生産手段から切り離されてきた労働主体による「所有の回復」がなければならないことになる。そのばあいには、少なくとも大規模経営は私的「独占」の対象から、なんらかの意味での社会的所有の対象に変わるであろうし、大規模経営が増えて社会の組織化がすすむにつれて、「市場」のはたす役割もしだいに変容し、減退するであろう。

問題は、労働主体がそうした社会的所有への参加を具体的に実現できるかどうかである。

一九三〇年代にソ連社会主義を論じたトロツキーは、官僚独裁下の国家的所有は「全人民所有」とは到底いえないとして、ソ連の「資本主義への後退も完全にありうる」(9)と予見した。国家や企業あるいは組合などにおける社会的所有が実質的なものとなるためには、それらの組織において、労働主体が自己の所有主体としての機能を発揮できるような組織原理と組織運用（いいかえれば、民主主義）が存在しなければならないことを、トロツキーは鋭く見抜いていたのである。

未来社会の土台をなす社会的所有は、民主主義の成熟をまってはじめて可能となる所有形態であることが銘記されなければなるまい。その点を明確に指摘しなかったマルクスとその後継者の社会主義パラダイムは大きな限界をもっていたのであり、二〇世紀社会主義の崩壊は起こるべくして起こった出来事であった。

われわれは二一世紀には、市場経済のもつ限界を真の意味で克服し、地球という限られた自然環境のもとで人々が生きる社会的生産と社会的消費の新しいスタイルを基礎とした社会を構想し、搾取と差別のない新たな未来社会をなんとしても実現しなければならない。それなくしては人類社会の未来はきわめて暗いものとなろう。

産業革命の否定論

近代資本主義社会がこのように労働主体が賃金労働者という姿をとる社会であるとすれば、機械の導入によって資本—賃労働という関係を全社会的に押し広めていった画期として産業革命を検討することは、近代社会を理解するうえで決定的に重要であることは自明のようにも思われる。ところが、最近の欧米学界では産業革命の「革命」性への批判が続出し、「産業革命は限定的で、制約された、断片的な現象として、より否定的に描かれるようになった」[10]といわれている。

しかし、数量経済史研究がすすむにつれて、一八世紀後半から一九世紀初頭のイギリスが加速度的に経済成長をとげたという通説への疑問が強まりながらも、この時期こそがイギリスの産業構造の決定的な転換点だったという認識が共通のものとなったことのほうがむしろ注目されよう[11]。もともと産業革命を「革命」たらしめているのは、資本—賃労働の関係が社会的再生産の基軸になったという劇的な転換にあるのであって、転換のスピードをもって「革命」と呼んでいたわけではないからである。

さらに、日本の経済発展を問題とするわれわれの関心からすると、イギリスを先頭とする欧米諸国の産業革命がどの程度のスピードで遂行されたかということは、どうでもよい問題である。経済成長や産業構造の変化のテンポについては、イギリスがもっともゆるやかで、アメリカ・ドイツがそれに次ぎ、日本・イタリアの変化はかなり急テンポだが、それも二〇世紀後半の台湾・韓国の急発展ぶりには及ばないと指摘されている[12]。しかし、すべてを自前の要素に基づいてつくり出さなければならなかったイギリス産業革命のテンポが、もっともゆるやかだったのは、当然のことにすぎない。

問題は、すでに述べたように、日本や中国が鎖国している間に、欧米では産業革命が相つぎ、日本をはじめとする東アジア諸国は経済力・軍事力の面で一挙に格差をつけられたこと、欧米諸国がそうした圧倒的な経済力・軍事力によって世界市場を形成・支配するようになったことである。

イギリスでは、経済成長や技術変革の計量的分析が緻密に行われるわりには、そうしたイギリス経済の変化の世界史的インパクトに関する研究が乏しい。それはまるで、昔からイギリス人がゆるやかで「正常な」経済成長につとめてきたのに、超スピードの経済成長を追求する「異常な」アジア諸国などが登場したために、イギリスが停滞的にみえるのだと証明しようとするあまり、自国以外の世界への関心を萎縮させてしまったかのようである。これは、近代社会のグローバルな展開のなかで日本の問題を考えていこうとするわれわれの問題関心からすると、まことに困った研究傾向だといわなければならない。

日本の産業革命をどう分析するか

では、日本の産業革命を今あらためて検討する本書のばあい、どこに検討の力点をおくことが望ましいのであろうか。

二〇年ほど前に筆者も執筆に参加した、大石嘉一郎編の包括的な産業革命の研究成果[13]が出版されて以来、しばらくの間、日本の産業革命についてのまとまった研究は出版されてこなかった。しかし、最近になって、産業革命を対象とした新しい研究が相ついで刊行された結果[14]、産業革命の個々の局面については従来不明確だった部分もずいぶん詳しくわかるようになった。

ところが、話が詳しくなった反面で、産業革命の全体像はかえって不明確になってしまい、また、経済過程と歴史総体との関係はほとんどみえてこないという問題が発生した。他方、かつては歴史全体を総括する役割をはたしてきた政治史研究者も、最近は一日刻みでの政治過程の分析には熱中しても、その背景をなす社会状況や経済過程についてはあまり注意を払わなくなっている。

こうした歴史研究の細分化と分散化を克服して、歴史の全体像をあらためて組み立てるために、本書は日本の産業革命を、当時の世界史のなかでの日本社会全体の動きと関連づけながら追うことにしたい。具体的には、産業革命の真っ最中に日本が東アジアにおいて経験した二つの戦争――日清戦争と日露戦争――に着目し、それらの戦争と産業革命の関係を考える、という形で論をすすめることにしたいと思う。

このような問題の捉え方は、欧米からの「外圧」を受け止めるさいに、アジアではアフリカやラテンアメリカと違って、アジア内部での貿易が発展したこと、そうしたアジア交易圏を基盤とすることによって日本の急速な工業化が行われた、とする最近の研究動向とは明らかに異なっている。最近の研究の流れからみると、本書のような捉え方は、「日本がアジアの一部であったという側面」を、「侵略や植民地化との関連で捉え」るという根強い「バイアス」をもった古い捉え方に属するようであるが[15]、本書では、あえてそうした問題設定を行いたい。

産業革命を、単なる個別産業部門の近代化や生活様式の変容の問題として捉えるのでなく、日本国家と日本社会全体の変容と関連させ、近隣アジア諸国とのかかわりにおいて把握するためには、戦争と侵略の問題を抜きにすることはできないはずである。それにもかかわらず、そうした歴史の検討は、従来決して十分には行われてこなかった。そうした全体史をめざした叙述を行うためには、戦争につながる政治の動向についての政治史研究の成果を取り入れ、分離気味の政治史研究と経済史研究を架橋することが必要となろう。

経済過程については、最近の世界経済史やアジア交易圏史についての問題提起にも留意し、また、このところ興味深い研究が続出している、経営史研究や労働史研究の成果にも目を配ることにしたい。そうすることによって、日本史の全体構造を世界史の動向とのかかわりで把握するだけでなく、構造を変革する主体の姿を具体的に明らかにし、近代日本史における日本産業革命の新たな歴史像を描き出したいと思う。

第一章　外資排除のもとでの民業育成
日本産業革命の前提（一八七三〜一八八五）

1　一九世紀末大不況のなかの日本経済

「外圧」に抗しての維新変革

一七世紀に鎖国によってヨーロッパ世界との関係を基本的に断ち切った日本は、一九世紀中葉になると、アメリカのペリーが率いる「黒船」のショックによって否応なしに開国させられた。

開国に始まる明治維新の一連の変革は、一言でいえば、列強の支配する国際社会に独立国として伍していくことのできる、政治権力と経済構造をつくり出すための必死の試みであった。結局、薩摩・長州などの西南雄藩が朝廷を担いで戊辰《ぼしん》戦争（一八六八〜六九年）を戦い、徳川幕府を倒して新政権である明治政府を誕生させるわけであるが、明治政府が国際社会において独立国としての地位を固めるまでの道程は、苦難に満ちたものであった(1)。

政治的には、幕府の結んだ対外通商条約が、日本側に関税を決める権利（関税自主権）がなく、外国人を裁く権利もない（領事裁判権）という、屈辱的なものだったのを改定しないかぎり、日本は一人前の独立国家とはいえなかった。

条約改正のためには、まず近代的統一国家としての態勢をととのえ、国民に平等な権利を保障する近代的な法律をつくらなければならない。しかし、幕府倒壊後も存続する諸藩を廃止し、秩禄を受け取る権限を武士から剝奪するのは、倒幕派の武士にとって自己否定を意味する。明治政府はこの難問を、のちに詳しく述べるように、廃藩置県を行ったあとで秩禄処分に着手するという、巧妙な二段階政策によって解決しようとした。

だが、そうした政策も、結局は西南戦争（一八七七年）をピークとする士族反乱をひきおこし、維新変革を指導してきた西郷隆盛《たかもり》（一八二七～一八七七）は反乱の首領に押し上げられて自刃し、官軍を指揮した大久保利通《としみち》（一八三〇～一八七八）も間もなく暗殺された。ついで、国民の政治参加をめぐって燃えあがった自由民権運動に対して、明治政府の伊藤博文《ひろぶみ》（一八四一～一九〇九）らは、上からの憲法制定という約束によってこれに対応し、運動を懐柔・弾圧した。そして一八八九年（明治二二）に制定された明治憲法によって翌年議会が開設され、条約改正への準備がほぼととのったのである。しかし、その議会においては、多数派を占める民党が、民党に対して超然とした態度で民意を軽ずる藩閥政府と、激しく対立しつづけることとなった。

経済面では、先進列強の経済力に追いつくことがなによりの急務であった。明治政府の殖産興業政策は、産業革命への道筋をととのえ、一八八六年（明治一九）の銀本位《ぎんほんい》制の確立を契機として産業革命がスタートする。そこにいたる過程でも、列強の「外圧」のもとで、試行錯誤が繰り返された。とりわけ、一八七三年（明治六）の政変で西郷隆盛ら明治政府内の征韓派グループが退陣し、かわって国内の経済力充実を基本国策とする大久保利通らのグループが政権を掌握して、産業革命への道を意識的に準備しはじめたことが重視されるべきだろう。これから本章では、一八七三年の政変以降、どのようにして産業革命の前提条件がつくられていくかをみていくが、重要なのは、幕末の開港によって無理やりに世界市場に引き込まれて以後、日本経済の動きは、国際的な経済状況の変化によっていちじるしく影響されたことである。

日本の産業革命について理解するために、まず、そうした世界経済の変容、とりわけ一八七三年の世界恐慌において示された、「世界の工場」としてのイギリスの地位の低下と、同国の「世界の銀行」への転換を確認することから始めよう。

一八七三年恐慌と先進国の大不況

一八七三年五月九日の「暗い金曜日」に、オーストリアのウィーン取引所投機の破綻から始まった恐慌は、ただちに同地へ多額の資本投下をしていたドイツへと波及し、九月には、ヨーロッパからの資本輸入による鉄道建設ブームがすでに終わりかけていたアメリカ合衆国にも及んだ。そしてアメリカを中心とする世界各地の鉄道建設に、資本と鉄鋼・機械を供給してきたイギリスも、間もなく恐慌に巻き込まれ、以後同国は長期にわたる不況を経験することになる。

一八七三年世界恐慌の一つの特徴は、それまでイギリスを震源地としてきた世界恐慌が、イギリスではなく中部ヨーロッパとアメリカから始まったことにあった[2]。

かつて「世界の工場」としての地位を誇ったイギリスの生産力の圧倒的な優位は、すでに一八六六年恐慌以降、アメリカとドイツ（プロイセン）によってその地位を脅かされるようになっていた。六六年恐慌からの景気回復が遅れていたイギリスを尻目に、南北戦争（一八六一〜六五年）後のアメリカには、多額の資本がイギリスから流入し、中西部の農業の発展と結びついた鉄道建設がさかんとなっていた。また、ドイツは、普仏戦争（一八七〇〜七一年）に勝利して得たフランスからの賠償金によって、重工業と鉄道の建設が熱狂的な盛況を迎えた。

一八六〇年当時、アメリカとドイツの合計工業生産力はまだイギリス一国のそれにわずかに及ばなかったのが、一八七〇年には両国合計でイギリスを上回り、八〇年代にはアメリカがついにイギリスを抜いて世界最大の工業国になる。

こうして、イギリスに並んで先進各国の重工業が発展したときに世界的な鉄道建設ブームが終わったため、慢性的な生産過剰が生じ、さらに安いアメリカ農産物の輸入でヨーロッパ農業が不振に陥った結果、一八七三年恐慌から一八九五年前後まで、イギリスに代表される先進諸国で物価の低落と利潤率の低下という「大不況」がつづくことになった[3]。

しかしながら、世界貿易と国際金融において、イギリスの支配的地位は、かえって強化された。一八六六年恐慌のさい、ロンドン割引市場において、国内と国外の諸企業の巨額の手形割引を行ってきたオーバーレンド・ガーニー商会が融資の焦げつきのために倒産してからは、ロンドン金融市場は国内投資を避けて海外投資と国際貿易金融のセンターとしての性格を強めていった。そしてそれに応じて、ドイツをはじめとする主要資本主義国が金本位制を採用してロンドンとのつながりを強化した結果、ロンドンは世界的な金融中心地としての地位を確立したのである。(4)

イギリスは、国際競争力の低下にもかかわらず自由貿易政策を堅持したため、競争力を高めてきた大陸ヨーロッパとアメリカ合衆国に対しては貿易赤字を増やしたが、インド・トルコ・日本などに対する大幅な貿易黒字と、海運運賃・保険料・投資収益などの貿易外収入によって経常収支は黒字であった。そして、イギリスがこの経常黒字分を海外に投資することで、世界経済の成長が促進されるようになった。(5) イギリスはこうして「世界の工場」から「世界の銀行」へとみごとに転換したのである。

しかし、日本の産業革命は、こうした「世界の銀行」と化したイギリスからの資本輸出を利用して達成されたのかといえば、そうではない。のちにみるように、外資を排除しながら産業革命をすすめた点に大きな特徴があった。

アジアの銀本位国

次章で述べるように、日本の産業革命は、こうした世界的な大不況の真っ只中の一八八六年（明治一九）に、銀本位制を採用して開始され、当初から、イギリスを中心とする大不況の展開と密接な関係をもっていた。

日本の産業革命は、先進資本主義諸国が綿工業を中軸とする産業革命をすでに終えて、重工業を中心とする新たな生産力をもとに激しく競争していた大不況期に始まったため、先進国のそれらと違った形をとったことは当然である。日本は、機械や鉄鋼の輸入が便利であった反面、それらの国産化は容易ではないという立場におかれ、また通貨面では、銀価低落の恩恵を受けることができた。ここでは、大不況期に開始された銀価格の世界的低落の意義について簡単に触れておきたい。

大不況の開始時点とされる一八七三年は、ドイツが「鋳造法」により通貨制度全体を金本位制に基づいて統一し、先進国イギリスにつづいて金本位国になった年であった。以後、一九〇〇年にアメリカ合衆国が金本位制を採用するのを最後として、主要な資本主義国はいずれも金本位制を採用していったが、その過程で、いらなくなった銀の価格は大幅に低落し、第2図（五九頁）に示すように、ほぼ半値になった。

日本経済は、そうしたなかで一八八六年に銀本位制に正式移行し、九七年（明治三〇）に金本位制に移行するまでは、この銀価低落の影響を強く受けることとなった。銀価低落とは円安傾向がつづくことであるから、金本位国からの輸入品の円価格を押し上げて競合する国内産業を保護し、金本位国への輸出を助長したが、反面で、金本位国とのあいだの為替相場のはげしい変動をまねき、安定した貿易・資本取引をさまたげた。⑥

銀価の低落が、中国や日本などアジアの銀本位国に、工業化のための有利な環境をつくり出したことは、当時の有識者も十分に意識していた。一八六三年以来中国税関の総税務司をつとめ、清朝の政治顧問の役割を演じていたイギリス人R・ハートは、九三年七月一六日、在英の友人キャンベルあての書簡で、「銀価低落がすべてを混乱させ外国貿易の前途は暗いが、かかる状況は、もし民衆が機械制大工業などを望むままに導入する自由をもっているならば、中国人にとって大変有利な状況を生むことができよう。〔しかし〕、官僚の介入と保護とはすべての企業を不利な地位に立たせ、着手されたほとんどすべての事業を失敗させる原因となっている」(7)と記している。ここには、工業化の絶好の機会を中国人がみすみす見逃していることへの苛立ちが示されている。

中国でも近代化をめざす洋務《ようむ》運動において、一八七二年以降、「官督商弁《かんとくしょうべん》」企業という官民協力の形で機械制大工業の導入が図られていた(8)。ハートは、それらの企業の実権が、事実上李鴻章（一八二三～一九〇一）ら有力漢人官僚によって掌握されているため、設立された企業がうまく育たないうえ、同種の民間企業が禁圧された結果、中国に産業革命がなかなか始まらないことを嘆いているのである。

幕藩営工業と明治官営事業

こうした中国の状況と異なり、日本では民間企業を中心とする産業革命への道が開かれてくるのだが、それはいつどのようにしてだったのか。

中国の洋務運動において設立された機械制大工業に匹敵するものは、日本では幕末に幕府や諸藩が試みた幕藩営工業であろう。幕府の長崎製鉄所＝造船所、肥前藩の反射炉・精錬方、薩摩藩の集成館は銃砲・蒸気船・電信機などを製造する大工場であったが、いずれも幕藩官僚が経営し、同種の事業を民間人が行うことは原則として許されなかった。もっとも、横浜からの綿花輸出で巨利を博した江戸の木綿・繰綿《くりわた》問屋鹿島《かしま》万平は、幕府の許可を得て、一八六四年（元治一）、横浜の外国商人へ紡績機械一式の輸入を委託、七二年（明治五）に水力で動く五七六錘の個人経営鹿島紡績所を開業している。幕府の態度は、清朝のそれとは異なり、特定の民間人に限って機械制大工業への参入を認めるものだった。(9)

明治初年の維新政府も、鉄道や鉱山あるいは輸入繰糸器械を備えた生糸製糸場などをみずから経営したが、その主たる動機は、外国資本家が直接投資の許可を求めてきたのに対処することにあり、かならずしも官営方式が望ましいと考えたためではない。

鉄道を例にとろう。アメリカ公使館員のポートマンが、旧幕府老中から個人的に得ていた免許状を振りかざして江戸―横浜間の鉄道敷設の承認を求めてきたのに対して、政府は一八六九年、鉄道建設は日本人が行うという方針を決めたが、当初はその資金は民間から集める予定であり、不可能とわかってはじめてイギリスでの国債発行に踏み切ったのである。同様の民間資金による鉄道建設プランは、実現しなかったとはいえ、一八七一年に関西でも立てられている。(10)

政府が官営富岡製糸場（群馬県）の設立を決意したのも、外国商人による器械製糸場設立の願い出がきっかけであった。一八六九年にイギリス公使館書記官アダムスは、上州や信州などの蚕糸業地帯の視察をして、製糸技術の遅れから年々大量の繭《まゆ》が無駄になっている事実を発見した。視察に同行した横浜のエッシュ・リリアンタル商会（フランス商社）の生糸検査技師ポール・ブリューナからこの話を聞いた同商会主が、日本政府に器械製糸場設立の許可願いを提出したので、驚いた政府は、願いをしりぞけ、同時にブリューナを雇い入れて官営製糸場を設立した(11)。

政府が官営方式に固執していなかったことは、当時の代表的政商三井組や島田組とともに政府の官金を預かって運用していた両替商小野組が、一八七〇年にスイス人技師ミューラーを雇い入れて築地器械製糸場をつくり、以後各地に器械製糸場を設立していることからも明らかであろう。

このように、明治政府は、清朝政府とは異なり、民間事業の発展を正面から禁圧することはなかった。だからといって、明治に入ってすぐに産業革命のコースが敷かれたわけではない。当初は工部省（一八七〇年設立）のもとの官営企業が近代産業を代表しており、その意味では中国の洋務運動と大差ない状態であった。政府の基本政策が産業革命に向かって確定され、民間の状況も産業革命に向かって動きはじめるまでには、いくつもの段階をへなければならなかった。

2 民間産業の育成策

岩倉使節団の海外視察

一八七一年(明治四)に薩摩・長州両藩実力者のクーデターで断行された廃藩置県の結果、徳川幕府にかわる中央集権的な統一国家がようやく成立し、民衆は鑑札なしで自由に国内を移動できるようになって、土地へしばりつけられていた状態から解放された[12]。しかし、新たに出発した明治政府の内外には、まだ維新の動乱の余燼《よじん》がくすぶっており、人々が落ち着いて経済活動に従事し、新しい工夫を凝《こ》らすような環境はととのっていなかった。ありていにいえば、政府自身、これからなにをめざし、どのような方向に日本を引っ張っていくべきかについて、意見が統一されていなかったのである。廃藩置県すら、計画的に準備を重ねて実現したというよりも、農民と士族の相つぐ抵抗の動きを抑えるために薩摩・長州・土佐の三藩から提供させた親兵八〇〇〇の維持費用がどうしても足りなくなった結果、窮余の一策として断行されたのであった[13]。

政府にとってはっきりしていたことは、対外的な独立を保たなければならないということであり、最初の経済政策の多くも、すでに触れたように、直接の動機は外国資本の内地侵入を防ぐことにあった。

対外面での最大の課題は、幕末に結ばれた不平等条約を改正し、開港場における外国人の治外法権を否定して彼らを日本の法律のもとにおき、さらに関税自主権を取りもどすことであった。一八五八年（安政五）の日米修好通商条約は、一八七二年以降改正できると定めていたため、政府はその準備として欧米諸国の実情を調査することを決めた。

廃藩置県の五ヵ月後に、右《う》大臣《だいじん》岩倉具視《ともみ》（一八二五～一八八三）を全権大使とし、参議木戸孝允《たかよし》（一八三三～一八七七）、大蔵卿大久保利通、工部大輔《たゆう》伊藤博文、外務少輔《しょうゆう》山口尚芳《なおよし》（一八三九～一八九四）を全権副使とする、総員四六名の大使節団が派遣された。

一行は、予定の一〇ヵ月を大幅に超過する一年一〇ヵ月もの海外生活を送ることになったが、それは単なる視察の範囲をこえて、海外に長期「留学」したようなものであった。成立したばかりの新興国家の最高首脳がそろって海外に長期「留学」したのは、世界史上で空前絶後の出来事であろう。[14]

久米《くめ》邦武《くにたけ》編『特命全権大使米欧回覧実記』[15]を読むと、彼らが近代国家および経済社会の実情とそれを支える原理をつかもうと、いかに精力的に視察を試みていたかがわかる。一行はとくにイギリスで繊維製品や機械類を製造する各地の大工場を多数訪問し、その巨大な規模と精緻な技術に驚嘆している。

たとえばスコットランド西南部の工業都市グラスゴーについて、「夜中にこの府を望めば、所所の烟突《えんとつ》より、炎火を噴き、赫赫《かくかく》天を焦し、ほとんど火災あるかと疑愕《ぎがく》せしむ[16]」（原文を平がなの現代文表記に直し、適宜ルビを付す。以下の引用文も同様）と、一八七三年恐慌の直前にあって、いまだ世界最高の地位を保っていたイギリス機械制大工業の繁栄ぶりを

岩倉使節団の首脳たち。右から大久保利通、伊藤博文、岩倉具視、山口尚芳、木戸孝允〔個人蔵〕

みごとに描いている。

　各地の工場見学からロンドンに戻った大久保は、西郷あての手紙のなかで、とくに印象深かった巨大「製作場」を列挙して、「英国の富強をなす所以《ゆえん》を知るに足るなり[17]」と述べている。

　大工場の経営者の人物についても、イングランド東北部のニューカッスルにある大砲製造工場アームストロング社でみずから案内にあたった「サー・アルムストロンク」氏について、「年七旬に近し、丈高きこと七尺余、言寡《すくな》く温温たる老翁にて、容貌愚なるが如し、およそ諸方を回り、高名なる製造家に逢うに、往往にかかる人多し[18]」と『実記』は述べている。

当時の読者は、「容貌愚なるが如し」をみれば、ただちに、『史記』の「君子は盛徳」という、この前におかれた文言を思い出すことができた。要するに使節団のメンバーは、イギリスの世界最高水準の工業を支えていたのが、立派な人格者である地方民間ブルジョアジーであることを知って驚いたのである。

それは、産業革命の真の担い手を発見した驚きであり、彼らが帰国後新たな殖産興業路線を打ち出す伏線となった。

「征韓論の西郷」対「殖産論の大久保」

最高首脳が長期にわたって海外に「留学」することができたのは、西郷隆盛と大隈重信《おおくましげのぶ》（一八三八〜一九二二）の両参議を中心とした留守政府が、不安定な国内をまがりなりにも統治しえたからであった。とりわけ筆頭参議西郷隆盛の声望は全国に鳴り響いており、反政府士族・農民たちを威圧するのに十分な重みをもっていた。

使節団のメンバーは、留守政府との間で、廃藩置県の後始末以外のことは無断で行わない約束を取り交わしていたが、新しい政策の実施を凍結することは、激しい時代の動きのなかで不可能であった。

近代化政策を推しすすめる拠点となった大蔵省（一八六九年設立）には、大隈重信や井上馨《かおる》（一八三五〜一九一五）・渋沢栄一（一八四〇〜一九三一）をはじめとする開明派官僚が多数集まっていた。彼らは、廃藩置県によって全国の年貢収入を中央政府が集中したのに、その政府が廃止した藩にかわって華族・士族に年々秩禄（江戸時代以来の家禄と、維新のさいの賞典禄の合計）を支給するために、全支出のほぼ三分の一を充てなければならず、近代化のための財源が足りないことを問題視していた。

廃藩によって諸藩の士族軍隊が解体され、一八七三年一月、全国民を対象とする徴兵令が発布されたから、武士＝軍人として秩禄をもらっていた華士族たちは、秩禄を受け取る正当な理由がなくなった。こうして華士族から、秩禄を受領する身分的特権を奪う、ほとんど革命に近い大規模な行財政改革＝リストラが避けられなくなった。

倒幕の中心勢力であった西南雄藩の下級武士を含む、士族層およそ四〇万戸（二〇〇万人）全体の特権を切り捨てなければならなくなった明治政府の指導者の立場は、矛盾に満ちたものであった。

大久保のように、早くから自藩や士族の立場を脱却した中央政府官僚になり切り、海外での見聞をつうじてますます近代化の必要を自覚した者はともかく、西郷のように、自藩や士族の立場を捨て切れないままに、筆頭参議として士族特権の剝奪を決断しなければならなかった者の苦悩は、われわれの想像を超えるものであったろう。

一八七三年八月、留守政府が、国交を拒否する鎖国の朝鮮へ、その「無礼」を咎《とが》める使節として西郷を派遣することを決定した背後には、対外強硬派の大院君《テーウォングン》が支配する朝鮮政府が日本使節を「暴殺」したことを口実に士族軍隊の朝鮮出兵を行い、士族層の存在理由を高めてその温存を図ろうという、西郷の思惑がたしかに秘められていた。(19)

留守政府のこうした決定は、帰国した大久保らの強硬な反対によってくつがえされ、西郷ら留守政府の主力メンバーは一八七三年一〇月に下野《げや》した。大久保は、同年一一月、新たに内務省を設立してみずから内務卿に就任、同省警保寮をつうじて全国の警察力を一手に握るとともに、同省勧業寮を新たな殖産興業の拠点とし、既設の工部省（一八七〇年設立）・大蔵省と協力して、殖産興業政策を民心統合の基本国策とする態勢を整えた。

この内務省こそは、第二次大戦後の改革で廃止されるまで、諸省庁の頂点として威力を振るうことになる。だが、実際に内務省の殖産勧業政策が動き出すまでには、なお一年ほどの期間が必要で、その間の新しい情勢の展開が、政策内容を大きく規定することになった。

「国の強弱」は「人民の貧富」による

内務卿大久保が、殖産興業に関する政策構想をはじめて提起した有名な建議[20]が残されているが、それには題と日付がない。従来それは一八七四年五月か六月に太政大臣《だじょうだいじん》三条実美《さねとみ》（一八三七〜一八九一）にあてて提出されたものと理解されていたが[21]、実は、同年一二月に執筆されたものと思われる。

なぜならば、そこには、これまで前参議江藤新平（一八三四〜一八七四）の佐賀の乱（一八七四年二月）や、台湾に漂着した琉球島民の殺害を理由に軍隊を送った台湾出兵（同五月）にかかりきりだったために、政府は「工業を奨励し物産を増殖せしめ」る余裕がなかったが、今やさまざまな「葛藤」がようやく決着し、人々は「泰平を歓楽して各其生業に安堵せんとす」る状態になったので、これから「勧業殖産」のための「誘導」につとめたい、と記されているからである。

五月の台湾出兵をめぐる大久保全権と清国側との交渉は、何度も決裂の危機に瀕したあげく、一〇月末にかろうじて決着した。それまでの日本国内は、対清開戦の緊迫感で「泰平を歓楽」するどころではなかった。一一月二七日に帰国して、天皇から直々に、清国との「葛藤」をみごとに処理したことへの感謝の勅語を賜った大久保が、次の課題に取り組んで記したのが、この建議であった。

大久保のこの建議の精神は、冒頭にある「おおよそ国の強弱は人民の貧富により、人民の貧富は物産の多寡《たか》にかかる」という一文に集約されている。ここには、「国の強弱」が、征韓論者のいうような軍事力によるのでもなければ、民権論者のいうような政治体制の民主化の度合いによるのでもなく、まさに「人民の貧富」すなわち経済力の水準いかんにかかっている、という認識が示されている。殖産興業をもって国権回復のための政策の基本とするという姿勢の表明であるといってよい[22]。

建議のなかで大久保は、イギリス政府が海運と工業を保護して今日の「富強」をもたらしたことを例に挙げながら、「人民の性情とその智識の度とに照応して、一定の法制を設けてもって勧業殖産のことを興起」したい、と述べており、従来の工部省による官業中心の政策と違って「人民」を担い手とする民業育成の方向を打ち出した。

もっとも、当時の「人民」というのは、政府の官吏を除くすべての国民をさす言葉であっ

1877年頃の三菱幹部。前列右からクレブス、川田小一郎、岩崎弥太郎、石川七財、後列右から荘田平五郎、岩崎弥之助、本田政治郎、浅田正文〔『岩崎弥太郎伝』下巻〕

たから、その中身は多種多様であった。そして、内務省創設後一年間にわたって同省の勧業活動を休眠状態に陥らせた諸事件が、保護すべき「人民」の中心に、三井・三菱など、政府との密接な関係を利用して富を蓄積する少数の「政商」を据える結果を招いた。

この点は、大久保の総論的な建議とほぼ同じころ、大蔵卿大隈によって執筆され、一八七五年（明治八）一月に三条太政大臣へ提出された各論的な建議[23]をみると明らかである。

大隈は、まず、連年の貿易入超＝金銀流出によって「資本流動の源枯れ、人民生産の道絶ゆ」る現状を打開するため、鉄道用品など官庁関係の輸入を減らすかわりに、台湾出兵にさいして輸入した汽船を活用することを提案し、ついで、官金を預かっていた小野・島田両組の破綻による金融逼迫《ひっぱく》を改善するため、唯一生き残った三井組の保護につとめること と、内国債を発行し吸収した民間貯蓄を有益な事業に投下することを提案している。

台湾出兵のさい、列強が局外中立を守って軍事輸送用の汽船の提供を拒否したため、政府はあわてて汽船一三隻を輸入して、岩崎弥太郎（一八三四〜一八八五）の三菱会社に寄託し輸送にあたらせた。この苦い経験が一因となって、政府は、七五年五月に海運助成を行うことを決めたが、その対象が三菱会社となることは、事実上約束ずみであった。

三菱会社の最大のライバルは、旧幕府・諸藩の船舶の払下げを受けて設立、貢米・郵便輸送の特権を与えられた日本国郵便蒸気船会社であったが、同社は寄り合い所帯《じょたい》からくる経営上の限界が大きく、軍事輸送からしだいにはずされていった。さらに資金借入れ先の東京為替会社が、大株主小野組の破産の影響で不振に陥ったため、ついに解散に追い込まれ、所有船舶は三菱の手に渡った(24)。

三井組とともに政府の官金を預かっていた小野組と島田組が破綻したのも、台湾出兵と密接な関係があった。

大久保の対清交渉が暗礁に乗り上げ、日清開戦必至と思われた一八七四年一〇月、政府は戦費確保のため官金抵当増額令を発し、預けてある官金と同額の抵当を差し出すよう命じた。しかし小野組は巨額の官金を鉱山経営や製糸場建設に投入しており、不良貸出しが多い島田組とともに破産した。

官金を用いた民間貸出しの大半が焦げついていた三井組もまた、「ほとんど累卵《るいらん》の危《あや》うきに立」（大隈建議）たされたが、大番頭三野村《みのむら》利左衛門《りざえもん》（一八二一～一八七七）の活躍で、イギリス系のオリエンタル銀行横浜支店から一〇〇万ドル（一〇〇万円）もの緊急融資をひそかに受けて、破綻を免れた。

当時日本は一八七三年恐慌で不振に陥ったフランス絹業への生糸輸出が打撃を受けたうえ、同国ではパストゥールによる蚕病対策が実を結んでいて、七四年以降蚕種輸出も激減していた。そのため、アメリカへの製茶輸出の伸びはあったが、輸出総額は停滞し、増えつづける輸入が貿易赤字を累積させていた。そこに小野組・島田組の破綻が起こり、金融梗塞《こうそく》が全国に広がったため、前述の大隈建議は「三井の保護安全を謀《はか》」らねばならないと、異例の名指しで三井保護の必要を訴えたのである。

以後、大隈は政府の官金を預かって民間に貸し出していた三井組からの官金引上げを猶予したり、同組のオリエンタル銀行からの借金返済を助けるなど、手厚い保護を加えることになる。(25)

このように、一八七三年に設置された内務省を中心とする殖産興業政策が七五年に本格的にスタートしたときには、政策の対象である「人民」の中心に、三菱と三井の二大政商がしっかりと位置づけられていたのである。それは、七四年の台湾出兵事件をつうじて生じた新しい現実であった。

外資排除の殖産資金

大久保と大隈は、留守政府によって開始された地租改正事業を促進するため、一八七五年（明治八）三月に内務・大蔵両省にまたがる強力な地租改正事務局を設置した。もともと政府の安定的な財政収入の確保のために始められた地租改正であったから、農民の負担は軽くならなかったが、その実施にさいして土地永代売買が解禁されたうえ、「田畑勝手作り」や農民の商業営業が許可され、さらに、土地抵当金融の法的保護が定められて、農民の多面的な経済活動が促進されたことは高く評価されよう。

公定地価の一〇〇分の三（一八七七年から二・五）という地租収入は、一八七五〜七七年度の国税収入の八〇％台を占めていた。支出面では幕末に比べれば三分の一強に減らされていたとはいえ、華士族への秩禄がなお全体の三分の一弱を占めていた。農民が領主の私的生活費を負担するという関係は、こうして形を変えながら存続していたのであり、それが政府財政における殖産資金の捻出を妨げていたことは前述のとおりである。

士族の特権維持をめざす征韓派が下野した直後、政府は六年分の家禄支給とひきかえに家禄奉還の希望を募ったが、希望者は全体の二〇％程度にすぎなかった。そこで、七六年八月にはついに金禄公債（六年目以降、二五年かけて抽選で償還）の支給とひきかえに、禄制全体の最終的解体を行うこととした。

同年三月の大隈大蔵卿の建議[26]は、この措置によってようやく「有用の財をもって無用の人を養うの弊《へい》」を取り除くことができると述べ、華士族に対して「無用の人」と決めつける厳しい見方を打ち出している。建議の最後の部分で大隈は、この公債によって華士族は生計の道を見いだすことができるはずで、公債発行は現今の金融閉塞状況を打開する「一挙両全の策」だとも述べている。

しかし、公債証書を華族や士族に交付しただけでは、生活に苦しい者の公債がすぐに金貸しの手に渡ってしまい、公債価格も暴落することが目にみえていた。そこで大蔵省では、民間の第一、第二、第四、第五「国立銀行」(アメリカのナショナル・バンクの訳語。むしろ国法銀行とでも訳すべきであった)から提出された懇願を参考にし、金禄公債を資本金として活用して、金貨と兌換《だかん》しない「不換銀行券」の発行権をもつ国立銀行を設立させる新方法を編み出した。

懇願を提出した諸行は、一八七二年の国立銀行条例に基づいて設立され「兌換銀行券」を発行し、それによって、乱発された不換政府紙幣にとってかわることが期待されていたのであるが、発行とともに金貨兌換の請求が殺到して立ち往生していたのである。

新方法を定めた七六年八月の改正国立銀行条例は、政府に雇われていたイギリス人銀行家シャンドから手厳しく批判されているから、大蔵省内の紙幣頭得能良介《とくのうりようすけ》らのアイディアを大隈が採用した、純国産品であることは間違いない。

得能は、大量の不換政府紙幣に加えて不換銀行券の発行を認めるのは、たしかにシャンドのいうとおりインフレの危険性があるが、そうかといってイングランド銀行のような中央銀行をすぐに創設して兌換銀行券を一手に発行させよというシャンドの意見は、日本の現実にあわない理想論にすぎないと主張した[27]。実際、不換政府紙幣を整理するには、財政黒字によって入手する政府紙幣を廃棄しなければならないが、そのためにこそ金禄公債発行＝秩禄処分による支出削減が必要であり、発行した公債価格の維持のための改正国立銀行条例もまた必要だったのである。

インフレを避けながら殖産資金を生み出す方策としては、当時は外資導入に頼る道しかなかったであろう。後進国が近代的工業化を図ろうとしたばあいに、先進国から資本を輸入することは当時の国際常識であり、日本政府が雇っていた外国人の専門家たちは、異口同音に日本は外資輸入をすべきだと助言した。

シャンドは、改正国立銀行条例を批判した論文のなかで、外資排除は「大いなる誤謬」だとし、不換銀行券の発行許可は日本政府の対外信用を傷つけて外債発行を困難にすると批判した。開拓使最高顧問として北海道の開発を指導したアメリカ人政治家ケプロンも同地鉱山への外資導入を主張したので、政府は一八七五年に同顧問が帰国するまで、鉱山への外資導入を禁止した日本坑法という法律を北海道へ適用することを留保しなければならなかった[28]。フランス人法律家ブスケも、その著作のなかで、一八七四年当時の日本経済の「停滞状態」に言及し、不足しているものが資本である以上、「ヨーロッパの財布に助けを求めるべきである」と忠告している[29]。

しかし、日本政府は、鉄道建設や秩禄処分のために、一八七〇年と七三年に合計三四〇万ポンド（＝一六六〇万円）の外債をロンドンで発行して以後は一切外資依存を止めており、民間の鉱山・工場などへの外資導入も禁止した。実際には、後藤象二郎《しょうじろう》の高島炭鉱（七一頁）のように巨額の外資をひそかに導入したばあいもあったが、それは明白な日本坑法違反だったのである。(30)

お雇い外国人たちの忠告にもかかわらず、政府が頑ななまでに外資排除につとめたのは、それなりの理由があった。政府外債については、かりに返済難に陥ったばあいには国家の独立を損なう危険があるという判断があり、征韓論に反対した大久保の論拠の一つも、戦費調達のためにイギリスへの外資依存を増やし返済難に陥ったならば、内政干渉を受けてインドの二の舞いになるという点にあった。

また、鉱山や工場への直接投資を禁止したのは、巨大な資力と治外法権をもつ外国人の内地侵入を認めると、日本人労働者や資本家が抑圧されかねないだけでなく、条約で禁止している外国人の開港場居留地外での内地通商の自由まで認めざるをえなくなり、日本商人と競合する恐れがあるとみなしたためであった。

こうして、一八九九年の条約改正によって居留地が廃止されるまで、日本経済は外資に依存しないという政府の独特の方針のもとで、産業革命を遂行しなければならなくなるのである。それは、いかにして可能となり、また、そのことの影響はどのようなものだったのであろうか。

3　活躍する商人

貿易商人の資金蓄積

資本制企業が生み出されるための基礎条件は、マルクスのいう、「一方には自分の所有する価値額を他人の労働力の購入によって増殖せねばならぬ貨幣・生産手段および生活手段の所有者、他方には自分の労働力したがって労働の販売者たる自由な労働者、という二つの非常に異なる種類の商品所有者が対応し接触㉛」するということである。後進国日本のばあいには、江戸時代をつうじての商品経済の発達で、市場での競争に敗れて下層に転落した人々はたくさんいたから、「自由な労働者」になる可能性のある候補者はもともと多かったし、後にみるとおり、一八八〇年代の「松方デフレ期」にはいっそう大量の没落者が農村で発生して、賃労働の候補者として追加されることになる。

それに対して、産業革命を達成した欧米諸国の生産力水準に見合う「生産手段」を導入するのに必要な「貨幣」の蓄積は、決して十分ではなく、だからこそ当初はもっとも多額の資金を集中する政府が資本投下を行わねばならなかったのである。

しかし、江戸時代以来の商品経済の発達の頂点に位置した商人層のもとには、相当多額の資金が蓄積されていたことも事実だった。とくに幕末開港以来、貿易に積極的に関係した意欲的な商人のなかには、急速に富を蓄積する者があらわれた。たとえば、一八九八年（明治三一）当時の総合所得七万円以上の高額所得者二六名（後掲第10表参照）のうち、華族一二名を除く一四名についてみよう。

最上位の岩崎・三井・住友・安田・大倉といった政商、ないし、それから発して多角経営を始めた財閥クラスにつづいて、横浜での生糸・蚕種売込みや洋銀取引で産をなした鉄道投資家雨宮敬次郎や、洋反物商から大阪財界の有力者となった第百三十国立銀行頭取松本重太郎《じゅうたろう》（一八四四〜一九一三）の名前が並んでおり、その後には渋沢栄一（銀行家）、阿部彦太郎（米穀商）、古河市兵衛《ふるかわいちべえ》（一八三二〜一九〇三）（産銅業）、鴻池善右衛門《こうのいけぜんえもん》（銀行業）らとともに、横浜港で居留地外国商人に生糸を売り込んで巨利をえた売込商原善三郎・茂木惣兵衛《もぎそうべえ》、同じく海産物の売込商渡辺福三郎が名をつらねているのである。

また、一八九九年当時の東京・大阪の織物問屋の営業税順位表をみると、東京では、薩摩治兵衛《じへえ》、前川太郎兵衛《たろべえ》、杉村甚兵衛《じんべえ》といった輸入織物を扱った商人が、江戸時代以来の老舗《しにせ》グループを押さえて上位を独占し、大阪でも老舗の稲西《いなにし》合名を輸入織物商の山口玄洞《げんどう》、伊藤忠兵衛、伊藤万助が追い越す寸前であった。

同じ時期の有力綿糸商である大阪の前川善三郎・伊藤忠兵衛・八木与三郎・平野平兵衛・中村惣兵衛、東京の日比谷平左衛門・柿沼谷蔵・平沼八太郎・中村徳太郎が、いずれも輸入綿糸を扱った経験があることはいうまでもない(32)。

一八五八年（安政五）にアメリカその他との間で結ばれた条約は、外国商人が居留地の境界を越えて内地に入り込み、商売をすることを堅く禁じていた。そのために、貿易の開始によって突然ひらけた大きなビジネス・チャンスを生かしたのは日本商人であり、徒手空拳に近い状態からまたたく間に有力商人になるものが数多くあらわれた。

　幕末維新の動乱中もしたたかに商売をつづけて商圏を広げていった、小杉元蔵という近江商人の「見聞日録」を解読・紹介した研究(33)によれば、元蔵が丁稚《でっち》奉公に上った江州位田《いんでん》村（現滋賀県東近江市）の小杉甚右衛門《じんえもん》家は、当初尾州（尾張）の結城縞《ゆうきじま》などを扱っていたが、横浜開港後は江戸の堀越角次郎《かくじろう》商店を介して輸入生金巾《きかなきん》（薄地綿布）を扱い、攘夷浪士による天誅《てんちゅう》の脅しにも屈せず取引をつづけて利益をあげた。一八六五年（慶応一）には、元蔵は新設の京店を主人からまかされ、輸入生金巾や上州絹の商いで一〇〇〇両を超える純益を出し、小杉家の養子になった。

　鳥羽・伏見の戦い（一八六八年）のさいは大坂へ駆けつけて江戸からの送荷の安全を確認したが、生金巾価格の暴落と御用金の押しつけに困りはてて、養父と相談のうえ、戦火の真っ只中にあった奥羽地方へ乗り込んで生糸を買い占め、官軍＝彦根藩御用物を装って無事京都まで送って巨利を博した。もっとも、一八七〇年（明治三）にイギリス蒸気船を利用して試みた繰綿・古着の取引は多額の損失を生んでおり、小杉家の資金蓄積はつねに順調だったわけではない。

為替取引のネットワーク

以上紹介した京都の小杉商店が江戸の堀越商店に生金巾の売上げ代金を送るのには、大坂安土町まで出掛けて、唐物商《とうぶつしょう》で両替商を兼ねる布屋小兵衛《ぬのやこへえ》からの為替送金を利用することが多かったが、しだいに地元である京都の両替商、松居久左衛門（星久《ほしきゅう》）、小林吟右衛門《ぎんえもん》（丁《ちょう》吟《ぎん》）、万屋甚兵衛《よろずやじんべえ》（万甚《ばんじん》）、万屋忠兵衛《よろずやちゅうべえ》（万忠《ばんちゅう》）、外村宇兵衛《とのむらうへえ》、甲屋次郎兵衛《かぶとやじろべえ》などで直接に江戸堀越商店あての送金手形を取り組むようになった。

資力豊かな堀越商店のほうでは、江戸の両替商に為替手形を売り、京都で送荷先の小杉商店から代金を取り立ててもらう「逆為替」の取組みはしなかったが、資力が十分でない横浜の輸入品引取商のばあいは、丁吟江戸店などに為替手形を売って早めに資金を入手し、すぐに次の取引を外国商人と行った。そのときは、引取商から商品を送られた上方（京都・大坂）の商人は、自分に向けられた手形の期限がくれば、商品が売れていなくても両替商への手形代金の支払いをしなければならない。

横浜居留地において外国商人が要求した、貿易決済としては異例の現金取引に日本側の引取商が応じられたのは、国内に形成されていたこうした為替取引のネットワークをつうじて三都の有力商人の蓄積資金が動員され、引取商の活動をバックアップしたからであった[34]。他方、輸出生糸や製茶の売込みには、大量の商品が産地から開港場に集められ、外国商人の望みに応じて売込商から提供されたが、そのためにも売込商への資金供給と為替取引のシステムが重要な役割をはたしていた[35]。

もしも、開港場での現金大量取引が困難だったならば、外国商人は条約の禁止規定をくぐり抜けるために、特定の日本商人を手先（買弁《ばいべん》）にして事実上国内に侵入し、日本商人にかわって輸入品を販売したり輸出品を購入したであろう。実際そのような試みは、イギリス商社ジャーディン・マセソン商会が売込商高須屋清兵衛《たかすやせいべえ》を利用して大々的に生糸産地買付けを行った揚げ句、多額の損金を出して失敗した事件をはじめ、幕末維新期にはかなりみられた。

外商のそうした国内侵入がさかんに行われたならば、日本人の貿易関係商人の蓄積は大きく制限され、その蓄積資金による近代的工業化もまた困難になったに違いない。

このように考えると、外国商人の内地通商を禁止した条約上の規定とともに、横浜の引取商と売込商の活動を支えた為替取引のネットワークの役割はきわめて大きく、とくに引取商が逆為替を取り組むことのできる両替商が、横浜や江戸に出現したことが重要な意味をもっていた。

もともと江戸時代の為替取引の仕組みは、大坂を中心として早くから整備されていた。大坂の両替商は、諸藩の蔵米《くらまい》販売代金を江戸へ送る「公金為替」と、江戸へ送った商品代金を取り立てる「商人為替」を、併せて扱うことによって営業していたが、(36) 幕末になると、江戸でも上方向けの為替を扱う近江商人小林吟次郎（丁吟）のような両替商があらわれた。開港後の彼らは、横浜製茶売込商が茶産地山城へ送る送金為替を扱うことで得た資金と自己資金とを用いて、上方へ洋反物・洋糸を送る引取商の為替手形を買い取るようになった。簡単にその資金の流れを図解すると次ページの第1図のようになる。

しかし、両替商の資金力には限りがあった。一八七〇年代後半になると、社会的資金を集

第１図　江戸―上方の為替取引　（→は貨幣の流れ）

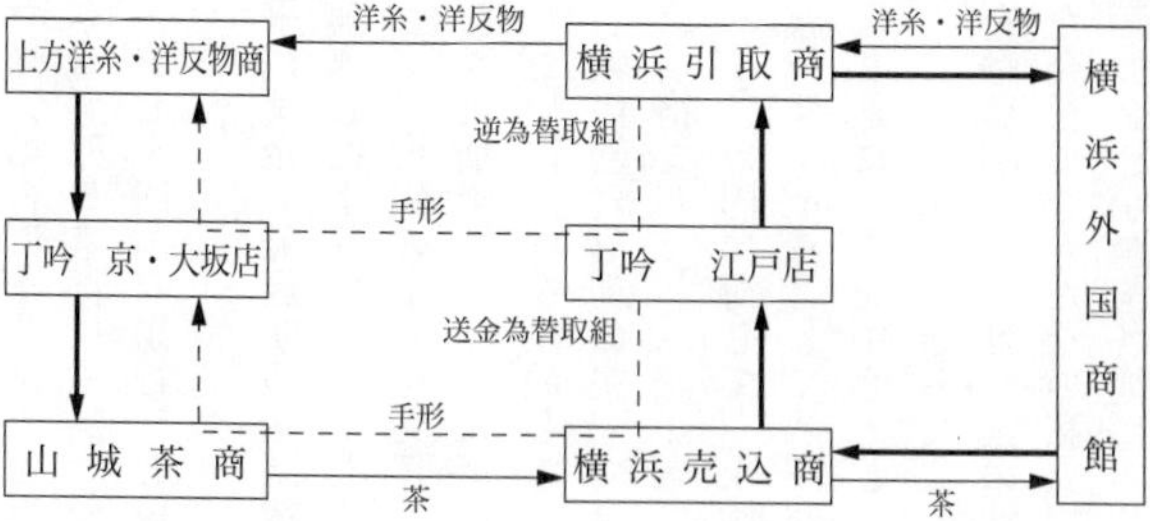

中・利用する近代的銀行が設立され、両替商の活動は、銀行の為替取組みによって圧迫されるようになる。東京では一八七三年開業の第一国立銀行につづいて、七六年には三井銀行が設立され、七七年、七八年には改正国立銀行条例にもとづいて設立された大阪の第十三国立銀行と第三十二国立銀行が相ついで東京支店を開設したため、上方との為替取組みが大変便利になった。七七年六月の丁吟東京店の書簡は、「銀行諸方に創立相成候に付ては、為替かし金は不引合」と嘆いており、八〇年限りで丁吟は両替業務から撤退した[37]。

　東京や大阪では、三井家（三井銀行）・川崎家（川崎銀行）や、鴻池家（第十三国立銀行）・広岡家（加島銀行）・平瀬家（第三十二国立銀行）など、近世以来の有力両替商によって銀行が設立された例がいくつもみられた。ただし大阪では有力両替商の多くが戊辰戦争の最中の銀相場の暴落と銀目《ぎんめ》廃止令によって倒産し、江戸の両替商にも閉店するものがかなりあった。

　そうした空白を埋めたのは、幕末に両替業務に進出した東京の安田善次郎（安田銀行・第三国立銀行）や大阪の山口吉郎兵衛（第百四十八国立銀行）などの新興両替商であり、開港後急上昇した大阪の洋反物商松本重太郎（第百三十国立銀行）、横浜の貿易関係商人原善三郎や茂木惣兵衛（第二国立銀行・第七十四国立銀行）といった人々であった。

平民資金で発展する金融業

前述したように、一八七六年の改正国立銀行条例のねらいの一つは、金禄公債の価格を維持し、華士族の生計を支えることにあった。しかし、七九年当時の国立銀行一四八行の株主になった華士族は三万人足らずで、全華士族の一〇％未満にすぎなかったうえ、彼らの多くはしだいに持株を手放していった。

右大臣岩倉具視の主唱で全華族を結集した資本金一七八三万円の巨大な東京第十五国立銀行は別格として、八四年末になると、東京・大阪・神奈川の三府県では、国立銀行の平民持株六二〇万円に対して、士族持株は二四六万円にすぎなかった。それ以外の府県合計では、士族持株が依然として八四四万円で、平民持株九〇四万円に匹敵しているから、全国各地の旧藩ごとに士族を中心として国立銀行が設立され、地域によってはその後も士族株主が優勢なところもあったとみてよかろう。

金融機関としては、国の法律によって銀行券の発行を認められた国立銀行のほかに、そうした発行権をもたない私立銀行と、事実上は銀行業務を行うけれども銀行とは名乗らない銀行類似会社が全国各地にあり、一八八四年末の資本金はそれぞれ一九四一万円、一五一四万円に達していた。それらの株主はほとんどが商人・地主といった平民であったから、国立銀行の平民株主とあわせてみると、銀行投資における士族の比重は一段と低くなる。[38]士族の国立銀行に対する投資の意義は、士族授産にどれだけ役立ったかという点でも、あるいは、金融機関投資全体に占める地位の点でも、従来やや過大評価されてきたように思われる。

このように、商人・地主を主軸に、華族・士族を副軸にして、多数の金融機関が東京・大阪をはじめ全国各地に設立された。それらは社会的資金を集中して、商人資本家や産業資本家への融資を行い、さらに為替取引の網の目を広げていくことによって、民間産業の興隆を支えた。

部門別の会社資本金統計によれば、産業革命開始直前の一八八五年末の金融業部門払込み資本金八六六一万円は、鉱工業部門の公称七七七万円、運輸業部門の公称二五五八万円を大きく上回っていた。しかも、金融業部門の優位は、産業革命期をつうじてなかなか崩れず、一九〇九年末になってようやく鉱工業部門の払込み資本金五億四二二八万円が、金融業部門の同四億七七五五万円を上回った。金融業の先行的発展と優越的地位は、日本の産業革命の大きな特徴であった。

では、一八七〇年代後半に続々と設立された金融機関のもとで、各地の民間産業はどのように発展したのであろうか。

製糸業にみる「企業勃興」

一八七五年（明治八）の在神奈川（＝横浜）イギリス領事の報告は、ヨーロッパで日本生糸の需要が減少している理由として、日本生糸の品質低下と伊仏生糸の生産増加を指摘し、さらに、伊仏において高級生糸に対する需要も減りぎみであると述べている。

幕末に上がりつづけた日本生糸の相場は、明治に入ると一転して下がりつづけ、この年には最低水準に落ち込んだ。その背景には、蚕種の大量輸出が産繭の劣悪化を招き日本生糸の品質を引き下げた反面で、日本からの輸入蚕種に依存しながらも、独自の蚕病対策に成功した伊仏蚕糸業がこのころ力強く復活したという構造的変化があり、それに一八七三年恐慌が伊仏製糸業にも打撃を与えたという循環的変動が重なっていた。

同報告は、この年奥州・上州・信州などに設立された器械製糸場による生糸が横浜港に送られはじめ、高価格で輸出されたことにも注目している。一八七〇年開業の藩営前橋製糸所、七一年の小野組築地製糸場、七二年の官営富岡製糸場などを模範として、七〇年代後半には長野・山梨・岐阜諸県を中心に、器械製糸場が続々と設立されたのである。

信州諏訪郡川岸村（現長野県岡谷市）の勤勉な豪農であった片倉市助（一八二三～一八九〇）が、二人の息子とともに、「女工」（女子労働者）が操る繰糸枠の回転を、歯車で加速するという上州式座繰器《じようしゆうしきざくりき》を一〇台備えた製糸場を開設したのは、一八七三年のことであった。間もなく家督を継いだ長男兼太郎《かねたろう》（一八四九～一九一七）は、七八年、弟光治《みつじ》とともに三二台の製糸器械を備えた製糸場を開設した。従来の座繰器とは、繰糸枠の回転を水車と結ん

長野県諏訪郡川岸村（現・岡谷市）の片倉組垣外製糸場〔『大日本蚕糸会報』1908年2月号〕

だ心棒でいっせいに行う点と、原料繭からほぐれた糸条数本ずつを互いにこすりあわせてしっかりと抱合《ほうごう》させる装置がついている点だけしか違いはなく、設備投資額は一台当たり一〇〜二〇円程度にすぎなかったが、作業能率と生糸品質は飛躍的に高まった。

　片倉は隣村平野村の尾沢金左衛門・林倉太郎らと横浜への共同出荷のための製糸結社開明社《かいめいしゃ》をつくり、出荷先の横浜生糸売込問屋と長野県内の地方銀行から資金援助を受けて、アメリカ向けの均一・大量な「普通糸」（＝織物の横糸）生産に専念して規模を拡張し、一九〇〇年代には世界最大規模の製糸家となる。この時期の片倉組がぬきんでた蓄積を行った最大の基盤は、光治が中心となって原料繭を安く仕入れたことにあった。

そして、一九一〇年代以降になると、片倉組は一代交雑蚕種の配布と、御法川式多《みのりかわしきた》条繰糸《じょうそうし》機《き》の採用をつうじて、「優等糸」（＝織物の縦糸）や靴下用高級糸の生産に転換していった。それを主導したのは、市助の三男で養子に出た今井五介《ごすけ》（一八五九～一九四六）であった。五介は青年時代の四年間をアメリカ留学に費やすが、その直接的成果は皆無であった。しかし合理的な思考方法と経営態度、積極果敢な行動力を身につけたことは無駄ではなかった。

信州の農民たちの設立した器械製糸場が、政府の資金的援助はほとんど受けなかったのに対して、製糸業先進地の上州では、政府の勧業資金の援助を受ける者が多かった。勢多郡水沼村（現桐生市）の豪農星野長太郎（一八四五～一九〇八）は、一八七四年に政府の資金援助を受けて三二人繰りの器械製糸場を完成し、翌七六年には実弟新井領一郎《りょういちろう》（一八五五～一九三九）をアメリカに派遣して外国商社を介さない直《じき》輸出のルートを開拓させた。そして器械糸だけでなく、座繰器で小枠に巻き取った生糸を、大枠に巻き取りなおす揚返し工程を集中・統一した改良座繰糸が高値で売れることを知って、村内の座繰製糸家を集めて共同揚返しと共同出荷のための改良座繰結社亙瀬組《わたらせぐみ》を発足させた。

星野兄弟の直輸出の試みは、大蔵官吏前田正名《まさな》（一八五〇～一九二一）らの強い支持を受け、一八八〇年には上州一円の改良座繰結社を結集し、上毛繭糸《じょうもうけんし》改良会社が発足する。だが、期待したほどの政府貸下金は下付されなかったため、それを当てにして多額の銀行借入れを行った加入者は借金返済に追われることとなった。直輸出は時期尚早であり、資金不足を政府に頼る方式は、いつものことながら放漫な経営を生んだ。[39]

この改良会社に当初加入していたが、二年後に脱退して独自の路線を歩んだ碓氷《うすい》座《ざ》繰《くり》精糸《せいし》社《しゃ》（後の碓氷社）は、碓氷郡東上磯部村（現安中市）の豪農萩原鐐太郎《りょうたろう》（一八四三〜一九一六）らが、一八七八年に結成した改良座繰結社である。

一八五八年に養父のあとを継いで里正《りせい》（名主《なぬし》）となり、養蚕経営とその技術改良につとめていた萩原は、『学問のすゝめ』などを読んで福沢諭吉の「実学」精神に深く共鳴し、小ブルジョア・在郷指導者として、厳しい自己規律をもった近代的人間へと成長していった。改良会社への加盟は、「独立自尊」をモットーとする萩原の反対を押し切って行われたようであり、改良会社脱退後の碓氷社社長に就任した萩原は、社員の経営危機を克服すべく奮闘する。しかし、直輸出路線を離れた碓氷社のたどりついた道は、片倉組と同じく横浜生糸売込問屋の資金援助を受けながら発展する道であった[40]。

以上のように、一八七〇年代後半には政府の勧業政策の支援を背景として、製糸業部門において器械製糸場や改良座繰結社という形での一種の「企業勃興」現象がみられた。もっとも政府の支援は、府県庁を介した技術者の派遣や、技術について語り合う集談会と各種の博覧会などの開催促進が中心で、財政資金の貸与は限定されていたうえ、必ずしも期待どおりの成果を生まなかった。資金面では、むしろ銀行や売込問屋を介する製糸金融のほうが重要で、一八八二年に設立された日本銀行は、必要な資金をそれらの銀行や売込問屋にふんだんに供給し、製糸金融全体を活性化させた。

輸入圧力にさらされた在来織物業

開港以来一貫して最大の輸入品であった綿布の輸入額は、一八七三年をピークに減りはじめ、七八年には綿糸に首位を奪われた。このことは、隣の中国で、綿糸輸入額が綿布輸入額を上回るという事態がついにみられなかったのと対照的だが、その背後には、在来織物業への外圧に対する両国の対応の違いが横たわっていた[41]。

七五年の在神奈川(横浜)イギリス領事報告は、金巾輸入が大きく減少したことについて、「輸入綿糸の消費増加がいくらか金巾の消費に影響を与えていることは確実であり、日本人は多分輸入綿糸を使って輸入普通金巾よりも自分たちの需要に適した織物を作る方法を見出しているのだ」と観測している。同様な観測は、ボンベイ綿糸の輸入増加を指摘した七七年の神奈川領事報告にもみられる。七六年の兵庫(神戸)・大阪領事報告は、引きつづく金巾輸入の減少とりわけ高級金巾の需要減少の理由について、「この国の人々が豊かになって絹織物などを買う余裕ができたとしか考えられない」と述べている。輸入綿布の競合相手が、普通金巾は国産綿布、高級金巾は国産絹布としてそれぞれ把握されていることが注目されよう。

低価格の輸入綿布の圧力にさらされて壊滅の危機に陥った在来織物業は、安い洋糸=輸入綿糸の利用によって再生した、というのが古くからの定説[42]である。それに対して、輸入綿布は細糸を用いた薄地布だから、国産の太糸による厚地布とは競合せず、機業地のうち衰退したものは先進地との産地間競争に敗れたのだという批判[43]がある。さらに、幕末維新期の国内市場の拡大は輸入綿布の圧力を吸収し、綿糸流通機構の発展していた先進地や新興地は、いち早く洋糸を導入することで産地間競争に勝利したという新説[44]も提起されている。

こうした旧説批判はそれぞれもっともな側面をもっているが、先に引用したイギリス領事報告の観測は、まったくの的外れなのであろうか。私にはそうとは思われない。領事報告は、通常、貿易商人に意見を聞きながら執筆されており、内地通商が禁止されていたとはいえ、当事者の意見はある程度までは信頼できるはずだからである。日本の大蔵卿報告（一八八〇年度）も、生金巾の輸入減少の原因については、「内地に於て輸入綿糸を以て織成《おりな》する小幅木綿」の増加をあげているのである[45]。

そうだとすれば、国産品相互の競合関係だけでなく、やはり輸入品と国産品との競合についても、具体的な検討が必要であろう。とりわけ、先進綿織物業地の泉南《せんなん》（大阪府南部）などでの生産が幕末維新期に一時停滞ないし低落したかどうか（低落したとすれば外圧が原因であろう）、そこへ輸入綿糸が、誰によってどのように導入されたのか、桐生（群馬県）や足利（栃木県）などの絹織物業地で、なぜ輸入綿糸を用いた絹綿交織物生産が発展したのか、そうした問題をさらに具体的に調べる必要があるように思われる。

いずれにせよ、一八七〇年代中葉は、在来織物業が地域的な盛衰をともないながらも全体として再生・発展しはじめた画期であり、生産形態はマニュファクチュアや機械制大工業でなく、独立小経営（家内工業）や問屋制家内工業を中心とするものであったとはいえ、一種の「企業勃興」現象がここでもみられたといってよい。

七〇年代中葉というのは、第2図（五九頁）に示すように、世界的には金に対して銀価格が低落しはじめ、円の対ポンド相場なども下がりはじめていたが、まだ日本国内では紙幣インフレーションが起こっておらず、イギリスからの輸入綿製品の円価格が、銀価格の低落とインフレーションの影響で急上昇する以前の時期であった。
こうした時期に、在来綿織物業が再生・発展しはじめたことは、「外圧」への日本経済の対応能力の高さを示すものとして注目に値する。

4　世界恐慌と松方デフレ

紙幣整理と軍拡の同時遂行

以上のような一八七〇年代中葉の銀行業・製糸業・織物業などにみられた民間産業の興隆（一種の「企業勃興」）は、日本産業革命の開始を意味する一八八六〜八九年の本格的「企業勃興」の重要な前史ではあったが、直接に産業革命へと接続するものではない。両者の間には、「一八八一年世界恐慌」と、いわゆる「松方デフレ」の一時期が横たわっているからである。

通説では、この時期の不換政府紙幣の整理と、軍拡のための増税によるデフレのなかで、はじめて農民層の没落を軸とした資本の本源的蓄積（＝日本の歴史上はじめての資本・賃労働関係の創出）が急激にすすんだとされてきた。また、政府の殖産興業の対象の一つであった豪農層の多くが没落したため、政府は殖産興業中心の政策路線が失敗に終わったと判断し、一八八二年前後を画期に、対外侵略路線を採択したのではないかという問題提起も行われてきた。[46] だが、さまざまな意義づけがなされてきたわりには、このデフレ期の日本経済の実態については、かならずしも分析が深められていない。

一八七七年（明治一〇）の西南戦争のさいに増発された政府の不換紙幣と、一五三行にのぼる国立銀行から発行された大量の銀行券のために、翌七八年から八一年にかけて激しいインフレーションが起こり、深川米穀取引所の正米《しょうまい》（現物米穀）相場はこの三年間で一石（＝一五〇キロ）六円台から一一円台にまで暴騰した。国内で流通する政府紙幣（ないし国立銀行券）の価値は、第２図にみるとおり、金（ポンド・フラン・アメリカドルなど）に対してはもちろん、銀（東アジアの国際通貨メキシコドルなど）に対しても暴落した。

第２図　金に対する銀および紙幣の相場

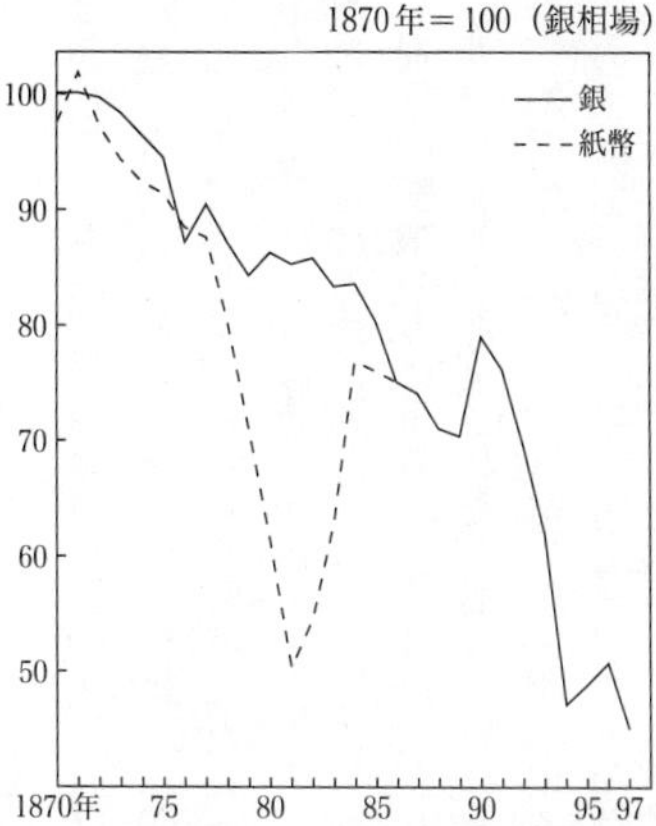

出典：『明治財政史』第11巻、および『日本金融史資料・明治大正編』第16巻

公定地価の一〇〇分の二・五に固定された地租収入に大きく依存していた硬直的な政府財政は、対外支払いで行き詰まり、民間融資どころではなくな

った。

こうして、本位通貨制度の実現による通貨価値の安定が、いよいよ急務となった。政府財政の最高責任者である参議大隈重信は、八〇年五月に、外債一〇〇〇万ポンド(=約五〇〇〇万円)を募集して、通貨量を維持したまま不換紙幣と銀行券を一挙に兌換券に切り替え、通貨価値を安定させようと提案した。しかし、他の参議・省卿(各省長官)の意見も問うたところ、八対八の賛否同数になったため、最終決定は宮中へ持ち込まれ、そこで否定された。通常の参議のみによる閣議では可決されるとみた右大臣岩倉具視の策略によるものである。(47) 外資導入案を否決された大隈は、やむをえず参議伊藤博文の協力をえて同年九月から方針を緊縮財政に転じて、紙幣整理を開始する。

その大隈が一八八一年(明治一四)一〇月の政変で参議を罷免されるや、参議兼大蔵卿に就任した松方正義《まつかたまさよし》(一八三五〜一九二四)はいっそうの緊縮財政方針をとり、紙幣整理を強力に実施した。いわゆる松方デフレの開始である。

紙幣整理による紙幣価値の上昇を前提に、八五年五月には、日本銀行(一八八二年設立)から銀兌換の銀行券が発行されはじめ、八六年一月には政府紙幣の銀兌換も開始された。こうして、一八七一年(明治四)に試みて失敗した金本位制にかわって、銀本位制が確立した。

国立銀行が発行した銀行券も徐々に回収されて、日本銀行の兌換銀行券にとってかわられることになったが、このことは経済成長に必要な通貨を中央銀行が弾力的に供給する態勢が整備されたことを意味した。それまでの国立銀行券の発行は、発足時の資本金額の八〇%と定められ発行額が固定していたのに対して、日本銀行は、正貨保有高によって制約されながらも、経済状況に応じて弾力的に銀行券を発行できたからである。

貿易金融の面では、一八八〇年に政府の一部出資をえて開業した横浜正金《しょうきん》銀行が外国銀行に伍して活躍をはじめていた。産業革命に先行して出現した民間金融機関群の頂点に日本銀行が設立されて、有力銀行との取引関係のネットワークをつくり出し、その外縁に横浜正金銀行という対外金融機関が加わったことは、産業革命に必要な金融機関システムが、まさにこの松方デフレ期をつうじて早々と整備されたことを意味していた。

もっとも、銀行券を回収されていく国立銀行や、もともと銀行券を発行できない私立銀行が活躍するためには、多額の預金を集めなければならない。近代日本では、個人の零細な貯蓄が、主として郵便貯金（一八七五年開始）や銀行預金のかたちで集められたうえで企業へ貸し出すシステムが整備され、企業は株式や社債のかたちで資産家から直接に資金を集めるだけでなく、金融機関をつうじて間接的に零細資金を入手することができた。間接金融体制とは、資産家の形成が不十分な歴史的条件のもとで、庶民の零細資金を極力投資へと動員するためのシステムであった。

だが、このシステムが円滑に機能するためには、なによりも庶民が乏しい所得のなかからできるだけ多くの貯蓄をする習慣がなければならない。そうした習慣が近世社会には決して一般的でなかったことは、江戸の庶民は「宵越《よいご》しの銭は持たない」ことを自慢したことからもうかがえる。庶民における貯蓄の習慣は、明治政府が繰り返し行った貯蓄奨励キャンペーンが浸透する過程で定着したのであった。(48)

その最初のものが、一八八五年五月に、農商務省の前田正名が起草した「済急趣意書《さいきゅうしゅいしょ》」を、全国に周知徹底させようと試みたキャンペーンである。深刻な不況を脱出するためには、労働時間を延長すると同時に、「日用減ずべからざるの諸費をも減じて、貯蓄の計をなすべし」とする、やや強引な勤倹貯蓄の訴えは、庶民の反発を買い、全体としてみれば失敗に終わったとも評価されているけれども、(49)松方デフレ期をつうじて郵便貯金と銀行預金そのものは大幅に増加した。

いわゆる松方財政が深刻なデフレーションを招いたのは、紙幣整理のための緊縮財政のせいだけではなかった。

まず、一八八二年に朝鮮で起こった反日的クーデター（壬午軍乱《じんごぐんらん》）への対処をきっかけとする軍備拡張のために、酒税その他の増税がなされ、不況をいっそう深刻なものとした。このときの軍拡は、朝鮮の宗主国である清国の海軍力に対する過大評価に基づくもので、清国の対日外交姿勢が慎重で、戦争を避けたがっていた事実を考えると、やむをえない選択だったとはいえない。伊藤博文・井上馨・松方正義ら政府主流派は、右大臣の岩倉や、陸海軍の大軍拡要求を、増税の範囲内に押さえ込もうとつとめた。

しかし、八五年には軍拡の無理がたたって財政破綻が表面化し、軍拡の縮減を求める政府主流派と、八四年の朝鮮親日派のクーデター（甲申事変《こうしんじへん》）の失敗を契機にいっそうの軍拡を要求する陸海軍が対立し、結局海軍公債の発行による軍拡計画の再編ということで妥協が成立した[50]。

政府は、紙幣整理をつうじての経済発展の基礎づくりを引きつづき追求しながら、同時に対清危機感に基づく軍拡を遂行したわけであるから、この段階で政府の基本路線が殖産興業から対外侵略に大きく転換したとみるのは早計であろう。しかし、このときから、日本の軍備が清国を仮想敵国とする対外戦争用として拡大されるようになったこと自体は、画期的な変化であった。

豪農の没落、政商の躍進

軍拡のための増税に加えて、一八八二年の世界恐慌による打撃も無視できない。同年初頭、フランスの絹織物産地リヨンの株式取引所での暴落に端を発した恐慌は、この年の半ばにはアメリカの鉄道ブーム崩壊で世界的に拡大し、以後四年間にわたって世界経済を不況の底に引きずり込んだ[51]。

日本でも、フランスとアメリカへの生糸輸出によって支えられていた東日本の蚕糸業地域が、当然ながら、輸出先の恐慌の影響をもろに受けた。フランス向け輸出糸とアメリカ向け輸出糸の価格は、ピーク時の一八七九年を基準として、それぞれ八〇％（八三年）、八一％（八五年）へとそろって下落したが、数量面では、停滞気味の対フランス輸出を対アメリカ輸出が八四年に追い越している。

養蚕＝製糸農家がフランス向け座繰糸を生産していた武州秩父などが大打撃をこうむったのに対して、アメリカ向け器械糸を生産していた信州諏訪などでは、製糸家は糸価低落の打撃を原料繭価格の引下げで養蚕農家に転嫁して利益をあげることができた。自由民権運動の激化事件が、ブルジョア的発展の先頭に立っていた諏訪で起こらず、秩父で発生した理由の一つはまさにこの点にあった。(52)

前述の前田正名らの支援のもとで始まった生糸直輸出運動の担い手の中心は、改良座繰糸を生産する養蚕＝製糸農家だったから、彼らは一八八二年世界恐慌による生糸価格低落の打撃をまともに受けることとなった。さらに、紙幣整理で紙幣価値が高まりつつあったことが、外国為替金融を受けてから返済するまでの期間の長い直輸出製糸家にとって、マイナスに働いたことも見逃せない。借金を返せなくなって、直輸出運動のリーダー格の豪農が相ついで没落した。これは一八八〇年代前半の松方デフレ期の農村でみられた農民の全面的没落現象の一環であった。

明治以前の近世社会では、不作などのため年貢がどうしても払えない年には、領主に頼んで減免してもらうことができたが、明治政府は租税をわずかでも滞納した者の財産を容赦なく強制処分し、その数は一八八五年だけで一〇万人を超えた。また、銀行や高利貸からの借金を払えずに「身代限《しんだいかぎ》り」（＝破産）の処分を受けた者も激増した。

殖産興業政策による政府の融資対象には、当初、中央政商だけでなく地方豪農も含まれていたが、松方デフレ期に打撃を受けた豪農はこの融資対象から外されていった。もともと松方正義は大蔵卿に就任する前から、外圧にさらされている在来産業の生産力の低さを直視し、その発展の可能性を疑問視していたといわれるが[53]、松方デフレ期をつうじて、こうした豪農層を切り捨て、三菱に代表される政商中心の殖産興業路線が定着した。

こうした路線を政府内で批判した、農商務省大輔品川弥二郎《やじろう》（一八四三〜一九〇〇）や大書記官前田正名は、挫折を余儀なくされた。品川は、三菱による海運独占を打破しようと、政府から半額近くを出資して共同運輸会社を設立し、一八八三年一月から二年半にわたって三菱会社と激しい競争を演じた。

品川の挑戦は、三菱に圧迫された地方海運業者や高運賃に苦しむ地方荷主の支持を受けたが、運賃引下げ競争による莫大な損失を生み、低落した株を三菱に買い占められた結果、共同運輸は事実上三菱会社に吸収合併された（一八八五年一〇月、日本郵船会社成立）。この有名な事件は、もはや政府の力をもってしても、政商三菱の地位を否定できなくなったことを示しており、合併時に三菱を代表した川田小一郎《こいちろう》（一八三六〜一八九六）の働きによって、八一年政変以来冷たくなっていた三菱と政府の関係が修復された[54]。

一方、一八八一年末から一年間にわたってヨーロッパの産業経済を調査して帰国した前田は、松方デフレ下の地方経済の惨状を聞き、八四年に下僚と府県庁の協力をえて詳しい実態調査を行ったうえで、在来産業をはじめとする諸産業の振興のために、長期低利資本を融通する興業銀行の設立案をまとめあげた。『興業意見・未定稿』といわれる草稿である。だが、この草稿に対しては、松方大蔵卿が真っ向から批判を加えたため、一般に配布された定本『興業意見』は、肝心の興業銀行設立案の部分が全面削除された形骸にすぎなかった。前田は、翌八五年にいっそう具体的な興業銀行案を作成したが、これも大蔵省の強硬な反対にあって葬り去られた。

この一連の動きは、政商中心の「移植大工業振興」を推進する大蔵省松方グループが、地方の「在来産業を始発点とする漸進的近代化」を主張する農商務省前田グループの動きを押し潰したことを意味している(55)。

没落小生産者が賃金労働候補者に

松方デフレは、全国の小生産者の窮乏・没落をもたらしたが、それは工場や鉱山で働くことを求める賃金労働者の候補者が大量に発生したことを意味していた。

それまでにも、明治維新という社会的大変動のもとで、窮民に転落する者が相ついでいた。政府は労働不能な窮民については、一八七四年の恤救《じゅっきゅう》規則によって、きわめて限定的ながら国費による救済策を講じ(56)、労働可能な窮民のほうは、東京府の養育院や京都府の窮民授産所あるいは各県の士族授産事業をつうじて、農民や手工業者として独立させる方策を探ってきた。だが、松方デフレ期になると農民や手工業者自体が窮乏化したため、そうした窮民対策の多くは無意味となって廃止された。

もともと日本では没落した農民の多くは、そのまま農村に小作農として残る傾向が強く、都市に流入する浮浪者の大量発生という事態がみられなかったし、資本制生産が未熟だった当時としては、窮民を賃金労働者に転換させる西欧諸国並みの政策は必要とされなかった[57]。一八八六年当時、一〇人以上の工場・鉱山の従業者が、合計でわずか一〇万人弱という労働力需要は、農家子女の農閑期の出稼ぎか、都市の旧職人・士族の雇用機会を生み出しただけで、一八七六年当時の有業人口二〇二八万余の七七％を占めた、膨大な農業従事者のあり方を大きく変える力には乏しく、鉱山労働者にいたっては、志望者があまりに少ないため囚人労働までが利用された[58]。

しかし、松方デフレがもたらした農民その他の没落は、賃金労働者に転換する可能性をもった候補者を大量に生み出した。たとえば、七九年の段階では、器械製糸業の中心地長野県諏訪郡平野村で、所有地価一〇〇円（＝三反＝三アール）未満という、賃金労働者を送り出しやすい階層の者が、すでに村民全体の五四％を占めていた。座繰製糸業の中心地群馬県碓氷郡九十九村《つくも》（現安中市）では、三反未満層の比率は二九％にすぎなかったが、松方デフレをへた一八九〇年段階には、同じ階層の比率が四七％へと急上昇した。九十九村には器械製糸場がなかったから、三反未満層の農民は、村内の大規模養蚕農家に雇われたり、組合製糸のメンバーから原料繭を提供してもらって生糸に加工する、賃曳《ちんびき》製糸を行うようになったとみてよかろう[59]。

この時期、東京・大阪・横浜・神戸といった大都市に流入する人口が増加した。松方デフレ期前後には、農家戸数も若干ながら減少しており、一家をあげて都市へ流入したばあいもあったことがうかがえる[60]。都市の「貧民窟」などに入り込んだ流入者は、ただちに工場労働者となることはまず不可能であったから、人力車夫や人夫などの日雇い的な仕事で生計を維持することが多かった。こうして形成された都市下層社会もまた、やがて展開する産業革命を下から支える基盤になるのである。

有力ベンチャー企業、出現する

一八八〇年代前半の松方デフレ期には、物価の低落にもかかわらず諸物資の生産数量はかならずしも落ち込んでおらず、一八八〇～八一年平均から八四～八五年平均にかけて、産銅量は二・一倍、産炭量は一・三倍、生糸生産量は一・二倍にそれぞれ増加している。これらは、いずれも重要な輸出品であった。もっとも、綿布消費量はこの間減退しており、その枠のなかで輸入綿糸を用いた綿布のシェアーが拡大していった(61)。このことは、不況のなかでも貿易関係品を軸とした国内商品流通が拡大しつづけていたことを示している。そして、商品流通を支える運輸・通信機構の整備は、このデフレ期にも着実に進展した。

財政緊縮のため官営鉄道の建設は停滞したが、沿岸航路への汽船の導入はすすみ、三菱対共同の海運競争は、汽船の運賃引下げとサービス向上をもたらした。一八八三年には汽船と西洋型帆船の合計トン数が、競合する五〇〇石（＝七四トン）以上の和船のトン数をしのぎ、翌八四年からは汽船トン数が西洋型帆船のそれを上回るようになった。もっとも汽船が入港できる設備をもった港は当時まだ限られていたから、それらの港を起点とする帆船による地域的航路が必要であった(62)。

内陸道路網を、馬車・人力車・荷車・砲車などの車両が通行できるものへ整備する工事は府県を中心に進められ、八三年前後には国道工事における国庫補助率を三分の一とする慣例もできた[63]。駄馬・荷車・小舟といった小運輸手段の数が、八二年から八七年にかけて全国各地で増加したことも、この間の商品流通の拡大を裏づけている[64]。

さらに、八〇年代初頭までに、主要都市を結ぶ電信ネットワークの形成が終わり、八五年からは電報料金が全国同一となったから、かつてのように専属の飛脚などを使って市場情報を独占した特定の商人が巨利を得ることは不可能になった。もっとも、電報料金はひじょうに高く、一般の小生産者や消費者が電信を使って市場情報を手に入れることは難しかったから、彼らと商人との間の情報ギャップはなかなか解消しなかった[65]。

このようにして整備された国内市場に根を張って、いくつかの革新的な企業が出現し、一八八六年以降の企業勃興の先駆となったことが注目される。

その第一は、一八八二年（明治一五）設立の大阪紡績会社である。同社の設立について、従来の研究では、第一国立銀行頭取の渋沢栄一の主導性が強調されてきた。技術に詳しい経営主体が不可欠だと考えた渋沢が、ロンドン大学で経済学を学んでいた山辺《やまのべ》丈夫《たけお》（一八五一～一九二〇）に連絡して紡績技術を修得させたこと、華族資金の動員を呼び水として、守旧的な大阪商人の出資を得るのに成功したことが指摘されてきた[66]。

しかし、大阪商人の資金動員については、渋沢の紡績会社設立計画とほぼ同時期に、松本重太郎らによる紡績会社設立計画が進行中で、八一年頃両者の計画が合体したことが見落とされてはならない。大阪商人すべてが守旧的だったわけでは決してないのである。[67]

松本重太郎は、日露戦争時に没落したため、従来研究史のなかで言及されることが少なかったが、丹後国（現京都府）の農家に生まれ、商家奉公をへて一八七〇年に洋反物商となり、西南戦争時に軍用羅紗《ラシャ》を買い占めて巨利を得たという、立志伝中の人物である。一八七八年に設立した第百三十国立銀行を拠点に、紡績・鉄道・製糖などの諸企業の創設に手広く関係して大阪財界の指導的地位にのし上がり、「西の渋沢」と評された。渋沢・松本両名が紡績会社の設立を思い立った動機が、輸入綿糸の急増対策にあったことは、彼らの構想が七〇年代中葉の在来綿織物業の再生・勃興を前提としていたことを意味しているが、そうだとすれば、八〇年代後半の企業勃興は、七〇年代中葉の「企業勃興」抜きには存在しえなかったということになろう。

第二は、一八八一年（明治一四）設立の日本鉄道会社である。

同社の発起人は岩倉具視をはじめとする華士族一六名で、政府から八％の配当保証をえて、華士族だけでなく全国各地の平民の資金も集めようという計画だった。

最初は駅や線路の工事も汽車の運転も政府鉄道局に任せたから、会社は「政府事業のための資金調達会社[68]」にすぎなかったといってよい。その意味では、同社について革新的な企業者を見いだすことは難しい。しかし、同社は八五年までに、前橋―上野間と赤羽―品川間の路線を開通させ、前橋から横浜港への輸出生糸の鉄道輸送を実現したために、利益は大きく、私設鉄道の設立ブームを招来した。

第三は、鉱山業分野における高島炭鉱と足尾《あしお》銅山の活動である。八一年、福沢・大隈の依頼によって三菱の岩崎弥太郎が後藤象二郎から買収した高島炭鉱は、もともと優れた炭層と機械設備をもっており、後藤が十分な利益を引き出せなかったのは、本格的な労務管理が欠けていたためであった。岩崎弥太郎は新規の設備投資を抑えたまま、納屋頭《なやがしら》と呼ばれる作業請負者を介する労務管理の強化によって出炭量を増やし、大きな利益を生み出した。八三〜八五年の共同運輸との競争は、三菱の海運部門に七七万円の損失を出させ、助成金七五万円を加えても赤字であったが、高島の利益一三〇万円がそれを十二分に補っていた[69]。

古河市兵衛の経営する足尾銅山（栃木県）が、産銅量を激増させ、住友の別子《べっし》銅山（愛媛県）を抜いて日本最大の銅山になったのも、八〇年代前半であった。小野組糸店の主任であり鉱山経営にも携わっていた古河は、同組破産により無一文になったが、華族相馬《そうま》家や渋沢栄一の資金援助で鉱山経営に再進出し、一八七七年（明治一〇）、足尾銅山を入手した。入手当時の足尾銅山は、江戸時代初期の繁栄ぶりをうかがわせるもののまったくない廃坑同様の状態であったが、古河は最新の技術を導入して近代化につとめた結果、再開発に成功した[70]。

さいごに、貿易業の分野での三井物産の活動についても触れておきたい。

幕府騎兵頭並であった益田孝《ますだたかし》（一八四八〜一九三八）は、明治になるや英会話の能力を生かして横浜で商売をはじめ、井上馨の知遇を得て一時、先収会社《せんしゅうかいしゃ》という名前の貿易商社を井上と共同で経営していた。同社解散の後、井上および三井組の三野村利左衛門の求めに応じて、一八七六年に三井物産会社の創立に加わり、その責任者となった。

発足当初の三井物産は、無資本で三井銀行や外国銀行からの融資に頼らざるをえなかったが、上海やロンドンにも早くから支店を設けて、政府米や官営三池炭鉱の石炭輸出を中心とする貿易業務の拡大を図り、多額の利益をあげた。もっとも、その反面で、松方デフレ期には、ロンドン支店での貸倒れや上海支店での昆布荷為替損などがかさんだため、差引純益は皆無に等しかった(71)というから、蓄積されたのは貿易に堪能な人的資源だけだったというべきかもしれない。

第二章　対外恐怖からの対外侵略

産業革命の開始と日清戦争（一八八六〜一八九五）

1　増加する輸出

欧米への生糸・米穀の輸出

一八八二年の世界恐慌からの景気回復を導いたのは、低金利のもとで増加したイギリス・フランス・ドイツからの資本輸出であった。アメリカ合衆国では、ヨーロッパからの投資による鉄道ブームに対応して、一八八五年下半期から重工業が活性化し、翌八六年にはアメリカへの鉄道用資材の輸出増加が、ヨーロッパ諸国の重工業の回復をもたらした。ヨーロッパからの資本輸出は中南米諸国やアジア各地へも向かい、とくにアルゼンチンへは巨額のイギリス資本が流入したが、それは一八九〇年には同国の金融破綻とイギリスの著名なマーチャント・バンカーであるベアリング兄弟商会の危機を招くこととなる(1)。

日本でも、アメリカにやや遅れながら景気の回復がみられたが、それはヨーロッパ資本の国内流入という刺激によるものではなかった点で、独特の性格をもっていた。政府は外国人による直接投資を相変わらず禁止しながら、八五年に日本銀行総裁・吉原重俊《しげとし》をロンドンに派遣して内国債の売却を試みたが、提示された条件が悪くて断念している。(2)『東京経済雑誌』一八八六年六月一九日号の社説「商況恢復の端すでに顕わる」は、「明治十三四年の商況繁昌は相場の騰貴したるに基くなるべし。今日の商況は利息賃銀の共に下落したるに基づくなるべし」と、景気回復の契機がデフレ下で低落した金利・賃金にあることを指摘した。

資金と金利についてみると、八二年から八六年にかけて国立銀行の民間預金残高は倍増し、七五年に政府がはじめた郵便貯金の残高にいたっては一五倍にも激増した。また、日本銀行による商業手形の割引日歩は一〇〇円あたり二銭八厘(一八八二年一〇月一一日、年率一〇・二%)から、一銭三厘七分(八六年六月二二日、年率五・〇%)にまで急落した。

このように市場が低金利だったため、八六年六月に政府が募集した海軍公債五〇〇万円は、利率五%という低金利であったのに、応募は三倍を超えた。(3) 外資に頼らなくても、このような投資先を求める国内資金をまず動員して企業を興す可能性が、熟しはじめていたのである。

そうした矢先に、アメリカに始まる世界的な好景気と銀価の低落が、一八八六年に銀本位国となったばかりの日本からの輸出増加を引き起こした。この企業勃興期(一八八六~八九年)に、松方デフレ期(一八八二~八五年)にくらべて輸出が一・六倍に増加した。増加分の三六%は生糸が占め、米穀の一六%、銅・石炭の各六%がそれにつづいている。

一八八四年以降、フランスにかわって最大の生糸輸出先となったアメリカの絹織物業が要求する、均一・大量の生糸を供給できたのは、どこよりも群馬県の改良座繰結社と長野県の器械製糸結社であった。(4) 長野県諏訪郡の開明社のばあいは、ちょうど八四年に、共同揚返所（各工場で小枠にとった生糸を、大枠に取りなおす作業を共同で行う場）を設けて厳しい製品検査を行い、均一・大量のアメリカ向け生糸を生産しはじめた。

同社加盟の製糸家たちは、八八年以降、横浜生糸売込問屋小野商店から、生糸出荷前の「原資金」前貸しを受けて拡大テンポを加速した。(5) 生糸輸出の活発化は、日本経済全体の回復の第一の引き金となった。

幕末以来生糸につぐ輸出品であった製茶は、一八八〇年代に入ると、粗製濫造と安いセイロン紅茶の出現のためにアメリカ向け輸出が頭打ちとなり、かつての勢いはもはやなかった。製茶機械の導入が遅れ、製糸業のような技術革新を欠いたことが停滞の原因であった。

それにかわるかのように八〇年代後半に大きな伸びをみせたのが、なんと米穀輸出であった。正貨獲得のために日本政府は、増産のつづく米穀を買い入れて、三井物産に託してヨーロッパへ輸出したが、それはイタリアの工場労働者らの日本米の消費を開拓した。(6) しかし当時の日本人とくに農民は、決して十分に米を食べていたわけではない。おそらく、小作地の拡大によって増えつづけた小作米が、地主から米穀商へと売り渡され、それが輸出されたのであろう。

米穀輸出は、地主と米穀商の懐を潤し、たしかに国内市場の拡大をもたらしたが、小作農に転落した人々からみれば、このときの巨額の米穀輸出は一種の飢餓輸出だったといえよう。一八九〇年代に入ると、米穀は逆に輸入が多くなっていく。

アジア市場向けの銅と石炭

生糸・米穀と並んで一八八〇年代後半に輸出が大きく伸びたのは、銅と石炭であった。古河家の足尾銅山と住友家の別子銅山を中心に、一八八〇年代に急増した産出銅の多くは、外国商社によって中国とインドさらにイギリスへと輸出された。最大の輸出先であった中国では、銅貨鋳造のためにオーストラリア銅を輸入していたのだが、やがて日本銅が圧倒的地位を占めるようになる。[7] こうして、八〇年代末には、フランスの銅買占めシンジケートによる世界的な買占め活動が日本にも及んできた。

古河市兵衛は、ジャーディン・マセソン商会横浜支店から買占めの話がもち込まれたとき、自分は外国の事情に疎《うと》いから、シンジケートとの直接取引でなく同商会との取引にしたいと述べ、一八八八年七月から九〇年一二月まで、足尾銅一万九〇〇〇トンをかなりの高価格で引き渡す契約を結んだ。

このシンジケートは価格暴騰と消費減退を招いて崩壊し、八九年三月には後ろ盾になっていたパリ割引銀行の支配人がピストル自殺をしたが、古河はジャーディン・マセソン商会に契約価格で期限まで産出銅を引き取らせ、大きな利益をあげることができた。[8] 住友の別子銅二〇〇〇トンの契約も古河のばあいと同様の経過をたどったという。[9]

官営三池炭鉱や三菱高島炭鉱で産出された石炭は、上海と香港さらにシンガポールなどに輸出された。もともと日本では石炭は一八世紀末頃から瀬戸内海沿岸の塩田用の燃料として使われてきたもので、幕末開港を機に日本へ寄港する欧米の汽船用の燃料に用いられるようになっていた。それを手はじめに、一八六〇年代後半からは上海への輸出が始まり、七三年以降の上海では日本炭がイギリス炭、オーストラリア炭をおさえて首位にたった[10]。

八〇年代には、産出炭のうち外国船舶用炭と輸出炭の比重が二分の一近くに増え、三池と高島などの良質な日本炭は上海・香港の石炭市場を支配し、シンガポール市場へも進出した。日本炭の売込先には清国の海運会社「招商局」なども含まれていたが、大部分は東アジアで活動する欧米の汽船・軍艦の燃料として用いられた[11]。

2　資本制企業の勃興

巨大株式会社、鉄道資本の始動

一八八六年からの輸出の増加は、地方経済の活況を生み、国内向けの織物業などにも活気が戻ってきた。輸出増加に導かれた国内消費の増大が、織物輸入の増加でなく国産織物の増産をもたらした背後には、前章で検討した、一八七〇年代半ばを画期とする在来織物業の再生という重要な事実があった。

八六年一〇月一六日刊の『東京経済雑誌』は、「企業の機熟せり」と題する社説のなかで、「商業すでに活潑の状況を呈せり。しからば則ち次に発すべきものは、鉄道のごとき巨大の会社発現これなり」と述べ、両毛地方や西日本各地において、鉄道会社の設立が進んでいることを指摘した。この社説を書いている著名な自由主義経済学者、田口卯吉社長自身、実は日本のマンチェスターとみなした桐生・足利の両毛機業地に、このとき鉄道を敷設しつつあった。

日本産業革命の開始を告げる資本制企業の本格的な企業勃興は、こうして鉄道業からスタートし、鉄道交通が道路・河川交通に代替していった。それは、道路・河川交通に支えられて展開したイギリス産業革命とは異なる形であった。

日本鉄道会社の好成績に刺激されて、一八八六年から九二年にかけて一四の鉄道会社が開業し、八九年度末には私設鉄道の営業線は九四二キロと、官設鉄道の八八五キロを上回り、以後一九〇六年に主要私設鉄道が国有化されるまで、私設鉄道がキロ数で優位にたった。八〇年代後半に設立された北海道炭礦鉄道・関西鉄道・山陽鉄道・九州鉄道の四社は、日本鉄道とならんで五大私設鉄道と呼ばれ、八九年に新橋—神戸間が全通した官設東海道線とともに、幹線鉄道網をつくりあげていった。(12)

五大私設鉄道のうち、日本鉄道が事実上の「官設」であったことは前述したが、官設鉄道の払下げから出発した北海道炭礦鉄道も経営陣は官選であり、残り三社も県知事が敷設計画を推進した。(13) 巨大鉄道会社の創設が民間主導であったとは到底いえないだろう。問題は、八九年当時の公称資本金二〇〇〇万円の日本鉄道、同一三〇〇万円の山陽鉄道、同一一〇〇万円の九州鉄道といった巨大株式会社が、どのようにして株金を集めたかということである。

この時期の企業勃興のいま一つの代表である綿紡績会社の公称資本金額の最高額が一二〇万円（大阪紡績、一八八七年）であったのとくらべて、鉄道会社の資本規模は隔絶していた。これらに匹敵するものは、八九年末の払込み資本金一七八二万円の第十五国立銀行、同一一〇〇万円の日本郵船会社、同一〇〇〇万円の日本銀行くらいである。

当時の国際的常識からすれば、このような巨大会社を設立するには外国資本を導入するのが定石《じょうせき》であったが、政府は外国人株主を禁止していた。そこで、華族と上層士族が中心となって計画した日本鉄道のばあいは、岩倉具視が華族の大多数を株主に勧誘し、また線路予定地である関東・東北の各府県庁に頼んで、地域の資産家をなかば強制的に株主にさせたといわれる。

山陽鉄道や九州鉄道ではそのような強制が困難だったので、発起人は、親戚や同郷者といった血縁・地縁関係を利用して株主を集め、また新聞・雑誌に株式募集の広告を出して広く社会的資金を集めようとつとめた。そのばあい、一株五〇円という当時としてはかなり多額の額面の株式の払込みを、鉄道工事の進行にしたがって分割にし、株主の負担を軽くしたこと、そうした部分払込みの株式が東京・大阪の株式取引所（ともに一八七八年開設）に上場され、株式の市場性が高まったことの二点が注目されよう。

鉄道会社が各地の株主からの払込み徴収を銀行に依頼すると、銀行はしばしば株式担保金融という形で株主を支援した(14)。産業革命の開始に先立って近代的銀行の制度が整備され、松方デフレをつうじて社会的資金がすでに銀行に集中していたことが、巨大な鉄道会社の形成を可能としたといってよい。

もっとも、銀行への資金集中は、この時期の企業勃興のための資金需要に対して、決して十分ではなかった。とくに大阪金融市場では、鉄道株と紡績株の払込みのための資金需要が巨額に達し、八九年秋から激しい金融逼迫が起こった。そこで、大阪同盟銀行の救済要請をうけた日本銀行では、九〇年五月に日本銀行条例の規定を破って、とくに指定した鉄道株を担保品とする手形の割引を行い、鉄道株の暴落による銀行の破綻をかろうじて阻止した。

一八九〇年から九六年の間に日本銀行が割り引いた担保品付手形は、同行手形割引総高の四九％を占め、担保となった一五種類の株式のうち五大鉄道株式は六九％に達した[15]。その意味で、巨大株式会社としての鉄道資本の形成を最後に支えたのは、中央銀行としての日本銀行が与える信用であったといえよう。

もっとも、北海道炭礦・山陽・九州の三鉄道会社は、一八九〇年恐慌以降の不況期に経営難に陥り、株式の追加払込みが不可能になったため、社債を発行して工事資金を調達しなければならなかった。そうした努力の末、山陽鉄道は日清戦争直前の一八九四年六月にようやく、東海道線の終点である神戸から広島までの路線を開通させることができた。

追い出される輸入綿糸

鉄道業につづいて企業勃興がみられたのは紡績業の分野であった。大阪紡績の好成績に刺激されて、大阪・東京と名古屋周辺では、一八八七年から八九年にかけて一万錘規模の紡績会社が続々と設立された。のちの三大紡績の源流となる三重《みえ》紡績（一九一四年、大阪紡績と合併して東洋紡績）、鐘淵《かねがふち》紡績、摂津《せっつ》紡績・尼崎《あまがさき》紡績（一九一八年、合併して大日本紡績）は、いずれもこの時点までに活動を開始している。

これらの大規模紡績会社のなかには、三重紡績や名古屋紡績のように政府が援助した二千錘紡績の流れを汲《く》むものもあったが、前者は四日市の醸造業者伊藤伝七（一八五二〜一九二四）が渋沢栄一の後援を得て二千錘紡績を改組して再出発したもので、後者は名古屋の有力商人と旧尾張藩主徳川家が出資した士族授産企業で、政府借入れの返済を免除されたとはいえ、みずからも増資を行っており、どちらも政府援助の単純な延長上に企業が形成されたわけではない。その他の大規模紡績会社はいずれも大都市商人の資金を株式の形で集めて設立された(16)。

紡績株の払込み資金についても、銀行による株主への融資がみられたが、鉄道との比較でいえば、資本金規模はさほど巨大でなく、近世以来の大都市商人の蓄積を動員できれば、払込みは容易だった。

問題は、大都市商人が投資したくなるような、高配当を生む紡績会社の活動を担う経営者と技術者がみつかるかどうかであった。三重紡績を例にとると、経営の実質的な責任者であった伊藤伝七は、渋沢栄一から優れた日本人技師を確保することが必要であると教えられ、工部大学校（のち帝国大学へ併合）機械工学科を卒業した大阪造幣局技師の斎藤恒三《つねぞう》（一八五八〜一九三七）を引き抜くことに成功した。斎藤はイギリスへ渡って紡績機械を注文し、また技術の修得につとめたという。

当初大阪紡績をモデルとしていた伊藤支配人と斎藤技師長（九一年から伊藤と並ぶ「委員」＝取締役となる）は、第一銀行四日市支店からの融資に支えられて、安値のときをみはからってインド綿花を大量に購入、低賃金の豊富な労働力を利用して高収益をあげ、その多くを内部留保することによって優良経営を築きあげた。のちに大阪紡績との合併で東洋紡績を設立したさいは、三重紡績のほうが大阪紡績より強い立場にたつことになる。(17)

のちに尼崎紡績社長をへて大日本紡績の初代社長となる菊池恭三《きょうぞう》（一八五九〜一九四二）も、工部大学校船舶工学科の卒業生であり、横須賀造船所や大阪造幣局に勤めたのち、大阪府にあった平野紡績の工務長となり、イギリスへ派遣されて技術を習得した点で、斎藤とよく似ている。帰国後、菊池は支配人兼工務長として工場現場だけでなく経営全般も担当したが、同時に兵庫県の尼崎紡績と大阪府の摂津紡績の支配人兼工務長となり、一人で三社の技術者を兼ねることとなった。このことは当時優れた技術者がいかに少なかったかをよく示している。

尼崎紡績は、九四年に商務副支配人となった田代重右衛門《じゅうえもん》（一八五四〜一九三二）の着眼により、細い四十二番手撚糸《ねんし》の試作を行い、やがてそれを主軸に好成績をあげることになる。(18)この田代は美濃（岐阜県）出身の綿糸商で輸入綿糸を取り扱っていた人物である。

鐘淵紡績を設立したのが、東京の繰綿問屋のグループであったこと、前述のように大阪紡績の設立を大阪側で推進した中心人物が洋反物商の松本重太郎であったことも想起すると、

1906年に尼崎紡績会社へ入社した女子工員。全員、鹿児島県知覧出身者〔『ニチボー七十五年史』〕

幕末維新期に活躍した綿業関係商人が、機械制紡績会社の設立および経営の中心的担い手であったことは明らかであろう。

これに対して、伝統技術と隔絶した紡績機械技術を担う者は新しく創出されるしかなく、その面で重要な役割をはたしたのが工部大学校であった。同校の教育を指導したイギリス人ヘンリー・ダイアーは、ドイツ流の学理重視と、イギリス流の訓練重視の工学教育を統合する独創的な教育実験を試みてみごとそれに成功し、その成果は母国イギリスにも大きな影響をあたえた⑲。

紡績業界に進出した上述の斎藤と菊池は、成果の一事例にすぎない。もっとも、彼らが単なるエンジニアの域を超えてトップ・マネジメントにまで昇進することに対しては反発も強かった。

菊池が一八九三年に尼崎紡績の取締役に就任し、一九〇一年に社長になれたのは、大株主社長である福本元之助（大阪の綿布商、一八六六〜一九三七）の強い推挙があったためであり、逆に平野紡績では、大株主社長の金沢仁兵衛（大阪の肥料商、一八四七〜一八九九）に重役昇進を阻まれて退社し、摂津紡績では常務取締役に昇進したものの大株主社長竹尾治右衛門（大阪の呉服商、一八五四〜一九一五）からしばしば圧迫されたという[20]。

平野紡績は菊池の退社を機に業績が悪化して摂津紡績に吸収合併され、その摂津紡績も一九一八年には、資本金規模で二倍の尼崎紡績と合併して大日本紡績を設立することを考えると、技術者の処遇は経営実績を大きく左右したといえよう。

これらの一万錘規模の紡績会社が相ついで活動を開始した結果、機械製綿糸の生産量は激増して、一八九〇年（明治二三）には早くも輸入量を超え、九七年にはついに輸出量が輸入量を上回るまでになった。国内綿作農家の期待に反して安い中国・インド綿を使用し、従来の重くて操作に力のいるミュール精紡機を軽快な最新式のリング精紡機に切り替え、寄宿舎に収容した若い「女工」に昼夜二交替で休みなく稼働させるという資本家的合理性に基づく経営方針が、そうした発展をもたらした。

中国においても、インドでの機械制綿紡績業の発展に刺激されて、日本政府が二千錘紡績企業の設立を計画したのとほぼ同時期の一八七八年に、「官督商弁企業」上海機器織布局が設立される。しかし、それが実際に生産を一部開始したのは、なんと九〇年のことであった。遅延の最大の原因は、短繊維の中国綿花を原料に使って輸入品と対抗できる薄地綿布を製造しようと、アメリカ人技師に改造紡機を注文するという無駄な努力を重ねたことにあった。そして、中国綿花からは需要の少ない洋式厚地綿布しか製造できないとわかった段階で、北洋通商大臣の李鴻章は同織布局に洋布生産の独占権を付与して保護したのであった。(21)必要とあれば、国内綿作農家の利害に反してでも中国綿やインド綿をどしどし輸入する、という渋沢たちにみられた機械制生産に適応した資本家的合理性は、中国ではまだ十分育っておらず、逆に機械自体を政治的要請に沿って簡単に改造できるという思い込みが支配していた。日本のばあいは、民間紡績会社と綿花輸入商社がインド綿花を輸入するのに、政府は日本郵船のボンベイ航路就航の補助や、横浜正金銀行ボンベイ支店による為替金融の開始などの形で援助した。その点で、政府が逆に民間の力を利用しただけの中国の洋務運動とは対照的であった。

鉱山業が守り立てる財閥

一八八〇年代後半に鉱業生産は工業生産を上回る伸びをみせたが、『帝国統計年鑑』によれば、九〇年末の鉱山会社払込み資本金は計六七三万円で、紡績会社のそれの計八七四万円にやや劣っていた。しかし、財閥系をはじめとする当時の有力鉱山は個人経営が多く、会社企業の統計をみても鉱山業の拡大ぶりと鉱工業内部における正確な位置づけはわからない。生産額でみるならば、一八九〇年の機械制綿糸一〇万八三七〇梱《こり》の価額は約八八九万円(22)なのに対し、同年の石炭・銅・金銀などの鉱産額は約一三七一万円[23]であり、綿糸価額の約一・五倍に達するのである。

鉱山業は財閥の最大の産業基盤であった。「財閥」という言葉は研究者によってさまざまな意味あいで用いられるが、ここでは「同族支配下にある独占的地位をもつ多角的事業経営[24]」という意味で用いることにしよう。持株会社を通じた「同族支配」の有無が、第二次大戦後の企業集団との違いであり、「多角的事業経営」の有無が、いわゆる「政商」から財閥を区別する。また「独占的地位」というのは、持株会社傘下の子会社が市場での独占の一翼をなしたり、持株会社自体が巨大な資本独占として機能することを指している。

第一次大戦期以降に出現する新興財閥と違って、維新期に起源をもつ財閥に共通するのは、政商から出発したことであった。住友や古河のように鉱山業から出発して多角化を進めたものについて、政商的性格を否定し、財閥の起源を政商活動と鉱山経営の二つとする見解[25]はかならずしも適当でない。

住友は幕府の保護のもとに御用銅を製造してきた別子銅山が、維新のさい、いったん官軍に接収されそうになったのを、総支配人広瀬宰平《さいへい》（一八二八〜一九一四）の努力で、それを免れたことに始まり、払下げ米代金の延納や税金の免除などさまざまな保護を政府から引き出したからである。古河市兵衛のばあいも、政商小野組で培《つちか》った人間関係と経営体験が、鉱山経営者として再出発するさいに生かされている。

日清戦争前の時期に、経営の多角化を進めて財閥としての姿を整えたのは、三井・三菱・

住友・安田の四大財閥であった。政府から預かった巨額の官金の貸出しの多くが固定化して危機に陥った三井組が、オリエンタル銀行からの融資で急場をしのぎ、一八七六年に、三井銀行と三井物産を発足させて事業の活性化を図ったことは前述した。その三井物産の最大の利益源は、官営三池炭鉱の石炭輸出を担当したことにあった。そこで、八八年に同炭鉱が払い下げられたときには、三井物産の益田孝としては、絶対にこれを落札しなければならなかった。

三菱との競争に僅差で競り勝って三池炭鉱を手に入れた益田は、松方蔵相に頼んで、官営三池炭鉱に勤務していたマサチューセッツ工科大学出身の技術者団琢磨《だんたくま》（一八五八〜一九三二）を併せて払い下げてもらい、事務長に据えた。この団こそは、地震で水没した同炭鉱の勝立坑《かつだちこう》を最新式のポンプを使ってみごとに復旧させ、三池を三井財閥のドル箱に仕上げた功労者であり、一九一四年には益田の後をついで三井財閥の最高指導者になる人物である。

三菱＝岩崎家にとっても、財閥化の契機となったのは、一八八一年に後藤象二郎から買収した高島炭鉱の経営であった。共同運輸会社との苛烈な競争を高島からの利益に支えられて乗り切ったうえで、八五年に、日本郵船へ海運部門を譲り渡した三菱は、「海から陸へ」上がった営業体制を再編成、銀行業や造船業あるいは不動産業などにも手を広げたが、全体の中心となったのは鉱山部門であった。

後藤が、優れた炭層と設備をもつ高島炭鉱から利益をあげられなかった理由が、労務管理の甘さにあったことを見抜いた岩崎は、大学南校（東京大学の前身の一つ）出身で留学帰りの新進技師長谷川芳之助《よしのすけ》と南部球吾《なんぶきゆうご》を高島に送り込み、坑夫募集、「納屋《なや》」での生活管理、作業監督を作業請負人の「納屋頭」に委ねる厳しい労務管理を行い、増産に成功した。同炭鉱のあまりに苛酷な納屋制度は、一八八八年、三宅雪嶺・杉浦重剛らによる雑誌『日本人』のルポ記事で「千古未曾有の圧制法」と批判され、内務省の勧告もあって、納屋頭の横暴はある程度改められていった。

八八年に三井と三池炭鉱の落札を争って敗れてからの三菱は、筑豊炭田に進出して、つぎつぎと鉱区を買収し、他方で、吉岡銅山（岡山県）・尾去沢《おさりざわ》銅山（秋田県）などの経営も行った。

鉱山経営から出発した住友家は、一八七一年、神戸に銅その他の販売店を開設し、蒸気船を購入して海運業に進出、七八年に朝鮮の釜山、翌七九年に元山に支店を設けて貿易を行うが、これらは松方デフレ下で撤退しており、多角化の最大の柱は、七五年に始めた商品担保の貸付業務（＝並合業《なみあいぎよう》）であった。もっとも、総理事広瀬宰平は銀行業への進出に否定的だったから、住友銀行の設立は、広瀬が引退した後の九五年までずれ込むことになる。広瀬の在任中に行った多角化で注目されるのは、九三年から筑豊炭田に進出して炭鉱経営を開始したことであろう。三菱につづく住友の筑豊進出は、三池の年賦金支払いの目鼻がついた三井が、九五年以降筑豊に進出したこととあいまって、資金力のある中央財閥資本が、貝島太助・麻生太吉《あそうたきち》・安川敬一郎ら地元有力資本とともに、石炭業における独占体制を築く動きを促進した。

1925年頃の三井三池炭鉱における採炭風景

安田善次郎のばあいは、両替商から出発し、司法省・栃木県為替方となって発展、一八七六年に第三国立銀行、八〇年に安田銀行を設立したが、金融業者としての発展が中心であり、多角化はあまり顕著でない。それでも八七年に安田保善社を設立したころから多角化を試み、釧路の硫黄鉱山を経営したり帝国海上保険を設立したりしている。

このように、財閥が好んで鉱山経営に進出したのは、大資本を投入して絶えず新しい鉱脈を探すことで、災害や鉱脈の途絶からくる生産の激減を防ぐことができたからであり、一度獲得した鉱区・鉱脈は、工場生産のような競争相手の進入・模倣を受ける恐れのない、自然的独占として多くの利益を期待できたからである。

拡大する生糸・織物の国内市場

この当時の製糸業と織物業は会社形態をとることが少なかったために、企業勃興を示す会社統計からは漏れているが、どちらもこの時期から日清戦争期にかけて、いちじるしく発展した。

まず製糸業については、生産量を示す官庁統計が正確とはいえないので、蚕種掃立量《さんだねはきたてりょう》から推定した繭生産量に基づいて生糸生産量を推計しなおした結果、生糸国内消費が通説よりはるかに多かったことを指摘した研究[26]があるので、それによってこの時期の製糸業の拡大ぶりを検討しよう。

この推計によれば、一八八六年からの一〇年間の生糸国内消費量は、年平均三二八五トンで輸出量年平均の二五五四トンを大きく上回っているが、八五年までの一〇年間の平均数値と比べると、国内消費量の伸びは四％足らずで、輸出量の伸び率一〇七％に大きく劣っている。これは一つには国内消費についてのこの推計が、時期が古くなるにつれてやや過大気味のためかと思われるが、八六年以降の生産増大がアメリカ市場の拡大に対応する輸出目当てのものであったことは明らかである。

既存の官庁統計によれば、一八九四年に器械製糸業の生産量が座繰製糸業のそれを凌駕しており、そうした事実をもって「製糸業確立の指標[27]」とするのが定説であった。しかし、生糸の国内消費が実際にははるかに多かったとすれば、それは国内向け中心の座繰生糸の生産量が官庁統計値よりもはるかに多かったことを意味するから、器械糸が座繰糸を量的に凌駕

第1表　10釜以上器械製糸場の地域分布　(1893年)

地域	製糸場数	釜数計 A	生糸産額(斤)	1釜当り	うち50釜以上製糸場数	同釜数計 B	B/A(%)
長野	500	24,869	1,335,221	53.7	109	15,156	60.9
岐阜	493	10,497	267,449	25.5	30	2,429	23.1
山梨	244	8,929	251,565	28.2	50	4,644	52.0
愛知	183	4,974	179,708	36.1	28	2,163	43.5
京都	218	3,618	77,726	21.5	6	423	11.7
その他	964	33,101	1,269,339	38.3	250	17,769	53.7
合計	2,602	85,988	3,381,008	39.3	473	42,584	49.5

出典：農商務省農務局、第一次『全国製糸工場調査表』(1895年刊)

する時点はずっと後のこと――おそらく一九〇〇～一九一〇年の後半――になろう。それは、器械製糸経営者が、等級賃金制という日本独自の賃金形態に基づいて労働者への支配を確立し、座繰製糸業を圧迫し衰退させはじめた時点とほぼ一致する。(28)

この等級賃金制とは、各自の賃金を、工場の全「女工」(女子労働者)の作業成績の平均値との開きによって事後的に決めるという、競争的な仕組みである。

座繰製糸業を凌駕しなかったにせよ、一八九〇年代の器械製糸業の発展は目覚ましかった。九三年の器械製糸場数と釜数での上位五府県は第1表のとおりである。一釜あたりの繰糸「女工」は一名だから、釜数はそのまま繰糸「女工」数とみてよい。

全国的にみると、製糸場数の一八%を占めるにすぎない五〇釜以上の規模の製糸場が、釜数では合計の半ばを占めている。この時期になると、五〇釜未満の小規模製糸場が小生産者を担い手としてはじめて多数誕生した一八七〇年代後半と異なり、長野県のように五〇釜以上の規模に成長したもの、あるいはその他の府県のように、最初から五〇釜以上の規模で出発したものが、かなりの比重を占めるようになった。五〇釜以上の規模で出発するとなれば、上層農民でも単独では無理で、担い手は地主や商人が多くなったものと思われる。

一八七八年に三二釜の規模で出発した長野県諏訪郡の片倉組のばあいは、純益をつぎつぎと設備拡大に投入して、八一年に六〇釜、八四年に九〇釜、八五年に一六〇釜となり、九〇年に東筑摩郡松本町（現松本市）に開設した四八釜規模の製糸場を翌年一六八釜へと拡張した結果、この調査時点では、合計三二八釜の規模になっている。そして九三年に諏訪に建設を開始した三六〇釜の大工場三全社が、翌九四年一〇月に竣工するや、片倉組は日本最大級の製糸家になり、新設の三全社を共同出荷のための製糸結社開明社には加入させず、単独出荷を行うようになるのである。

この片倉組を先頭に、長野県とりわけ諏訪郡の器械製糸家のなかに設備を急拡大するものがつぎつぎとあらわれ、しだいに単独出荷に踏み切った結果、日清戦争後には製糸結社の解散がすすむことになる。彼らが純益のほとんどすべてを設備拡張に投入できた背後には、前述した横浜生糸売込問屋からの「原資金」前貸と並んで、上田に本店のある第十九国立銀行による積極的な製糸金融の展開があった[29]。

第1表によれば、生糸産額の点で岐阜県と山梨県は長野県に大きく引き離されているが、他方では、愛知県と京都府に多数の器械製糸場が誕生していることもわかる。京都府のばあいは小規模で低能率の器械製糸場ばかりで、日清戦後にはそうした限界を克服しようとする

第2表　織物生産と消費の動向

消費＝生産＋輸入−輸出（千円）

3ヵ年平均	生産合計	絹織物生産	絹織物消費	綿織物生産	綿織物消費
1886−88年	25,259(100)	9,225(100)	9,061(100)	10,603(100)	13,881(100)
89−91年	39,256(155)	13,357(145)	12,163(134)	16,812(159)	20,696(149)
92−94年	58,954(233)	25,221(273)	19,523(215)	22,864(216)	27,461(198)

出典：第七次・第十二次『農商務統計表』、『横浜市史　資料編二』
備考：反物と帯地の計。合計には絹綿交織物その他を含む

何鹿郡《いかるが》（現京都府綾部市）の波多野《はたの》鶴吉（一八五八〜一九一八）らによって大規模な郡是《ぐんぜ》製糸株式会社（一六八釜）が設立され、長野県製糸家とは異なる高級糸の生産を開始するようになるのである。

つぎに織物業の拡大ぶりをみよう。織物（反物と帯地）の生産統計が全国的に判明するのは一八八六年からなので、この時期の織物生産額の伸びを統計によってみると第2表のとおりである。

一八八七年前後から九三年前後にかけて、生産額が二・三倍に急増しており、まず綿織物生産額が伸び、つぎに絹織物生産額が急増して綿織物生産額を上回っていることがわかる。もっとも、綿織物輸入の伸び悩みと絹織物輸出の開始があるため、国内消費の伸び率は若干低くなっている。

さらに、価格の上昇もあるから、消費数量の伸び率はいっそう低下し、ある推計㉚から計算をすると、一八八七年から九三年にかけての六年間の綿織物消費量の伸び率は五二％、一人当たりでは四四％となる。それでも、毎年一人当たり六％という綿織物消費量の増大がみられたことは、平均的な生活水準が産業革命期に確実に上昇しつつあったことを意味している。そして、やや遅れていっそう急テンポでの絹織物消費の増大がみられるのは、上流階級の生活の充実

ぶりを示す指標だといえよう。

一八八〇年に岡山県倉敷で生まれた社会主義者山川均《ひとし》（一八八〇〜一九五八）の回顧によれば、八七年に父親が同地最初の綿糸商店を開設し、大阪から仕入れた内外の機械製綿糸を売り出すまでは、同地の人々の「ふだん着は糸車で紡いだ糸から織った手織木綿」だったが、綿糸商店開設のころから、「お百姓の家庭でさえも、糸車は急速に納屋や天井裏に追放され、綿の栽培はめきめきと減った」とのことであり、つづいて「日清戦争前後の時期にもなると、たいていの家庭では、既製品の反物を着るようになり、手織りバタは、糸車の運命を追うことになった。こうして、直接に糸にたいする一般的な需要は、比較的短い時期のあいだに、急速に減ってきた㉛」という。

もっとも、この間岡山県の綿織物産額は急増しているから、減ったのは手織りの自家用綿布のための「一般的な需要」で、「既製品の反物」＝市場向けの綿布生産に要する綿糸の需要は増加したはずである。綿糸・綿布の市場はこのような形で着実に拡大していった。

当時の織物業の生産形態については、製糸業のような詳しい全国調査がない。綿織物業・絹織物業いずれも小生産者による家内工業が主体で、マニュファクチュアや機械制大工業はごく一部にしか存在しなかったとされており、その点では紡績業や製糸業と異なっている。綿織物業のばあいは、松方デフレ期を境に、商人が原料糸を前貸しする問屋制家内工業が先進機業地を中心に広がり、問屋制の普及度が低い絹織物業とはやや違った展開を示していく。

この時期の機業地で異例の躍進をとげたのが、輸出向け羽二重の主産地福井県で、八六年当時絹織物産地として産額第一二位にすぎなかったのが、九〇年には早くも京都府・群馬県に次ぐ第三位の地位を確保した。

福井の羽二重生産は桐生からの技術移転を契機に発展しはじめ、一八九四年には、「機業者にして工場を有するものは、わずかに四五軒のみ、大概自宅を使用し自宅あたかも工場のごとく、家族の起臥安坐をなす余地なきほど機器を設備し、一家あげてその業に従事す」と報告されている。

原料生糸は、産地から輸出港横浜へいったん送られたうえで積みもどされる生糸を使用し、製品の羽二重は生産者が共同で横浜まで出荷していた。ところが、九一年には横浜の外国商館ローゼンソール商会やメーソン商会が、日本人手代を福井市に派遣して産地直接買付けをはじめ、それに触発されて日本人の羽二重問屋がつぎつぎと開業した。外国人による産地買付けは、むろん条約違反であるが、結果的には北陸地方の羽二重生産を支え活発化させ、同様な事態は先進地桐生・足利地方においてもみられた[32]。

一八九〇年恐慌と日本

以上みてきたような日本の企業勃興が、世界的な好景気と銀価格の低落による輸出の増加を引き金として起こったかぎり、それは世界的な景気循環の一環をなすものであった。しかし、ヨーロッパからの資本流入を政策的に遮断した日本のばあいは、欧米との連関は資本面でなく、商品面＝貿易面に限られていた。一八八九年末に欧米諸国で好景気の結果としての金融逼迫が生じ、ドイツでは九〇年三月にかけて株価が急落する。それに先駆けて日本で八九年八月に株式払込みと関連する金融逼迫が起こったのは、資本輸入を遮断したままで始まった企業勃興の底の浅さが、早くも露呈したものとみてよい。

一八九〇年の世界恐慌は、巨額のイギリス資本流入による過大な鉄道建設が土地投機とインフレを招いたアルゼンチンで、九〇年三〜七月に起こった恐慌が契機となった。同年一一月にはアルゼンチンの有価証券を大量に抱えたロンドンの名門ベアリング兄弟商会が支払いを停止し、イングランド銀行の援助でかろうじて破産を免れたが、信用恐慌は欧米各国に広がった。イギリスやドイツでは、恐慌は同時に生産局面をも捉えたが、アメリカ合衆国での恐慌は一八九三年に入って本格化する。[33]

日本では世界恐慌の影響は、アメリカ財務省が銀買上額を増やした影響で銀価＝円為替相場が騰貴し、恐慌中のアメリカとフランス向けの生糸輸出が、九〇年下半期に減退したことにあらわれた。[34] 金利高がつづいていたこの時期を恐慌の継続期間に含めれば、日本は貿易面からの世界恐慌のインパクトを、みずからの恐慌の後半の時期に受けたことになる。

しかし、九〇年上半期の株式恐慌と綿紡績業の操業短縮は、日本独自の現象であった。大阪を中心とする鉄道・紡績株の払込みは金融逼迫を激化させ、三月にかけて株価の暴落と多くの会社の倒産を招いたため、前述のように五月に日本銀行が株式担保割引を実施して救済にあたったのである。このときの大阪での紡績会社の払込みについては、拡大のためのものが半ば近くを占め、賃金の上昇がしだいに経営を圧迫しはじめていたことから、この恐慌は紡績資本の拡大再生産の開始と一定の関連をもって発現したという評価が与えられている[35]。

高騰した金利は一八九一年に入ってようやく低下し、九二、九三年にかけて金融緩慢の状態がつづいた。銀価の低落も作用して、生糸や羽二重などの輸出の伸びはいちじるしく、九三年のアメリカ合衆国の恐慌による打撃も、フランス向け生糸輸出が伸びたために緩和された。綿紡績業の業績は九二年にはいちじるしく好転して増資計画が相つぎ、九三年には鉄道業でも新設・拡張計画があらわれはじめた。こうして九四年に入って、新たな企業勃興の機運がみなぎりはじめたところで日清戦争が勃発し、企業勃興は戦後にもち越されることとなるのである。

3　日清戦争への道

変化する政府と民党の対立点

日本産業革命がスタートした一八八〇年代後半は、政治的には大日本帝国憲法が制定されて、近代国家としての体裁が、曲がりなりにも整えられた時期であった。衆議院の総選挙で政府批判の民党勢力が多数派を占めることを予想した藩閥政府は、民党の意向から超然として自己の政策をつらぬく、という超然主義をあらかじめ打ち出したため、九〇年（明治二三）一一月にはじまる第一議会から、九四年五月の第六議会までのいわゆる初期議会をつうじて、政府は多数を占める民党の激しい抵抗を受けることとなった。

民党の主張は、最初のうちは「民力休養」であり、地租軽減・地価修正と政府予算の削減を要求していたが、第四議会の会期の終わる九三年二月に天皇の「和協の詔勅」（天皇一家の生活費＝「内廷費」および官吏の俸給を削減した分から、建艦費を補助）が出されたのを機に、最大勢力の自由党が伊藤内閣と事実上の提携関係に入った。

第一回（一八九〇年）、第二回（一八九二年）、第三回（一八九四年）の総選挙で選出された衆議院議員の、それぞれ二九、三二、三四％が地租九〇円以上を納入（所有地価三六〇〇円＝耕地一〇町歩以上所有）する寄生地主的存在であり、地租三〇～九〇円（所有地価一二〇〇～三六〇〇円）の耕作地主層を含めると、それぞれ四三、四五、四八％が地主的利害に強く左右される議員であったとされている[36]。

自由党にそうした地主議員の比率がとくに高かったわけではないが、彼らの多くは、産業革命の開始で米穀需要が増大し、それが米価を押し上げたために固定額の地租の負担は軽くなったことに気づいており、本音では、政府の積極政策＝地方開発政策の恩恵にあやかりたいと思うようになっていた。

第四議会で、一八八一年以来府県地方税で賄うこととされた監獄費を国庫支弁にもどす議員提案が論じられたとき、大阪府選出の粟谷品三議員（銃砲火薬商）は、地方税が「細民」の重い負担になっていることを指摘しながら、「民力休養というものは実に細民を救わずんば民力休養でないではありませぬか、今日のところでは地租を納めるところの即ち地所を持っておるところの者がいかなる難渋をするや、米は高しなあ、豊年はつづく、石代は五円以上今七円に売れるやないか、麦は四円する、……今日地価修正の委員とかいうて東京に上っておる者をみれば、絹の袴に絹の羽織で上等の旅籠に泊って、なあ、いかなるものであるか（拍手笑声起る）[37]」と、地租軽減や地価修正を求める地主議員たちの実態を、軽妙な言い回しで批判して拍手を浴びている。

政府との妥協的姿勢が強まった自由党にかわって、伊藤内閣に抵抗したのは、国民協会や立憲改進党など、対外強硬論者＝「対外硬六派連合」の勢力であった。

一八九三年一一月に召集された第五議会での新たな政府批判のテーマは、イギリスを相手に交渉が大詰めに近づきつつあった条約改正のあり方であった。対外硬といわれる人々には、治外法権および居留地の撤廃とひきかえに、外国人の内地雑居を認めることに反対する「内地雑居尚早」論者が多かった。そして、そこまでは主張しないが、現行条約を事実上破って内地に侵入しつつある外国人に対して、厳しく対処すべきだという「現行条約励行」論者と一緒になって、政府の態度を厳しく追及した。

これに対して、伊藤内閣は「現行条約励行建議案」の提案趣旨説明がはじまった瞬間に一〇日間の停会を命じ、再開当日は冒頭に議員の反対を押し切って外相陸奥《むつ》宗光《むねみつ》が弁明を行っただけで、一四日間の停会を命じたうえ議会を解散した。そして、翌九四年三月の総選挙をへて五月に開会された第六議会において、政府の「内治外交」を批判する天皇への上奏案が可決されたため、追い詰められた政府は、六月二日再び議会を解散した。

この日の閣議で、政府は朝鮮で勃発した大規模な農民反乱＝「甲午《こうご》農民戦争」（いわゆる東学党《とうがくとう》の乱）に対処して日本人居留民を保護するためという「朝鮮出兵」を決定する。出兵自体は、こうした国内政局の危機とは別個に決定されたようであるが(38)、その後に行われる対清開戦の決定にさいしては、上述のような緊迫した国内政局への配慮がもっとも重要な要因となっていく。

内地雑居尚早論と現行条約励行論

では、対外硬派の多くの人々が主張する、内地雑居尚早論とはどのようなものだったのか。京都府の琵琶湖疎水工事に携わっていた坂本則美《のりよし》（一八四八～一九一三）は、一八九〇年刊行の『実力政策』なる書物のなかで、治外法権撤廃とひきかえに外国人に内地雑居を認めると、幼弱な日本企業は強大な外国企業に圧倒されて「外人のために内地の農商工業を占領せらるる(39)」と主張する。

著者によれば、居留地制度に縛られている今日でも、外国人で「製紙の事業を起すものあり、麦酒《ビール》を醸造するものあり、あるいは諸般の銕《てつ》器械を販売すべき商社を建るものあり、又あるいは地を相し開墾を試んとするものあり、京都府疏水工事より得るところの水電力全体を一手に買受んと求るものあり(40)」といった現実がある以上、内地雑居が認められれば、外国人の商工業進出は一挙に加速するはずだという。

ここでいう「製紙の事業」とは、米商ウォルシュ兄弟商会が神戸で経営し、八九年から岩崎弥之助が資本参加して、後に三菱製紙所となる事業のことであろう。「麦酒を醸造」したのは横浜の外国商人たちで、米商コープランドの失敗のあとを継いで英商グラバーらによって再建された「ジャパン・ブルワリー社」が八八年に売り出した「キリン・ビール」が、念頭に置かれているものと思われる。

そうした欧米商人による投資の飛躍的増大の危険性とともに、著者が強調するのは、ひとたび内地雑居が認められれば、「生計の度の低くして手間賃の廉《れん》なる我国よりさらに甚《はなはだし》き(41)」中国人の大群が日本の労働市場に進入する危険があることである。こうした中国人についての危惧の念は、ほかの論客によっても等しく指摘されている。

以上のような予測に基づいて、著者坂本は法権回復は後回しにしてまず税権回復を行い、保護関税のもとで経済の実力を養成すべきだ、と主張するのである。

こうした尚早論に対しては、対外硬派の人々のなかからも反対論が唱えられた。徳富蘇《とくとみそ》峰《ほう》の民友社の社員として雑誌『国民之友』の編集をしていた人見一太郎は、その著『国民的大問題』で、「外人にして、法権税権を取りて我に全納せば、我れ、之に報ゆるに、内地解放をもってすべきは、我邦の輿論なり(42)」として、非雑居派のいうような人種競争や、宗教面において日本人が圧倒されるという脅威はまったく根拠がないと述べた。そのうえで、経済面でも、「いまや政府の寛大にして、不取締なるの結果として、事実上の内地雑居すでに公然と行われおり、大磯、軽井沢、江島、日光到る所、妾または手代の名義をもってこれを買いたる」と、雑居が現実に進行しつつあるが、「内地雑居を非とすべきほどの弊害を見いださざる」[43]と主張している。

ここであげられている軽井沢については、一八九四年五月一七日の衆議院本会議で「現行条約励行」の上奏案の支持演説をした新井毫《ごう》も、「軽井沢において――この日本の邦土において、日本人入るべからずという建札の建ったということは諸君、何と慨嘆の至りではござりますまいか（拍手起る）[44]」と言及している。「建札」の件が事実だとすれば、それはおそらく八八年五月に英人宣教師A・A・C・ショーが同地最初の避暑別荘を建てたのを手はじめに、とくに九三年四月の横川―軽井沢間アプト式鉄道の開通以降、同地の外国人別荘が増えたことに関係する事柄であろう。

この英人A・A・C・ショーが東京で排外主義の暴漢に殴られ助けを求めたさい、警官が傍観していたという事件が起こって外交問題になるが[45]、人見によれば、そうした欧米人の内地雑居は問題とするほどの「弊害」ではない。むしろ人見が問題とするのは、またしても中国人の内地雑居の弊害である。

すなわち、「吾人は断言す、居留地撤去後、わが製造、わが労役、わが運搬、わが貿易の競争者となり、妨礙者となる一大強敵は、世人のもっとも卑むところの支那人なりと。……彼らは生れながらにして、商賈《しょうこ》なり。一個人としては、彼らは、恐るべきものあらず、しかれども、彼らが相集りて形成する国民の膨脹力に至りては、すこぶる恐るべきものあり[46]」と、中国国民の膨張力を警戒するべきだと力説し、彼らに対しては従来どおり内地雑居を禁止せよと述べるのである。

以上のように、原則的には内地雑居を認めるべきだとする人見の条約改正に向けての方策は、現行条約を規定どおり厳重に執行することであり、そのうえでの現行条約の廃止宣言であった。このようにして、「内地雑居」問題では意見の異なる対外硬派が、「現行条約励行」のスローガンのもとに連合して政府を批判していたのである。

欧米商人・中国商人への恐怖

条約改正に関する論議の検討をとおして、当時の知識人の対外意識を究明した一論文は、内地雑居尚早論の「根底に常に見出されるものは、論者によって抱かれている西洋諸国及び西洋文明に対する強度のインフェリオリティ・コムプレックスである」と指摘している[47]。欧米商人の実力に関する一九世紀末の日本人の評価は、しかし、かならずしも正確な実態認識によって裏づけられたものではなかった。

居留地で活躍した外国商人の経営内部の実態については、比較的最近になって英商ジャーディン・マセソン商会の日本での活動が経営資料に基づいて究明されるようになるまでは[48]、歴史研究者にもほとんど知られていなかった。相手の正確な実態をつかめぬままでの評価となると、いきおい途方もない強大さをイメージしがちである。一般の日本人からみると、欧米の商人は無限の資金力をもちながら、横浜をはじめとする開港場の居留地に閉じ込められ、虎視《こし》眈々《たんたん》、内地への侵入の機会をうかがうモンスターのごとき存在に映ったことであろう。

三井物産の創設者益田孝は、後年の回顧談で、明治初年の欧米商人について、「その頃日本に来ておった外国商人は、みなたいしたものではなかった。本国に立派な根拠を持った商人はあまり来ていなかった。オリエンタル・バンク、ホンコン・シャンハイ・バンク、ジャーディン・マゼソン、ネイズルランド・トレージング・カンパニー、この四つの他はみな食い詰め者ばかりのようであった」[49]と述べている。

しかし、こうした評価は、みずから外国商館に勤めてその内情に詳しかった益田にしてはじめて下せる評価にすぎず、しかも強大化した後年の三井物産の実績を踏まえていたためにやや相手を過小評価している嫌いがある。

実をいえば、益田のいう「食い詰め者」にすぎない中小外商が縦横に活躍できた背景として、ロンドン金融市場と結びついたオリエンタル銀行や香港上海銀行の金融活動と、イギリスのP&O汽船会社などによる輸送活動があり、インド洋とシベリアを経由する国際電信網による経済情報の独占的供給があったのである。[50]そうした完成された貿易システムを利用できる欧米商人の実力は、単なる個別商人の力量を超えるものだったのであり、当時の日本人にとっては、大変な圧力としてのしかかっていたことも認めなければならない。

重要なことは、一八九〇年代になると、居留地に閉じ込められていたはずの欧米商人がさまざまな抜け道を通って内地に侵入しはじめていたことである。横浜の外国商館が羽二重産地に日本人手代を派遣して直接買付けを行っていたことは前述したが、一八九三年五月二七日の『東京日日新聞』は、「横浜売込問屋中、ある商館の資本にてさかんに直接取引を行う生糸商あるを聞たるが、その他茶業なり羽二重陶器類なり雑貨に至るまで、外商に使役されつつある問屋、数多きに至りたりき」と、羽二重輸出以外の分野でも外商の産地支配がすすみつつあることを報じている。

一八九三年に全国最大規模の器械製糸場であった東京府南多摩郡小宮村（現東京都八王子市）の萩原製糸場（三四〇釜）には、外商の資本が注入されていたと報じられており、横浜の有力製茶売込問屋大谷嘉兵衛は、米商スミス・ベーカー商会から独立してからも同商会の番頭を兼ねて活動していた。

神戸においても、「英何番某商会の尾張瀬戸の陶器におけるがごとき、最初委託したる神戸売込商人の手を離れて一切名古屋の商人に渉り、いまは進んで瀬戸の地元と気脈を通じ、かつ手代番頭にもまかせず、館主例の口実もて旅行免状を偽請して自在往復し、地元の商人を説くに甘言をもってし、直接の商取引をなす」と伝えられている。

外国人による土地所有も、神戸市内の六四ヵ所をはじめ兵庫県下に計九七ヵ所が、日本人妻や日本人雇人などの名義を使って存在していたという(51)。日本人手代や商人を用いた間接的な産地侵入からすすんで、病気療養や学術調査といった口実を使って、欧米商人みずからが産地へ赴くという露骨な形での内地侵入がはじまっていたのである。

他方、中国商人が日本の開港場において大きな役割をはたしていたことは、一九世紀末当時はかなりよく知られていた。人見一太郎前掲書は、九三年当時、清国在留日本人が九〇〇人に満たないのに対して、日本在留の中国人は約六〇〇〇人の多きに達し、在留外国人総数の過半を占めていることを指摘し、その勢いを警戒すべきことを訴えていた。また、中国商人のなかには、居留地から内地へ入り込んで商取引を行うものがいたことも、当時指摘されていた。しかし、歴史学界ではこうした事実は長いこと忘れ去られており、ごく最近になって注目されはじめたにすぎない。

最近の研究によれば、一八八〇年代の対中国貿易においてはこれら在日中国商人の役割は決定的なもので、たとえば八七年当時の日本から上海への輸出品のうち、石炭と銅貨を除くほとんどすべての商品が中国商人によって輸出されていたし、九〇年の神戸からの輸出品のうち、マッチ・乾魚類・椎茸・寒天などの中国向け輸出品はもっぱら中国商人が扱い、彼らの巧妙な価格操作によって日本人関係者は翻弄されることが多かった。

八四年に農商務省が同業組合準則を制定して小生産者の組織化に乗り出した理由の一つは、予想される内地雑居にさいして、中国をはじめとする外国商人の支配に対抗することにあったという[52]。また、一八九〇年代の中国綿花の輸入の七〇％以上は中国商人が扱っており、中国向け綿糸輸出の商権もほぼ完全に中国商人が握っていた[53]。

日清戦争直前の段階において日本人が経済的に意識していた外圧の中身が、欧米からの外圧だけでなく、中国からの外圧でもあったことは、政府の対アジア外交を軟弱として批判する基盤として注目に値しよう。

一八九四年（明治二七）六月二日、朝鮮出兵を決めた時点の日本政府のなかでは、首相伊藤博文の対清避戦方針と、外相陸奥宗光および参謀本部次長川上操六《そうろく》の対清対決方針とが対立していた。最初は前者が政府の公的な方針であったが、六月一五日の閣議で、撤兵後、清国と共同で朝鮮の内政改革をするのでなく、撤兵せずに日本単独でも朝鮮内政改革を行う、という対清対決方針が決定された。

こうした伊藤首相の態度転換は、議会解散のあとの総選挙とその後の議会運営において、朝鮮出兵が無駄だったとなると、政府の決定的な失政として批判されることをあらかじめ恐れたためであり、以後伊藤内閣は八月一日の対清宣戦布告への道を突っ走ることになった(54)。もしも対外硬派らの政府批判が、締結間近の欧米列強との条約改正交渉のみに関するものであったならば、甲午農民戦争が一段落した朝鮮から撤兵しても、日本政府にとって致命的な打撃にはならなかったであろう。問題は、対外硬派の批判が政府の外交姿勢全般に広がり、対アジア外交についても伊藤内閣は軟弱だという批判をするようになっていたことにあった(55)。

一八九四年五月一七日、一八日の衆議院本会議では、金玉均《キムオッキュン》の事件をめぐって応酬があった。朝鮮の内政改革をめざす甲申政変（八四年）に失敗して日本に亡命中の金玉均が、上海へおびき出されて朝鮮政府の刺客に暗殺され、その遺骸が清国の軍艦で朝鮮に引き渡されたという事件について、日本が朝鮮政府ないし清国政府に抗議したかどうかが問題とされた。一八日には、立憲改進党の犬養毅《いぬかいつよし》が伊藤内閣への不信任の決議案を説明して、つぎのように厳しく政府を批判した。

「およそこの世界諸国の強大な国に向って、彼〔＝伊藤首相――引用者〕が柔弱な懦弱《だじやく》な政略をとっているということは驚くに足らぬ、世界で最も優柔なる弱国であるところの朝鮮、最も弱い支那に対してどういうことをしているか、……金玉均《きんぎよつきん》事件等ことごとく日本の顔に泥を塗られておりながら、これを拭うことをなさない、ことに防穀事件のことについては……教唆者《きようさしや》たる支那の李中堂に向って――李鴻章に向っての仲裁を頼んだということは実に公然の秘密になっておる……世界中で一番人の卑しいのは支那である、朝鮮である、これに向ってすら外に力を伸べることができぬものがどうして条約改正ができましょうか」(56)

犬養はこのように、金玉均事件とともに、朝鮮政府が日本向け米穀・大豆輸出を差し止めるために八九年に発動した防穀令による損害賠償事件をとりあげて、政府の軟弱外交を批判した。同党の島田三郎も、それを支持して、政府の朝鮮・中国に対する外交姿勢を、つぎのように批判した。

「支那なり朝鮮なりは、いかがであるか、維新の初は我より進んでわが国境を定めんとして沖縄を我国とし、我より進んで朝鮮と交を修めんとするに、彼れ肯かずんば我これを屈せんとする方略をとり、台湾に至りては我進んで我がなすところをなさんとした、その時の方針が一転してついに遠慮をする政略となり、遠慮をする政略がまた一転してついに自ら引退く政略となった、……金玉均事件はいかがである……支那政府はもはや日本政府には遠慮するに及ばないと、かような考を定めたから恩を朝鮮に売って、もって支那に志をなすという方

李鴻章〔『太陽』1895年6月号〕と伊藤博文の写真（丸木利陽撮影）

略をなしたのである[57]」

政府批判は議会内だけでなく、新聞・雑誌などジャーナリズムの大勢も政府批判に同調し、激しいキャンペーンを張った。こうした批判を浴びるなかで朝鮮へ出兵した軍隊が、なんの成果もなしに帰国したならば、政府を弱腰と批判する民党はいっそう勢いづくに違いないという判断が、伊藤首相の強硬策への転換をもたらしたとみて間違いあるまい。

もちろん、そこには、一八九四年三月に国産巡洋艦秋津《あきつ》洲《しま》が竣工して、日本海軍の主力艦トン数が李鴻章率いる清国の北洋海軍のそれをわずかではあるが上回るにいたったという、軍事バランスの逆転についての日本軍首脳の判断も作用していたはずである。

また、九一年、ロシアによるシベリア鉄道着工が東アジアの国際情勢に与える影響を憂慮したイギリスが、日本を味方に抱き込もうと対日強硬策を撤回する方針に変わったために、条約改正交渉が最終軌道に乗りつつあったことも作用していたであろう。

しかし、対日戦争を仕掛ける考えのまったくなかった李鴻章に対して、この時点で伊藤博文が強引に戦争を仕掛ける方向に転換していった決定的な要因は、初期議会の操縦に失敗して政局を主導する展望を失っていたことにあった。

要するに、日清戦争は、制度的にはいちおう整備されながらも、内容的には未確立で安定性を欠いた近代天皇制国家の政治的矛盾から生じた対外軍事発動であった。そして、内地雑居の可否をめぐる政治対立の底には、政策上の建前としては外資・外国人の流入を遮断しながら、実際上は欧米と中国からの資本と人間の侵入を受けつつ進行中の産業革命の過程が横たわっていたのである。

4　戦争を支えた経済力

日本銀行が資金をばらまく

日清戦争の戦費は、臨時軍事費特別会計に計上された支出決算だけで、陸軍省所管一億六四五二万円、海軍省所管三五九六万円、合計二億〇〇四八万円に達した。戦争の前年である一八九三年度の一般会計歳出八四五二万円、九三年末銀行払込み資本八四〇〇万円、同預金一億一一八二万円、郵便貯金二四八一万円などと比較すれば、この戦費がいかに莫大な額であるかがわかろう。

民間経済への圧迫を危惧する実業家たちの多くは、外債を発行して、海外から戦費を調達すべきであると主張した。『東京経済雑誌』を創刊した経済学者田口卯吉は、一回目の内国債三〇〇〇万円の発行（一八九四年八月）が成功したあと、二回目の内国債五〇〇〇万円の発行（同一二月）の是非をめぐる論争で、「内国債にしなければならぬという演説は、随分実業家ことに株式等を余計持っておる人に反対が多いようでございます」と述べながらも、先進国からの外債は、高利を押し付けられるし、銀価低落の現在とくに不利だと指摘した。

これに対して、横浜正金銀行頭取の園田孝吉は、「国民がことごとく資産をなげうって父母妻子を路頭にたおしても、それでもまだ〔内国債応募を――引用者〕やらせるということは、おそらくは愛国心の濫用というもの……どうぞ国の経済が紊れるような恐れがあるか、また国民の愛国心があまり極端に走るような場合であるならば、それに先立ってさっさと外債を募るがよろしい[58]」と、冷静な社会的・経済的見地から、必要に応じて外債を考慮すべきだと論じた。

おそらく全体としては外債導入論の方が多数派だったのであろう。そうした議論に逆らい、あくまで内国債を中心として戦費を調達しようと考えたのは、前首相の松方正義と明治天皇であり、日銀総裁川田小一郎がそれを支持していた[59]。

こうして日本政府は、外国の期待に反して外債にまったく頼らなかった。これは、中国政府が内国債を発行したけれども一一〇二万両（＝一七〇〇万円）しか集まらなかったため、四回にわたって合計六六五万ポンド（＝六三〇〇万円）の外債をイギリス・ドイツから仰いだのと対照的であった。[60]

日本政府は、国民に消費の切り詰めと鉄道その他の事業計画の凍結・延期を求め、公債募集にさいしては、全国の主要銀行家を大蔵省に招いて蔵相渡辺国武が協力を求め、また各府県知事→郡長→町村長という行政ルートを活用して、地方資産家への応募勧誘を徹底して行った。[61]

当時日本銀行馬関支店長だった高橋是清の回顧によれば、その様子は、「ちょうど封建時代の軍用金を取立てるに彷彿《ほうふつ》たるものがあった。……軍吏〔軍の会計担当官——引用者〕が各銀行に〔戦費支払いのために——同〕預金する高も莫大なものであったが、他方今度の議会で議決された軍事公債の募集に当っては、地方民は国家のためだといって払込みの用意もなく、ただ銀行から借りるものを引当てとして応募する有様であった」[62]というから、半ば強制的な割当てが行われたものとみてよかろう。

しかしながら、政府は他面では、公債募集に先立って日本銀行から多額の借入れを行い、それを軍事費としてあらかじめ民間にばらまいておくという特殊な金融市場操作を行っていたことも注意しなければならない。高橋の回顧にある「軍吏が各銀行に預金する高」というのが、あらかじめばらまかれた軍事費のことであり、それが公債の形でふたたび政府に回収されたのである。こうした操作は、一九三〇年代の満州事変以降、日本銀行が行った赤字公債の引受けと、本質的にはなんら異ならないものであった。[63]

1882年創業当時の日本銀行本店の建物〔『日本銀行百年史』第1巻〕

もっとも、内国債による政府収入は国民が日常的に使う日本銀行券の形で入ってくるから、そのまま海外への支払いに充てることはできない。その意味では、戦費の支払いのうち、どれだけが海外への支払いだったのかが問題となろう。

政府は「臨時軍事費の支払いにおいては、なるべく紙幣銅貨を使用し正貨の減少を予防」しようと試み、一億八三九八万円は「紙幣および銅貨」で支払ったが、「外国より購入せる船舶兵器弾薬等の費用にして、金庫において紙幣をもって支払うも、ただちに銀貨の兌換を請求せられ」るものも少なくなかったという。かりに艦船関係・兵器弾薬・築造費の全額と、糧食・被服費の半額を正貨による海外支払いとみなすとすれば、合計六八三九万円がそれに相当し(64)、「軍費の三分の一位は正貨で外国へ行く」という陸海軍省の説明[65]とほぼ一致する。

後述するように、実際には、兵器弾薬のかなりの部分は国内で調達できるようになっていたから、海外支払いはこれよりも若干少なかった可能性がある。そうだとすれば、戦闘の規模と兵器弾薬の消耗量が、日露戦争などと比較して格段に小さかったことと、産業革命の進展にともなって兵器弾薬の自給度が高まっていたことが、外債に依存しないですんだ物的条件であったことになろう。

日本軍の兵器と戦闘力

日清戦争の結果についての諸外国の予想は、清国総税務司R・ハートの、緒戦では日本軍が優勢だが長期的には清国軍の数がものをいう、という観察が代表的なものであった。ただし、イギリス政府は、長期戦でも日本の勝利とみており、後にインド総督・英外相となるG・N・カーゾンも、開戦直前の日中両国を訪問して、清国軍隊の訓練不足をするどく見抜いていた[66]。

しかし、日本国民の多くは超大国中国との戦争に勝てるとは思っておらず、とくに四〇〇〇トン級の海防艦しかない日本海軍が、七〇〇〇トン級のドイツ製新鋭甲鉄艦「定遠《ていえん》」「鎮遠《ちんえん》」を有する北洋海軍に勝てるか否かについては、「国民は……すこぶる疑念を抱きいたるもの多かりし[67]」と回顧されている。双方の状況に詳しい軍の最高責任者のレベルにおいてすら、いよいよ宣戦布告をしようというときには、「海軍大臣〔西郷従道《つぐみち》――引用者〕は、北洋艦隊の優勢なるを憚《はばか》るがために躊躇《ちゆうちよ》した」(68)のであった。

本当のところをいえば、民衆は陸軍についても勝てるとは思っていなかったのである。日清戦争開始時に高等小学校二年生だった東京朝日新聞記者の生方敏郎《うぶかたとしろう》の回想によれば、「平壌にはイギリスから持って来た大きな大砲が据え付けてあるから、日本軍はなかなかこれを陥《おと》せまいという話だった。ところが、その年の八月幾日か〔新暦九月一六日——引用者〕に、我軍は一蹴して平壌を屠《ほふ》ってしまったので、むしろあっけない位だったが、その時の国民の悦びは全く有頂天という言葉に相当していた。……仕事をしていた男は仕事を止めて悦んだ。……子供は絶叫した。女や老人は涙をこぼした」(69)という。

平壌の戦闘では、日本陸軍は東京砲兵工廠《ほうへいこうしよう》で製造された軽快な十八年(明治一八年＝一八八五)式村田銃を装備しながら、大砲は国産の青銅砲しかもっていなかったのに対して、清国陸軍はドイツから輸入したモーゼル式小銃とクルップ式鋼鉄製野砲《やほう》を装備し、武器の点では優れていた。それにもかかわらず、清国軍があっけなく敗走したのは、総指揮官以下の戦意が乏しかったためであった(70)。

当時の大阪砲兵工廠では、クルップ砲のような鋼鉄製の大砲を製造したくても素材の鋼を調達することが困難なため、やむをえず各地から廃銅砲を収集して溶解し、イタリア式の青銅砲を大量に製造していた。産業革命が始まったといっても、製鉄業の発展が大きく遅れていたことが、こうした大砲製造面での限界を生んでいたのである(71)。

平壌陥落の翌日の一七日に行われた黄海海戦も、日本側の勝利はきわどいものであった。

清国側の定遠・鎮遠の主砲に対抗して、日本の四〇〇〇トン級の松島《まつしま》・厳島《いつくしま》・橋立《はしだて》の各艦に一門ずつ積み込んだ三二・五サンチ砲は重すぎて、それぞれ四、五発しか打てずに命中弾は一発もなかった。これに対して鎮遠の三五サンチ砲弾を浴びた松島は、一瞬にして九〇名の死傷者を出し、旗艦《きかん》の役割を橋立に譲らなければならなかった。日本側の戦術の優位性は、縦長の一列となって快速で走り回る単縦陣戦法をとって、横にずらりと並んだ単横陣の清国側軍艦を各個撃破した点と、そのさいたくさん装備した一二サンチ、一五サンチ速射砲が威力を発揮した点にあった(72)。

黄海海戦では一二隻の日本艦隊と一四隻の北洋艦隊が戦ったが、日本側の主力艦のなかには、海防艦橋立(四二七八トン)や巡洋艦秋津洲(三一七二トン)のように、横須賀造船所で建造された国産艦もまじっていた。その意味では、機械工業の先端的部分となって発展する海軍工廠の役割が評価されてよいし、艦船の修理・改造という面では、三菱長崎造船所や石川島造船所なども多忙をきわめたから、民間造船業の発展も戦争を支えたといってよい。

しかし、艦載砲については、八八年の兵器会議で、アームストロング速射砲の採用が決まり、国内でも製造準備がすすめられていたとはいえ、実際に呉工廠で速射砲の製造が開始されたのは、九六年九月のことであり(73)、黄海海戦で日本艦隊が使用した速射砲はすべて輸入品であった。

鉄道と汽船で兵員をスピード輸送

黄海海戦が重要な意味をもったのは、日本が黄海の制海権をいちおう握ったことによって、第二軍を海路輸送して中国・遼東半島に上陸させ、鴨緑江を越えて進撃していた第一軍とともに、戦線を朝鮮半島から清国領土内部へと拡大できたからである。もっとも、清国側は黄海海戦で戦力の三〇％を失ったとはいえ、定遠・鎮遠を含む北洋艦隊はなお山東半島の軍港威海衛に潜んでいたから、日本軍は一八九五年一月に海陸から威海衛を攻撃して北洋艦隊を壊滅させなければならなかった。

このように、日清戦争の主戦場は朝鮮と清国であったため、日本政府は陸軍兵士と軍需品を船に積んで送らなければならなかった。軍需品の陸上輸送を担当するために、民間から集められた多数の日本人軍夫《ぐんぷ》が戦場へ同行した。本来ならば正規兵としての輜重輸卒《しちょうゆそつ》が輸送を担当するところを、民間人の軍夫が代行したのは、動員できる駄馬が少ないため、大八車に軍需品を乗せて運んだり、背負って運ばなければならず、それを正規兵にやらせるわけにはいかなかったためだろうといわれている。

このように兵站《へいたん》業務＝軍需品輸送の役割を軽視していた点では、日本軍は決して清国軍を「野蛮」として見下すことのできる位置にはなかった。輸送力不足はしばしば日本軍の前進を妨げた。それを補ったのは、武力を背景にした朝鮮人・清国軍夫の大量徴用であった。日清戦争での日本側の死者は通説のいう一万三三〇九人（うち脚気やコレラなどの病死者が一万一八九四人）[74]だけでなく、それに少なくとも七〇〇〇人を超える日本人軍夫の死者を加える必要があることが最近指摘されている。[75]

日本国内での輸送においては、敷設されたばかりの鉄道が大きな役割をはたした。山陽鉄道会社の路線が神戸から広島まで開通しており、東京―神戸間の官設鉄道路線、青森―東京間の日本鉄道会社路線を接続した直通運転方式によって、軍隊の効率的な輸送が行われた。広島駅から宇品港までの約六キロには軍用線が敷設され、宇品港からは兵士を乗せた御用船がつぎつぎと出港した。近衛師団の歩兵中尉で九五年三月一〇日に出動命令を受けた石光真《いしみつま》清《きよ》は、同月二〇日新橋駅から広島に向かい、二五日には全員が広島に集結したという(76)。鉄道がなかったとしたら、こうしたすばやい集結は到底ありえなかっただろう。

一八九四年九月から東京の大本営を、戦場に近いところに移すことが検討されたとき、下関や釜山という説をおさえて参謀本部次長川上操六が広島を選んだのは、広島が当時、本州縦貫鉄道の終点であり、宇品港という良港を近くにもっていたためであった。このとき川上の頭には、一八六六年の普墺戦争にさいして、鉄道をたくみに利用してオーストリア軍を圧倒したプロイセン軍の名参謀総長モルトケの作戦が浮かんでいたといわれる(77)。

このように軍事優先で鉄道が使用されたため、一般貨物の輸送は海運に頼ることが多くなった。九四年一一月の日本郵船社長吉川泰二郎の談話によると、「東海道鉄道軍用に供せられしため、平生鉄道の便によりたる貨物は一時ことごとく海運によることとなり、鉄道に関係ある各地の出荷高たちまち増加(78)」したという。ところが、その海上輸送も汽船会社の大型汽船が相ついで御用船に徴用されたために困難となった。

日清開戦時の日本の汽船は、計四一七隻(一八万一八一九総トン)で、うち四四隻(六万九二五六総トン）が日本郵船の所有船であった。ところが朝鮮出兵が決まるや、さっそく日本郵船に御用船一四隻の徴用命令が下ったため、本社から「本邦各地に散在する十四艘の船舶に発電し、搭載貨物および船客は最近の寄港地に陸上せしめ、そのまま命令地に回航すべきことを命じ」た結果、各地の商取引に深刻な打撃を与えた。出盛り期にあたっていた北海道各地の鰊《にしん》肥料の輸送難のため、一〇万の出稼ぎ漁夫は賃金をもらえずに恐慌をきたし、六月中に東京へ回漕する予定の北陸米の契約当事者や、四日市（三重県）から横浜への輸出茶の出荷最盛期で、瞬時を争って活動中の茶商人たちも、大きな打撃を受けたという(79)。

戦時をつうじて、陸海軍の徴発御用船は新たに輸入したものをふくめ一三六隻（二五万八三〇〇総トン）に及び、とくに日本郵船は、六三隻（一五万二二七一総トン）の徴用船によって、陸軍軍人六三万人余の八三％、馬匹五万頭余の七三％を運んだ。不足した船舶の輸入が急がれるとともに、外国船を雇い入れて開港場以外の出入りをとくに認めてもらう措置もとられ、沿岸貨物輸送の渋滞を防ぐ努力がつづけられた(80)。

このように、国内海運への打撃を極力カバーしながら、大陸での戦闘を支える海上輸送がともかくも遂行できたのは、一八七四年の台湾出兵事件以来の、二〇年にわたる海運助成政策の結果であったといってよい。

第三章　帝国の利権をめぐる日露対決
産業革命の展開と日露戦争（一八九六〜一九〇五）

1　東アジアの帝国主義

露独仏三国による干渉

一八九五年（明治二八）四月一七日、下関春帆楼《しゅんぱんろう》で日清講和条約が調印された。日本国全権は首相伊藤博文と外相陸奥宗光、清国全権は李鴻章と李経方の父子である。条約には、朝鮮独立の承認、遼東半島・台湾・澎湖《ほうこ》列島の割譲、軍費賠償金二億両（＝三億一一〇〇万円）、新通商条約の締結、が記されたほか、重慶にいたる揚子江とその近辺の開放や開港場での製造業の認可なども定められていた。

遼東半島の割譲は陸軍の要求、台湾・澎湖列島の割譲は海軍が要求したものであるが、開港場での製造業の認可条項などは、条約に対する列強の干渉を恐れていた日本政府が、イギリスその他の支持を得るために織り込んだサービスであった(1)。

当時の日本紡績業などは、まだようやく綿糸の輸出をはじめた段階であり、中国に工場を設けることなど困難であったから、この条項で利益を得るのはイギリスをはじめとする欧米資本であることは明白であった。事実、英商ジャーディン・マセソン商会はこのとき本国から到着した紡績機械が上海で清国官憲に荷揚げを阻止されて、船に積んだまま港で機会をうかがっていたのであり、日本が獲得した権利を真っ先に利用して、紡績工場を設置することになる(2)。

清国政府の内部では、当然ながら領土割譲をめぐって大激論が戦わされ、台湾については意見がわかれたが、遼東半島の割譲にはすべての人々が反対した。清国政府の主戦派が沈黙したのは、四月一三日に日本の大規模な増援軍が宇品港を出発して旅順に向かったことを伝え、日本側の要求を呑むしかない、とする李鴻章の電報が北京に届いたためであった(3)。もっとも、李鴻章は交渉経過を列強に通報して干渉を招くよう地ならしをしており、干渉がありそうだとの暗号電報をドイツから入手したうえで条約に調印したというから、その限りでは役者が一枚上だったともいえよう(4)。

三国干渉は、将来の中国分割に有利な地位を占めようと、ロシアの蔵相ウィッテの強い主張が皇帝ニコライ二世を動かしたことに端を発し、露仏同盟からの圧力を避けて東アジアへの進出をねらうドイツ皇帝ウィルヘルム二世の賛同、それにフランスの協力があって実現した。条約調印から一週間もたたない四月二三日、三国の公使は、日本政府に対して、遼東半島の返還を勧告してきた。

ロシアはかねてより極東艦隊の増強を図っており、批准書交換の予定地である山東半島の芝罘(現・煙台)には、このとき三国の軍艦二〇隻が集結したというから、文字どおりの武力威嚇をともなう干渉であった。日本政府は、頼みとするイギリス政府に助力を断られて、全面的に干渉を受け入れ、五月七日、三国艦隊が無言の圧力をかける芝罘に全権伊東巳代治《みよじ》を送って批准書を交換した。

こうして遼東半島を取り戻した清国は、そのための報償金三〇〇〇万両（＝四五〇〇万円）を、先の二億両の賠償金に上乗せしなければならなかった。合計で年間財政収入の三倍に近い賠償金を自力で払う力のない清国政府は、外債依存の泥沼に突入する。

まず、露仏借款四億フラン（＝一億五二〇〇万円）が年利四％という低利で与えられた。この借款はフランス六銀行とロシア四銀行が引き受け、ロシア政府が元利支払いを保証するという異例の借款で、金利の低さにまでロシア政府の政治的意図がみえ隠れしている。これに対抗して、一六〇〇万ポンド（＝一億五四〇〇万円）ずつの第一次・第二次英独借款が、香港上海銀行と独亜銀行の均等引受けにより、それぞれ年利五％、四・五％で与えられた。

こうして清国に接近したロシア政府は、翌九六年三月に訪露した李鴻章との間で、シベリア鉄道の「満州」（中国東北部）横断線の建設を認める密約を結ぶことができた。そのために設立された東清鉄道会社は、ロシア政府が一切の株式をもつ事実上の国有鉄道であり、関税免除の特権や沿線地の行政警察権をもつ点では「一個の独立した権力機構」であったといってよく、清国官憲の権力とさしあたり並立しつつ「帝国内の帝国」として満州の植民地化を推しすすめるものであった。(5)

以後、列強による中国分割の動きが加速すること、それへの抵抗運動として一九〇〇年に義和団事件が起こり、約二万の八ヵ国連合軍が北京を制圧したが、日本軍がその半数を占めて、日本は帝国主義列強の「極東の憲兵」としての地位を確保したことは、周知のとおりである。

日清戦争の勝敗を契機に、日本が後発帝国主義の道を無理やり突きすすんで行ったのに対して、中国は半植民地への道を転落していくこととなった。

韓国で深まる日本の経済支配

下関条約には、朝鮮独立が謳われていたが、戦争中から実際に日本政府が試みていたのは、特命全権大使井上馨による日本主導の改革であった。井上はまず、侵略者日本の打倒を主目標に急いで再蜂起した農民軍を、圧倒的に優勢な日朝両国政府軍によって鎮圧した。ついで、国王高宗《コジョン》とその妻閔妃《ミンビ》を政務から排除＝象徴化し、日本人顧問官を採用する内閣中心の法治国家体制への改革を推しすすめた。

しかし、そのために井上が必要と考えた朝鮮への五〇〇万円の借款供与を、日本政府はなかなか実行できなかった。民間銀行家は朝鮮政府の返済能力を疑問視して乗り気でなく、伊藤や陸奥は鉄道敷設利権などの獲得には熱心でも、そのために朝鮮政府へ借款を供与することが重要である点を理解していなかったからである。

井上の度重なる要請の結果、ようやく九五年三月三〇日、臨時軍事費を原資とする三〇〇万円の借款契約が、日本銀行と朝鮮政府との間で結ばれるが、翌月二三日の三国干渉の影響で日本の権威は失墜し、井上の改革構想は後退を余儀なくされた(6)。

井上にかわって特派公使に任命されたのは、予備役陸軍中将三浦梧楼《ごろう》だったが、長州奇兵隊出身で軍人としての能力はあっても、近代外交のイロハも知らない人物であった。そうした人物を、方針すら授けずに送り込んだ日本政府も不見識であった。

三浦は、ロシア公使の支援を得て政治力を復活させつつあった排日派の閔妃の殺害を計画し、一〇月八日早朝日本軍守備隊・公使館員・日本人壮士が主力となり、親日派の朝鮮兵士部隊である「訓練隊」を抱き込んで計画を実行した。暗殺の下手人が日本人壮士であることが、事件を目撃した外国人から諸外国に伝えられたため、三浦は解任・送還されて裁判に付されたが、ほかの関係者とともに証拠不十分という理由で免訴となった。

英紙『タイムズ』は、朝鮮を文明化しつつあったはずの日本が、一転して野蛮となったと評したが、日本の大新聞は裁判結果を記すのみで、野蛮な帝国主義への道を突きすすむ日本政府への批判は一言も述べていない。

こうした日本の暴挙に対して朝鮮では民衆の怒りが爆発し、各地で義兵が蜂起して日本軍守備隊や政府軍と交戦した。国王高宗は、議会開設を求める独立協会を弾圧し、一八九七年一〇月、皇帝即位式を行って「大韓帝国」を名乗り、清国との宗属関係を否定した(以下、本書では大韓帝国時代の朝鮮は韓国と記す)。

こうした政治外交面での日韓関係の極度な悪化にもかかわらず、経済面での両国の関係は決して弱まらず、ますます密接なものになっていったことが注目されなければならない。
まず、韓国の貿易データをみよう。一八九四、九五年平均の輸出入合計の実に七三・九％（金輸出を含む輸出の八四・七、輸入の六八・二％）が対日貿易であったのが、その後も対日貿易の圧倒的比重は変わらず、一九〇二、〇三年平均の輸出入合計でみても七四・五％（輸出の八七・〇、輸入の六三・四％）を日本が占めている。(7)

韓国は日本へは米穀と大豆それに地金を輸出し、日本や中国あるいはイギリスから綿糸・綿布その他を輸入しており、韓国米を消費する阪神工業地帯の綿業労働者と、日本綿布を消費する韓国米作地帯の農民との結び付きは、政治状況が変わっても簡単には解消できない密接な構造的関係になっていた。

韓国経済にとっての大問題は、こうした「綿米交換体制(8)」のもとで在来綿織物業が輸入綿布にじりじりと圧迫されて、壊滅しかけていたことである。工業部門を失って純農業国になってしまうと、その国は、いわゆる低開発国となり、先進諸国に従属することになりかねない。

韓国の在来綿織物業の危機については、日露戦争前にすでに発展的展望を失ったとする見方と、日露戦後にはじめてそうなったという見方とが対立している。ここでは、日露戦前には、道路の未整備のために輸入品の輸送コストが高くつき、さらに大阪で韓銭が密造されて韓国に大量流入し、韓銭相場を引き下げたことを重視し、輸入綿糸を用いた韓国の在来綿織物業は、輸入綿布に対抗する余地があったものとみなしておこう。

そうした日本側にとっての貿易上の障害を取り除くために、日本財界の最高指導者である第一銀行頭取の渋沢栄一を中心として、京仁・京釜の二つの鉄道の敷設がすすめられ、第一銀行の在韓国支店からの銀行券の発行が試みられた。

ソウル（京城＝当時、日本はソウルをさす漢城にかえて、京城という用語を押しつけた）と仁川《インチョン》を結ぶ短距離の京仁鉄道には、フランス資本へ敷設権を移転させまいとして、民間資金を大きく上回る一八〇万円の日本政府資金が投入された。ソウルと釜山《プサン》をつなぐ長距離の京釜鉄道のばあいは、建設資金二八七八万円のうち二五〇〇万円が、株式と社債の形で民間から調達された。

渋沢栄一をはじめとする創立委員は、日本と韓国の皇室がもっとも多額の株式を引き受けた、と宣伝しながら全国を回って出資を募り、財閥・華族をはじめ、各地の商人・地主からの出資を集めた。

この鉄道の敷設には、もちろん、ロシアとの戦争をひかえての軍事輸送という役割が期待されたが、同時に渋沢みずから語っているように、運賃引下げによって貿易を促進する役割が期待されていた。

他方、ソウルから北上、平壌《ピョンヤン》をへて鴨緑江岸の新義州《シンイジュ》にいたる京義鉄道については、韓国政府は自力建設の方針をもっていたが、資金難のために工事は遅々として進まなかった。外相小村寿太郎は、韓国政府への借款供与をつうじて同鉄道への事実上の支配権を得たいと画策したが、ロシアの牽制にあって失敗した。そのため、一九〇三年九月、工事担当の大韓鉄道会社へ秘密裏に出資することで、間接的に敷設権を入手するのに成功した(9)。

当時、渋沢栄一は、第一銀行頭取であったが、銀行経営の細かい仕事は取締役兼支配人の佐々木勇之助（一九一六年に同行頭取となる）にまかせて、自分はさまざまな事業経営の指導にあたり、また当時の最高の経済団体であった東京商業会議所の会頭として、経済界と政府を結ぶパイプ役をつとめていた。一九〇一年に井上馨内閣が実現しそうになったとき、井上が渋沢に大蔵大臣をぜひにと要請して断られているが、たしかに渋沢蔵相が実現しても決しておかしくないだけの声望を渋沢はもっていたのである。

渋沢が、韓国での鉄道建設に努力したのは、なによりもこうした財界の最高指導者としての立場に基づくものであったが、同時に渋沢の経営する第一銀行（一八九六年、第一国立銀行を改組して設立）が、銀行券の発行特権をもっていた国立銀行の時期から、朝鮮に支店を設けて盛んに活動していたこととも関係があった。

一八七三年に創立された第一国立銀行は、七六年創立の私立三井銀行と並ぶ最大規模の銀行であったが（後掲第5表参照）、七八年には早くも釜山支店を開設し、以後つぎつぎと朝鮮各地に支店を開設した。日清戦後には同行韓国諸支店の預金残高は、同行預金総残高の一〇%台を占め、利益も一〇%台が韓国諸支店から生み出されていた。韓国諸支店の預金の半ばは、関税を中心とする政府預金であり、同行はそうした預金を用いて韓国で活動する日本商人に融資したのである。

以上のように、鉄道建設が実現して貿易・商業活動が活発になればなるほど、第一銀行韓国諸支店の利益もまた増加するという読みが、鉄道建設に尽力する渋沢の脳裏になかったといえば嘘であろう。

韓国の金融を文字どおり牛耳り、韓国政府への借款をつうじて同国財政にも強い影響力を持ちはじめていた第一銀行は、韓国の事実上の中央銀行の地位を求めて、一九〇二年、銀行券の発行に踏み切った。しかし、当時は韓国政府においても幣制《へいせい》改革の構想が練られており、〇三年にはまがりなりにも中央銀行の設立が着手されたため、第一銀行券の発行は韓国官民による激しい抵抗を受け、日露開戦まで発行高は伸び悩んだ。

韓国単独支配の方針へ

京釜鉄道の株式募集は渋沢らの奔走によって成功したが、株式の払込みは、その時期がたまたま一九〇〇〜〇一年の恐慌にぶつかったために難航し、工事の停滞を招いた。この間渋沢は、資金不足を外国資本の導入によってカバーしようと、日本政府と連絡をとりながらいろいろと努力を重ねた。⑩
渋沢はまず、一八九九年一一月、山県内閣に対して外国で同社の社債を発行したばあいの元利支払保証を請願した。そこで、外相青木周蔵が駐米公使小村寿太郎にアメリカの資本家の意向を打診させたところ、日本政府が元利支払保証をすれば一〇〇〇万ドル（＝二〇〇〇万円）程度の社債が発行できるとの報告が返ってきた。しかし、山県内閣はみずからが韓国への投資に直接かかわることは外交上まずいと考えて、この話をそれ以上すすめなかった。

つぎに、渋沢は一九〇一年一月に、自分も取締役をつとめるベルギー・シンジケートに対し、京釜鉄道の株式引受けを依頼した。このシンジケートは、ベルギー国王レオポルド二世が、東アジア進出の担い手として、一九〇〇年三月に設立したもので、日本政府の依頼を受けた渋沢の斡旋で、三井・三菱・住友・第一の各行と大倉財閥の大倉喜八郎（一八三七～一九二八）が、共同で二〇万フランを出資していた。

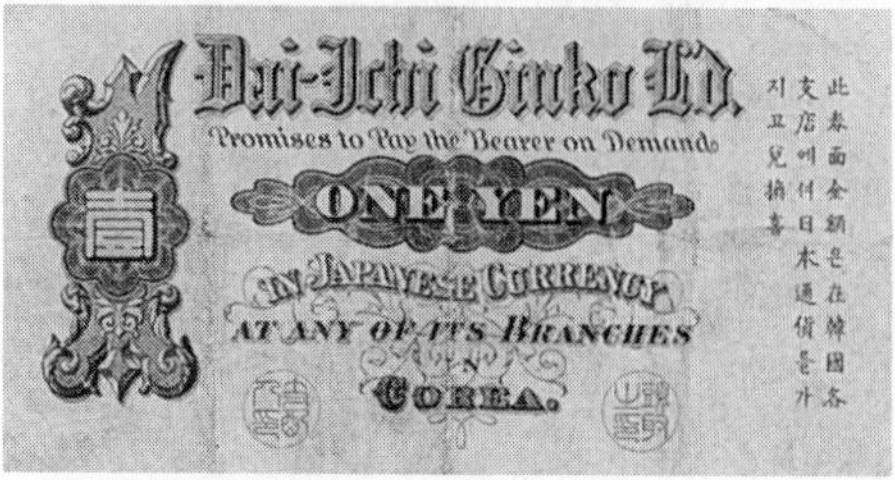

1902年に第一銀行韓国諸支店が発行した一円券。円内は渋沢栄一の肖像〔日本銀行金融研究所貨幣博物館〕

　一九〇一年八月には同シンジケートの東アジア責任者が来日して協議、韓国政府の了解を得る交渉もすすめられていた。しかし、この年五月の増資を機に、シンジケートにはロシアと結ぶフランスの影響力が強まっていたため、一〇月に桂内閣の小村外相が日英同盟に向けての交渉をはじめたことを配慮した渋沢は、同シンジケートに頼るという方針を変えざるをえなくなった。

一九〇二年一月、日英同盟が成立する。渋沢は五月から一〇月にかけて欧米視察に出掛け、東アジアとの石油貿易で得た巨利をもとにマーチャント・バンカーになったロンドンのサミュル商会と、社債募集について協議し、ほぼ話をまとめて帰国した。しかし、せっかくの渋沢のこの努力も、政府とくに陸軍当局が、外資導入は京釜鉄道経営へ外国人の干渉を引き起こす恐れがあるとして反対したため、実を結ばなかった。

政府は、そのかわりに、同年四月に開業した長期金融の特殊銀行である日本興業銀行が、外債を発行して得た資金で、京釜鉄道社債を引き受けるという案をいったん決定した。しかし議会解散があって実現せず、結局、〇三年五月に国内で社債を募集することに決定した。日本銀行の尽力でようやく有力銀行による社債四〇〇万円引受けシンジケートが成立したが、三井・三菱両行は参加したもののきわめて消極的であった。

こうした経緯をみると、当時、韓国への最大規模の投資であった京釜鉄道への投資に、日本の資本家が欧米の資本家と共同して当たることは、決して不可能ではなかったことがわかる。アメリカ・ベルギー・イギリスの投資家たちには、条件さえ整えば、日本人投資家とともに韓国への投資を行う意欲が十分にあったのである。

そうした条件の設定を拒んだのは、日本政府とりわけ陸軍で、そこでは韓国の独占的支配をめざす軍事的・政治的観点が、経済的観点を圧倒していた。それは、韓国の植民地化へとつながる道であるだけでなく、中国東北部へ侵入しつつあったロシアとの緊張をいっそう激化させる道であった。

しかし対ロシア問題に入る前に、台湾を領有した日本の帝国主義国としての活動ぶりをみておこう。

最初の植民地台湾の経営

下関条約の結果、突然日本の植民地になった台湾は、輸出向けの茶業・糖業を中心に商品経済がかなり高度に発達していた一方、内部市場は未統一で、繊維品などは対岸の福建省からの移入に頼るという、中国の辺境であった。しかし、一八八五年に台湾省として福建省から独立してからは、李鴻章の部下である初代巡撫劉銘伝の指揮のもとに、地租改正や鉄道建設などの近代化政策を推しすすめており、かりに日本による植民地化という事態がなかったとすれば、自力での近代化コースを歩めたかもしれなかった。

日本の初代台湾総督には、海軍軍令部長として台湾領有を主張した樺山資紀《かばやますけのり》が任命されて、台湾へ赴いた。ところが、清国側の引き渡し全権の李経方が、もし台湾に上陸したら下関条約の締結者として島民の恨みを買って殺害されると、極度に恐れていたため、やむをえず、北部の都市、基隆《キールン》港外の船上、という異例の場所で台湾授受の調印が行われた。

台湾では旧清国軍と台湾人義勇軍による領有阻止の抵抗が盛り上がったため、樺山は二個師団余の軍隊を投入して、半年がかりで台湾を占領した。しかし、民衆のゲリラ的抵抗はなかなか終わらなかった。第四代総督児玉源太郎と民政長官後藤新平が、強力な警察力と、

「保甲《ほこう》制度」という古くからの台湾民衆の連帯責任制度とを用いて抵抗者を孤立させるに及んで、ようやく一九〇二年にほぼ平定したが、しかし、山地に住む先住少数民族の制圧には、一九一五年までかかっている(11)。

一八九〇年代後半の日本本国では、そのための出兵費用を一般会計で賄うために地租増徴が急務とされ、増徴案の否決が相つぐ内閣の交代をもたらしたことを考えると、植民地領有国となるための経済的負担に耐え切れない日本政府の姿が浮かんでこよう(12)。

総督府のつぎの課題は、台湾経済を対岸の大陸から切り離して日本経済の一環に組み込むことであった。大阪商船会社が総督府の補助を受けて、台湾と日本本国を結ぶ定期航路を開設し、官営の台湾縦貫鉄道が一〇年がかりで建設されて、北部（茶業）・中部（米作）・南部（糖業）に分断されていた台湾経済を統一していった。

一八九九年九月には台湾銀行が開業して、まず銀貨兌換の銀行券を発行したうえで、一九〇四年七月にはそれを金貨兌換の銀行券に切り替え、台湾を中国の銀通貨圏から隔離して日本の金通貨圏へと編入した。この台湾銀行の株式五万株の一〇％は日本政府が引き受け、残りは賀田《かた》金三郎（四三三八株、大倉組関係者）・大倉喜八郎（二六五二株）・住友吉左衛門（七五七株）・辜顕栄（六一九株、土着資本家）・藤田伝三郎（五〇五株、藤田組）をはじめとする、商人・地主が引き受けた。だが、台湾での応募は賀田の分を含めても一〇％台にすぎなかったから、同行の設立は、基本的には、政府信用に支えられて行われた民間資本輸出であったとみてよい。

総督府は一九〇四年、かつて劉銘伝が手掛けた地租改正を断行し、翌〇五年、台湾財政を本国財政から自立させることを実現した。この点は、後の植民地朝鮮の財政が、全期間を通じて、日本本国の財政から自立できなかったのと対照的である。

台湾植民地の経営の眼目は、「台湾糖業帝国主義」[13]という言葉に示されるように、糖業投資にあったとされてきた。

日清戦争直前の一八九三年の日本の砂糖輸入は一一四七万円にのぼり、繰綿一五二九万円につぐ有力輸入品であったから、貿易赤字に悩む日本政府にとって、台湾糖業の近代化と拡大は急務だったに違いない。しかし、当時の日本国内では、大日本製糖の前身である日本精製糖と日本精糖の両社が一八九五年に設立されたばかりであり、糖業資本で台湾に投資する余力のあるものはなかった。さらに重要なことは、それらの製糖会社は原料糖に台湾糖よりも安いジャワ糖を使っていたから、わざわざ高い台湾糖確保のために投資するインセンティヴがなかったことである。

その意味では、ジャワでのオランダ人によるプランテーション経営と異なり、小農民経営に基づく糖業を育成し、砂糖輸入を減らそうという日本政府と台湾総督府の政策は、安価な原料糖を求める国内糖業資本の利害をおさえても貿易収支の改善を図ろうとするものであった[14]。

そのため、台湾糖業への資本投下の開始は、商業や金山への投資にくらべてかなり遅れた。総督府は日本を代表する財閥三井に台湾糖業への投資の要請をしたが、三井銀行専務理事中上川《なかみがわ》彦次郎《ひこじろう》が反対したため交渉が難航、年六%の利益を総督府が保証することを条件に、ようやく三井物産が全二万株のうち一五〇〇株を引き受け、一九〇〇年末に台湾製糖会社が設立された。皇室、旧大名の毛利家（各一〇〇〇株）、藤田・住友両家（各五〇〇株）のほか、台湾人砂糖商陳中和（七五〇株）や王雪農（二五〇株）も出資し、社長には日本精製糖会社の鈴木藤三郎（五〇〇株）が選ばれた。

一九〇二年はじめに操業を開始した同社工場は、建設中に数回台湾人ゲリラの襲撃を受けたため、軍隊に守られ、銃眼つきの事務所で働く社員も射撃訓練を受けていたという。イギリス製の製糖機械を備え一昼夜に二五〇トンの原料甘蔗《かんしょ》を圧搾できる同社工場は、圧倒的な生産力を誇ったが、日本からの投資が積極化するのは日露戦後のことであり、それまでは島内資本家の手になる在来型を改良した製糖場や、小規模な機械制製糖場が主力であった[15]。

軍拡に偏した戦後財政

こうして東アジア唯一の植民地領有国の道をたどりつつあった日本は、清国から合計で三億六〇〇〇万円の賠償金が手に入ったことをきっかけに、ロシアを仮想敵国とする大々的な軍備拡張に着手した。

陸相山県有朋は、一八九五年に従来の六個師団（一師団＝平時一万人、戦時二万五〇〇〇人で編成）を一二個師団に倍増したうえ、アジア大陸での戦闘に必要な独立騎兵二旅団（師団の約半分の規模）と独立砲兵二旅団を新設する陸軍拡張計画を提案し、海相西郷従道も、

第３表　日本の主力艦とその建造　(速力：ノット＝1852m/h)

艦　名	艦　　種	進水年月	排水トン	速力	製造会社名(国名)
八　島	一等戦艦	1896年２月	12,320	18	アームストロング社(英)
富　士	〃	1896年３月	12,450	18	テームズ社(英)
敷　島	〃	1898年11月	14,850	18	テームズ社(英)
朝　日	〃	1899年３月	15,300	18	ジョン・ブラウン社(英)
初　瀬	〃	1899年６月	15,000	18	アームストロング社(英)
三　笠	〃	1900年11月	15,140	18	ヴィッカース社(英)
浅　間	一等巡洋艦	1898年３月	9,750	22	アームストロング社(英)
常　磐	〃	1898年７月	9,750	22	アームストロング社(英)
吾　妻	〃	1899年６月	9,307	20	ロアール社(仏)
八　雲	〃	1899年７月	9,646	20	ヴァルカン社(独)
出　雲	〃	1899年９月	9,750	21	アームストロング社(英)
磐　手	〃	1900年３月	9,750	21	アームストロング社(英)

出典：室山義正『近代日本の軍事と財政』(東京大学出版会、1984年)、小林啓治「日英同盟論」(井口和起編『日清・日露戦争』吉川弘文館、1994年)

海軍軍務局長山本権兵衛《ごんべえ》（一八五二〜一九三三）の進言に基づいて甲鉄戦艦六隻・一等巡洋艦六隻を中心とする、世界的水準の大艦隊を建設する海軍拡張計画を提案した。

このような大軍拡を実行するには巨額の資金が必要であった。とくに排水量一万二〇〇〇〜一万五〇〇〇トン級の甲鉄戦艦（一等戦艦）一隻の建造に約一五〇〇万円、九〇〇〇トン級の一等巡洋艦一隻に約一一〇〇万円がかかる海軍の拡張費としては、一〇年間で二億一三一〇万円が計上され、陸軍の拡張費八一六八万円（七年間）を大きく上回っていた。

日清戦争の戦利品として獲得した七〇〇〇トン級の鎮遠すら、来るべき対露戦における主力艦としてはまったく役に立たないとされ、すべての主力艦を新規に建造しなければならなかった。第3表に示したように、一二隻のうち一〇隻がイギリスのアームストロング社やテームズ社などに発注され、残りはドイツとフランスに一隻ずつ発注された。日本からの発注は、折から成長しつつあったイギリスの民間兵器会社にとって重要な意味をもったという[16]。

アームストロング社のばあいは、デンマークの元海軍士官バルタサー・ミュンターが代理人として来日し、駐日英国公使アーネスト・サトウの力を借りながら海軍上層部に食い込み、ドイツのクルップ社などと激しく争いながら軍艦と大砲の大量注文を獲得した[17]。

軍備を拡張すれば、その維持のための一般会計からの陸海軍省関係の支出も急増する。また日清戦後になると、鉄道・通信網の拡充や、特殊銀行の整備をはじめとする産業育成のためのインフラストラクチャーの予算も組まなければならなかった。

一八九五年三月、明治天皇の強い意向を受けて伊藤内閣の蔵相に就任した松方正義の財政計画は、軍備拡張と産業育成という両目標を、国民の税負担力の限度を考慮しつつ推進しようという、バランスのとれたものであった。すなわち、軍拡費を当面合計一億八〇〇〇万円程度に抑えて清国賠償金から支出することとし、日清軍事公債を毎年一〇〇〇万円ずつ償還しながら同額の事業公債を発行してインフラ整備に充てる、というものであった。しかし、この案は閣議で否決され、松方は同年八月、蔵相を辞任する。

松方にかわってふたたび蔵相に就任した渡辺国武は、軍拡費を合計二億七七〇〇万円に増額、軍事公債を追加発行しながら事業公債も発行する、という計画を作成した。これでは、公債募集が民間の資金需要と激しく競合するのは確実で、政府は東京商業会議所などからの厳しい批判を浴びることになった。

民間経済の力量を無視した大軍拡を組み込んだ予算は、一八九八年末の地租増徴の実現と九九年六月の英貨公債一〇〇〇万ポンド（＝約一億円）の成立により、かろうじて実行されていったが、一九〇〇〜〇一年恐慌が起こるや、内国債の募集は不可能となり、政府は行財政の緊縮と公債支弁事業の中止・繰延に追い込まれた。

こうして日本は、軍備拡張という目標に片よって帝国主義化の道を突っ走り、日清戦後は、民間経済を抑圧したために、もう一つの目標であった産業育成を十分になしえなかったのである。[18]

2　資本制企業の展開

日本も金本位国へ

日清戦争の結果、日本が後発帝国主義国へ、清国が列強の半植民地国へと、それぞれ転身したことで、東アジアを含めた世界規模の帝国主義体制が確立した。経済面では、そのことは、一八七三年以来の長期にわたる大不況を終了させる推進力となった。

ロシアとドイツは一八九三年、イギリスは九五年から好況に入り、アメリカが九七年に好況へ転化した結果、世界的な好況過程がはじまる。[19]

利潤率の低下に悩まされつづけてきた主要資本主義国の大企業は、新たな高蓄積を開始した。これは基本的には、一八九〇年代からの交流発電機・高圧送電線や、化学染料・化学肥料製造にみられた技術革新に基づいて、電機・化学工業が発展したこと、激化する帝国主義国間の対立に備えて軍事工業が活況を呈したこと、さらにヨーロッパ農業が畜産・野菜栽培へと転換していったことに原因があった。それとともに帝国主義世界体制の確立が、列強に新しく有利な周辺地域の市場を提供したことも大きな原因だった。

ロシアでは、ウィッテが蔵相に就任した翌年の一八九三年から一九〇〇年にかけて、未曾有の好況を迎えた。とくに南部ロシアの鉄鋼・機械・石炭業が、中央農業地帯から供給される低賃金労働力と、フランス・ベルギー・ドイツから流入する外資に支えられていちじるしく発展したが、そうした重工業に市場を提供したのが、一八九一年着工のシベリア鉄道に代表される国有鉄道建設であった。ウィッテは、間接税と外資によって得た財政資金を鉄道建設に投入し、機関車・車輛、レールなどを高値で発注することで、ロシアの重工業の発展を牽引した(20)。

シベリア鉄道建設を通して、アジア諸国へロシア商品の輸出を促進するというウィッテの構想は、あまり実現しなかったが、一八九六年設立の東清鉄道会社による満州横断線の建設、九八年の旅順・大連の租借と、そこへいたる東清鉄道南部支線の敷設権獲得は、膨大な鉄道・都市建設資金の投入を介してロシア工業の発展を大いに促進した。

日本が清国からの賠償金を使って、イギリスその他から軍艦・兵器を輸入したことは、ヨーロッパ列強からみれば、賠償金支払いをする清国への資本輸出が、回り回って日本への武器輸出を生み出したことになろう。それが、アームストロング社をはじめとするイギリス巨大兵器メーカーの発展を促進したことは前述したとおりである。

　さらに、日本での綿工業を中心とする産業革命の進展は、イギリスからの綿糸布輸入を減少させた反面で、欧米からの鉄鋼・機械類の輸入を急増させた。インドと日本に代表されるアジアの工業化の進展もまた、先進資本主義国の重工業に大きな販路を提供した。

　ところで、金本位制を採用している先進諸国から、日本が兵器をはじめとする重工業製品を輸入するばあい、問題となるのは銀価の低落であった。すでに述べたように、大不況の始まる一八七三年から銀価格の世界的低落が起こり、金一に対する銀の割合は、一五・六（一八七一年）から二〇・八（八六年）となり、さらに二三・七（九二年）、三〇・七（九六年）へと低落をつづけた。そこで、日本政府は一八九三年に貨幣制度調査会を設置して、幣制改革の可否を検討しはじめた。

　調査会では渋沢栄一をはじめとして、銀価低落は輸出に有利であることを理由に、現行の銀本位をよしとする意見が有力であったが、阪谷《さかたに》芳郎（一八六三～一九四一）ら大蔵官僚は、強引に調査会の結論を金本位制の採用へと導いていった。それは、なによりも金本位制を採用している先進諸国との為替相場を安定させ、商品輸入をスムーズに行うためであり、さらに、条約改正で治外法権を失う外国人からの資本輸入を積極的に容認し、その便宜を図る意味をもっていた。

こうして一八九七年（明治三〇）一〇月から日本でも金本位制が実施された。当時は固定相場制が常識であったから、貿易収支が赤字になったからといって、すぐに平価を変更することはできない。銀本位制のときのような、円の対外価値の下落という追い風抜きで、貿易収支のバランスを維持するという困難な課題を日本経済は背負い込んだのであり、そうした条件のもとで産業革命を推進しなければならなくなったのである。

資本輸入を解禁したものの

金本位制への移行と並んで、産業革命のあり方に大きな影響を与えたのは、欧米諸国との間の不平等条約の改正が、関税自主権の点で不十分さを残しながらも、実現したことである。一八九四年七月一六日、新しい日英通商航海条約が青木駐英公使とキンバリー英外相との間で調印され、五年後の新条約発効とともに、領事裁判権の廃止、最恵国条項の双務化、関税自主権の部分的回復（発効後一二年で全面回復）がなされることになった。

この時点で念願の条約改正が実現した背景には、もっとも強硬な改正反対派であったイギリスが、ロシアと対抗するために日本を味方に引きつけようと考えたという外交上の配慮があったが、基本的には、日本が憲法をはじめとする近代的法典をつぎつぎと制定したために、諸外国はもはや領事裁判権を主張する根拠を失いつつあったことがあげられよう。

改正交渉で最後まで残った難問は、外国人の土地所有権を認めるか否かと、未実施の民法全部と商法の一部を、条約発効までに実施すると約束するか否かの二点であった。日本政府は、土地所有権は認めないかわりに永代借地権を尊重することを条約に明記し、前記諸法典の実施まで条約は発効しないことをひそかに約束した。この後、民法と商法の制定に期限つきの仕事として強い圧力が加わったのは、この約束をはたすためである。

日本資本主義社会の仕組みを総括する基本法の体系が一八九九年（明治三二）にできあがることを指して、「明治三十二年体制」[21]と呼ぶことがあるが、それが条約改正の発効時期と重なっているのは、決して偶然ではない。

このときの関税自主権の回復は部分的であり、年輸入額五万円以上の品目は原則として協定税率のままとされたため、関税改正がそれまでの産業・貿易構造を変革することはあまり期待もされず、実際にも効果が乏しかった[22]。これに対して、居留地の撤廃にともなう外国人の経済活動の自由化が、外国資本の流入をもたらすことへの危惧もしくは期待はきわめて大きかった。「内地雑居」の実現が迫るにつれて、その危険性を指摘する議論が、戦前にもまして沸騰した。

当時の労働事情の調査で著名な横山源之助（一八七一〜一九一五）は、一八九九年三月、『内地雑居後の日本』を著して、「間もなくこの七月より、内地雑居という古今未曾有の時機に入らんとす」「外国の資本家がみずから工場を建て、わが労働の安きを機会として、工業に従事するあかつきは、はたしていかなるべきや」と問い、「彼ら欧米人は営利に凝り固まりたる拝金奴なり、ゆえに彼等はわが資本家のごとくアマッチョロイ者にあらずして、事業の前には人情なく、涙なく、ほしいままにその位置を利用して巨額の利をむさぼる、その上に彼らは異人種なることを忘るべからず」と、労働者が残酷に扱われることは必至だと予測して、「職工諸君はいかなる覚悟ありや」と問いかけている。

ここで問題にされているのは、外国人が資金を投下するだけでなく、みずから工場経営者として日本に乗り込むという直接投資のばあいであるが、いざ条約改正が発効してみると、直接投資は予想を裏切って少なかった。一八九八年にアメリカのウェスタン・エレクトリック社（WE）日本代理店の岩垂邦彦らが東京に設立した電話機輸入・製造会社が、条約発効日の九九年七月一七日に改組して、WE社が過半の株式をもつ資本金二〇万円の日本電気株式会社（NECの前身）となったが、このように、今日まで続いている企業は例外である。屈指の煙草製造販売業者の村井兄弟商会は、一九〇〇年にアメリカン煙草会社と提携して、折半出資で同商会を資本金一〇〇〇万円の巨大株式会社にした。輸入したアメリカ葉煙草から紙巻煙草「ヒーロー」「サンライズ」などを製造販売して、国粋派の岩谷《いわや》商店の「天狗」と激しく争ったことは有名だが、一九〇四年の煙草専売の実施で、両者とも解散した。

また、外資による単独事業としては、これもアメリカのスタンダード石油が、一八九九年から日本で石油採掘事業を行うための調査を行い、一九〇〇年、インターナショナル石油会社を設立して、翌年秋に巨大な直江津製油所を完成した。ついで北海道にも進出するなど、足掛け八年にわたって六五〇万円の資金を投入したが、日本の石油資源の限界を悟って、一九〇六年、日本石油に全資産を一七五万円で売却して撤退した。[23] おそらく、外国資本家からみれば、当時の日本は投資先としてはあまりに狭く、また、日露戦を目前に、ロシアとの緊張激化のため、カントリー・リスクも高いと思われたのであろう。

こうして産業革命期の日本は、相変わらず自力で資本蓄積をしつづけなければならなかった。

日清戦後の企業勃興

一八九〇年恐慌から沈滞していた景気は、九三年下期には回復をはじめていた。九四年七月に日清戦争が開始されたため、民間経済活動は一年間抑えられて、戦後の九五年七月の日本銀行の公定歩合引下げをきっかけに、ようやく景気が好転した。

一八九五〜九六年中の新増設計画資本高は、鉄道七億五八四七万円、銀行一億九二一二万円、「諸会社」三億三四四八万円で、「諸会社」中では綿糸紡績業が代表的な存在であったことから、このときの企業勃興の中心は鉄道・銀行と紡績であったとされている。[24]計画レベルでなく会社払込み資本レベルでみても、この二年間の増加額の上位五業種は、銀行六四八二万円、鉄道二四一三万円、紡績一四四三万円、石炭採掘八五三万円、肥料六四〇万円であったから、[25]鉄道・銀行と紡績が中心だという見方自体は決して誤ってはいない。

世界的には、一八九〇年代になると、八〇年代にくらべて鉄道建設のテンポが落ちはじめ、ロシアとインドにおいてだけ鉄道建設の規模が増大していたといわれるが、[26]後進国日本の鉄道建設も、絶対的規模は小さいとはいえ、九〇年代に入ってもさらに活発化した。また、数多くの銀行が設立され、そこに集められた社会的資金が諸産業に投下されるという間

第４表　創業年次別にみた工場数　(1902年末現在)

	職工数	うち女工数	工場数(A)	創業 1876年以前	1877-85年	1886-94年	1895-1902年(B)(B/A)%
製糸業	126,535	118,872	2,478	82	304	796	1,296(52.3)%
紡績業	78,882	62,607	207	1	22	59	125(60.4)
発火物	54,530	38,053	212	6	21	70	115(54.2)
織物業	53,555	46,638	1,630	123	94	454	959(58.8)
船舶車輛	19,169	16	73	18	10	15	30(41.1)
煙草業	16,605	11,418	363	77	23	79	184(50.7)
窯業	13,559	2,151	435	116	59	104	156(35.9)
印刷製本	10,023	1,212	214	12	44	70	88(41.1)
醸造業	8,047	422	364	208	21	59	76(20.9)
機械製造	7,180	71	136	8	17	51	60(44.1)
製紙業	5,239	1,934	82	5	4	22	51(62.2)
小計	393,324	283,394	6,194	656	619	1,779	3,140(50.7)%

出典：農商務省商工局工務課編『工場通覧』(1904年刊)
備考：1)1902年末の民間工場数合計7,749、職工数488,277、女工数305,842
2)若干の創業年数不詳のものがあるが、1876年以前の創業に含めた。なお、ここでいう創業は必ずしも10人以上工場としてのそれでない
3)1895〜1902年の欄の比率は、その分野の全工場数に対する比率である
4)1894年における製糸工場の創業数は145である

接金融の体制が整備・拡充されたことも、後進国日本にふさわしいことであった。

近代的交通体系と近代的金融機関こそが、後進国日本の産業革命を促進するうえで決定的な役割をはたすと政府も考えており、その整備のための努力を重ねていたことは、後にみるとおりである。

ところで、企業勃興の姿を分野別にみようとするばあい、上記のように会社統計を使うだけでは十分正確なイメージを持つことができない。織物業や製糸業あるいは醸造業のような在来産業のばあいは、個人ないし同族企業の方が一般的であるし、

鉄道業や製鉄業あるいは銀行業には国有企業も見受けられるからである。ここでは、まず、民間工場統計によって、この日清戦後期の企業勃興がどのような工業分野においてみられたかを検討しよう。

第4表は、一九〇二年末現在における職工一〇人以上の民間工場の職工数合計が五〇〇〇人以上の分野について、創業年次別の工場数を集計したものである。

これによれば、製糸・紡績・発火物・織物・煙草・製紙の六分野では、一九〇二年末に活動していた工場の過半が一八九五年以降に創業したもので、これらの分野にとって、日清戦後の企業勃興がいかに重要なものであったかがうかがえよう。

このうち、工場設立数が断然多いのは、「製糸業」と「織物業」である。「製糸業」については、前掲第1表において示した一八九三年当時の、一〇釜＝一〇人繰以上の器械製糸場数二六〇二という数値を、座繰製糸場も含む本表の数値と対比すると、器械製糸場はこの間にかなり消滅したことがわかる。一九〇二年末現在の工場で一八九三年までに創業したものは一〇三七工場にすぎないから（第4表備考4を参照）、それをすべて器械製糸場と仮定したとしても、この九年間における器械製糸場の「死亡率」は、なんと六〇・一％という高率になるのである。日清戦後の製糸工場設立はそれをカバーするものであったといってよい。

これに対して、「織物業」における一九〇二年以前の時期の工場については、個別具体的なことのわかるデータが乏しいが、日清戦争前には、力織機《りきしょっき》を用いるわずかな数の大規模工場を別とすれば、一〇人以上の織物工場の勢力はきわめて弱々しかったようである。(27) したが

1910年代の神戸のマッチ工場の仕事現場〔日本燐寸工業会〕

って、織物業の発展においては、日清戦後の企業勃興が大きな意味をもったといってよい。

「発火物製造業」というのは、新潟を中心とする三四ヵ所の石油精製所を除くと、ほとんどすべてが大阪と神戸のマッチ工場である。西洋式マッチは、フランスで技術を習得した清水誠が、一八七六年、東京で製造を開始したのが最初で、のちに清国向け輸出が伸びるにつれて、大阪・神戸に産地が集中していった㉘。

「煙草業」はまだ民営の時代であり、葉煙草産地と大都市消費地とに多くの製造工場が設立された。東京・京都では外資と提携した村井兄弟商会が四工場で計三三九二人の職工を雇い、これに対抗して岩谷商会が八工場で計一五〇〇人の職工を使っていたのが目立っている。「製紙業」は、洋紙製造の王子製紙三工場（職工六六六人）、富士製紙三工場（職工六五五人）を一方の極に、他方の極には無数の中小規模の和紙工場が存在した。

これらの分野に対して、伝統的性格の強い「醸造業」や「窯業」では日清戦後に創業したものの比率は低く、酒造業や醤油醸造業あるいは陶磁器業では創業年次に江戸時代の年号を記載しているばあいも多い。それは創業年次を、一〇人以上工場としての年次でなく、事業そのものの創業と理解して申告したためでもあり、工場形態をとるようになるのは比較的新しかったのかもしれない。たとえば、この年、職工数が一三〇人、全国最大規模を誇る千葉県銚子のヤマサ醬油製造場（浜口儀兵衛）のばあい、幕末維新期の職工は年雇人を中心に二〇人前後、一八七七年に三〇人台、一八八四年に四〇人台へと増加している(29)。

奇異に思われるのは、近代的性格の強いはずの「船舶車輛業」や「機械製造業」あるいは「印刷製本業」において、日清戦後の創業比率があまり高くないことである。これらの工場数自体があまり多くないのでたしかなことはいえないが、この事実は、そうした分野の発展が量的にはともかく、質的にはかなり早くからみられたこと、および、日清・日露戦間期には、かならずしも顕著な発展を示さなかったことを意味するように思われる。例をあげると、印刷製本工場が一八七七〜八六年に多数設立されているのは、自由民権運動の展開と密接にかかわり、当時新聞・雑誌が続々と刊行されたために違いなかろう。

以上の会社・工場に関する統計の吟味を前提に、日清戦後の銀行業、交通業、綿紡績・綿織物業、製糸・絹織物業、機械工業、鉄鋼業の発展ぶりについて、やや立ち入ってみていきたい。

整備される間接金融体制

日本では産業革命の開始に先立って多数の銀行が設立され、企業の勃興を助けたこと、また、産業革命の進展にともない、さらに多くの銀行が設立され、払込み資本金額では金融業部門が鉱工業部門を上回りつづけたことは、先にも述べたとおりである。

一九〇一年末には、普通銀行数は国立銀行から転じたものを合わせて一八九〇行と史上最多数を記録し、貯蓄銀行四四四行と合わせると計二三三四行に達した。同年の恐慌をきっかけに銀行集中がすすみはじめるが、一三年末にも普通銀行一六一六行、貯蓄銀行四八九行が活躍しており、集中のテンポは遅かった。

しかし、第5表にみるように、多数の普通銀行のなかから、ひときわ巨大な資金規模をもち、全国的な支店網を有する大銀行が、東京・大阪・名古屋といった大都市を拠点に出現する。それらは一九一〇年以降になると国債引受けシンジケートを結成し、都市銀行群として残余の地方銀行群と区別される存在になっていくのである。

日清戦争直後の状態を示す一八九五年末の順位表によれば、三井・第一の両行を頂点とする東京の大銀行が上位を独占しており、時期をさかのぼればさかのぼるほど、三井銀行と第一国立銀行の地位は他行と隔絶した高さとなる。これに対して大阪・名古屋には、松本重太郎頭取の第百三十国立銀行を例外として、まだ巨大規模の銀行はほとんどあらわれておら

第５表　普通銀行（国立銀行を含む）の預金ランキング　（千円）

	1895年末			1910年末			
順位	銀行名	所在地	預金	銀行名	所在地	預金	備考
1	三井	東　京	18,630	三井	東　京	90,248	◎
2	第一	東　京	9,222	第一	東　京	52,834	◎
3	第三	東　京	7,147	住友	大　阪	44,110	◎ 95年創業
4	第百	東　京	5,829	安田	東　京	34,066	◎
5	帝国商業	東　京	4,862	三菱	東　京	33,695	◎百十九合併
6	三菱	東　京	4,466	第三	東　京	31,128	◎安田系
7	第十五	東　京	4,444	浪速	大　阪	29,682	◎旧三十二
8	安田	東　京	4,343	鴻池	大　阪	26,436	◎旧十三
9	第百三十	大　阪	3,522	北浜	大　阪	25,808	◎ 14年破綻
10	第百十九	東　京	1,624	三十四	大　阪	24,816	◎
11	第十三	大　阪	1,568	十五	東　京	24,375	◎
12	第三十五	静　岡	1,560	第百	東　京	24,247	◎
13	第七十七	仙　台	1,391	川崎	東　京	19,960	○
14	第三十四	大　阪	1,364	山口	大　阪	18,129	◎旧百四十八
15	第四十三	和歌山	1,239	東海	東　京	14,581	
16	第七十四	横　浜	1,213	加島	大　阪	13,462	○
17	第二十七	東　京	1,108	近江	大　阪	13,066	○
18	第十二	富　山	1,062	百三十	大　阪	12,808	○安田系へ
19	第百十	赤間関	1,037	愛知	名古屋	11,132	○旧百三十四・十一
20	東海	東　京	1,023	明治	名古屋	10,936	○
21	第三十二	大　阪	962	名古屋	名古屋	10,572	○
22	横浜	横　浜	959	豊国	東　京	10,324	
23	逸身	大　阪	958	四十三	和歌山	9,696	
24	第四	新　潟	950	日本商業	神　戸	8,223	安田系
25	第三十八	姫　路	948	中井	東　京	7,947	

出典：石井寛治「地方銀行の成立過程――地方銀行と都市銀行の分化」（『地方金融史研究』第３号、1970年）

備考：◎は1910年２月国債引受けシンジケート加入銀行、○は北浜以外の◎とともに1916年10月国債引受けシンジケート加入銀行ず、静岡・仙台・和歌山・横浜・富山・赤間関（下関）の地方銀行と大差ない規模の銀行が並んでいるにすぎない。この当時の大阪・名古屋の金融界では、東京の三井や第一の支店が有力な地位を占めていたのである。

ところが、日露戦後の一九一〇年末の順位表においては状況が一変し、東京につづいて、大阪・名古屋の有力銀行が預金一〇〇〇万円以上のランクにずらりと並び、その他の地方の諸行を引き離しはじめている。日清戦後の恐慌をつうじてまず大阪の諸行の淘汰・集中がすすみ、ついで日露戦後に名古屋の有力諸行の預金が急増したためである。

第二次大戦前に都市銀行として活動する国債引受けシンジケート銀行のほとんどは、このときの預金一〇〇〇万円以上の諸行である。その中心が、三井・第一・住友・安田・三菱の、いわゆる五大銀行であるという構造もこのときに確定した。

このように、産業革命期をつうじて一握りの都市銀行群と多数の地方銀行群が出現したということは、日本の産業革命が大都市中心に進行し、同時に、地方レベルでも資本制生産が発展しつつあったことを金融面で示している。しかし、これらの銀行は、鉱工業部門の産業革命の旺盛な資金需要に十分に応ずることができず、とくに一八九〇年代には中央銀行＝日本銀行が不足する成長通貨を供給しなければならなかった。

もともと日本銀行は、イングランド銀行にならって、商業手形の再割引を主要業務とすることをめざしていたが、実際には、再割引すべき商業手形が少なく、一八九〇年恐慌にさいして株式担保手形の再割引を行って民間銀行の窮境を救ったこと、その後も株式担保手形の

第6表　日本銀行再割引手形の構成　(千円)

	期間	商業手形	株式担保手形	商品保証手形
東京本店	1895年下期	13,223	15,815	10,382(期末7,275)
	1896年上期	11,402	16,030	7,951(期末3,068)
大阪支店	1895年下期	12,276	19,617	n.a.(期末　996)
	1896年上期	22,646	20,845	n.a.(期末　680)

出典：靍見誠良『日本信用機構の確立』(有斐閣、1991年) 259、264頁

再割引を盛んに行ったことは前述したとおりである。それとともに、日本銀行は生糸や綿花などの商品を保証品＝担保品とする手形の再割引も盛んに行った。

日清戦後期の日銀東京本店・大阪支店の再割引額を種類別にみると、第6表のようになる。株式担保手形だけでなく、東京本店では生糸商品を保証品とする手形の再割引も盛んであり、東京・大阪両店での商業手形の再割引もかなり行われている。

しかし、だからといって、当時の日本銀行の活動が、商業金融の中核となるという創立当初の目標に沿うものとなったとみるのは、適当でない。ここでの商業手形のなかには、たとえば横浜生糸売込問屋や地方銀行が製糸家に与えた、無担保前貸しのための一種の「融通手形」が大量に含まれており、生糸担保の手形の再割引とあいまって、製糸業の発展を強力に推進していたからである。[31]

後進国の中央銀行として、日本銀行は、さまざまなルートを用いて戦略的な産業部門の発展のための成長通貨の供給を積極的に行っていたのであり、単なる商業金融だけでなく、必要に応じて資本そのものを供給する産業金融をも展開しなければならなか

った。

日本銀行は、対外金融を担当した横浜正金銀行に対しても、低利の資金を豊富に供給した。低金利の資金を有する外国銀行と張り合って正金銀行が為替取組みを行うさい、高金利の国内預金は役に立たず、日本銀行の低利資金が唯一の頼りであった。

当時の貿易金融は、イギリス系の香港上海銀行やチャータード銀行などが牛耳っており、一八九五年八月に高橋是清が支配人となった当時の横浜正金銀行本店は、午前九時に開店しながら、一〇時に香港上海銀行横浜支店が開店して為替相場を発表するまで独自の相場を立てられないという、情けない状態であった[32]。

日清戦争の賠償金を正金銀行ロンドン支店が扱ったことは、同行の地位を高める契機となり、とくに日本の貿易商社は正金銀行を大いに利用して発展した。たとえば、三井物産の広大な海外支店網は、正金銀行の支店網とほとんど重なっていたため、両者は「唇歯《しんし》輔車《ほしゃ》ノ間柄」にあったと評されている[33]。

こうして日本銀行に支えられた普通銀行群と横浜正金銀行の活動が、企業の旺盛な資金需要に応じていた。このほかに貯蓄銀行群の活動もあるし、政府による日本勧業銀行、府県農工銀行、あるいは日本興業銀行が設立され、さらに郵便貯金を用いる大蔵省預金部の活動も拡大していくが、この当時の金融システム全体の中核はあくまでも、上述の日銀・普銀・正金の三者にあった。

それに並行して、株式や社債の形での資金調達もしだいに盛んになっていった。銀行を通じて間接的にその資金が動員されるだけの階層の上部に、企業への直接金融を行う株主層が、大都市商人を中心としてかなりの厚さをもって形成されつつあったことも明らかにされている[34]。

しかし、間接金融の指標である預金と銀行資本の増加額は、直接金融の指標である銀行以外の企業の株式・社債の増加額の二・一倍（一八九一～一九〇〇年）、一・六倍（一九〇一～一九一〇年）に達しており、産業革命期には、投資額の小規模な個人企業のばあいを含めても、おそらく間接金融が全体として優位を占めていたものと思われる。

株主の株式払込み資金が銀行借入れに頼ることが多かったことや、社債の多くが、銀行に引き受けられ保有されていた事実も考えると、間接金融体制の優位という結論は、まず動かし難いところであろう。間接金融体制が、第二次大戦期以降にはじめて出現したという最近の理解[35]は、歴史理解としては誤りだというしかない。

運輸・通信システムの近代化

以上のような近代的金融機関の整備と並んで、日清戦後の政府が力を注いだのは、鉄道と汽船および電信と電話という、近代的運輸・通信システムの拡充であった。政府はすでに一八九二年（明治二五）六月に鉄道敷設法を制定し、軍事と経済の両観点から全国的な官民鉄道建設の構想を示していた。そこでは、第一期予定線として、中央線（八王子―甲府―名古屋）、山陽線（三原―下関）、佐世保線（佐賀―佐世保）といった軍部の強い要求によるものや、北陸線（敦賀―直江津）のように地元の要求によるものなどがあげられていた。

幹線部分をなす官設鉄道の建設が、財政難のために停滞したのに対して、私設鉄道の建設は日清戦後の企業勃興の一環として急ピッチですすめられ、数多くの地方小鉄道が設立された。一八九五年度末から一九〇〇年度末にかけての営業キロ数の伸びは、官設の五七四キロに対して、私設では一九四四キロに達しているのである。(36)

鉄道敷設は、輸送時間の短縮、運賃コストの低減によって、沿線の産業発展を促進した。石炭のような重量物は、消費地価格の大半が運賃コストであるため、鉄道の開通によって市場が広がり、産炭量が増えるばあいが多かった。一八九七年三月の日本鉄道磐城線（現・常磐線、水戸―岩沼）の開通が常磐炭田の発展の画期となったのは、その好例といえよう。筑豊炭田においても、山元から若松港までの輸送は、一八九四年には遠賀川の水運によるものが過半を占めていたのが、しだいに筑豊興業鉄道（飯塚―直方《のおがた》―若松）にとってかわられ、一九〇三年には四分の三が鉄道輸送によるようになった。もっとも、若松港には汽船が入れなかったから、国内各地へは帆船によって輸送されていた。(37)

生糸のような軽量物でも、輸出港横浜への迅速な輸送が必要であった。主産地の長野県諏訪地方では、当初輸出用生糸を馬の背に乗せ、甲州街道で八王子へ送り、さらに鑓水峠《やりみずとうげ》を越えて横浜まで送るか、甲州街道で東京まで送って、そこからは鉄道で横浜へと輸送していた。一八九三年に高崎―直江津間が開通してからは、諏訪から和田峠を越えて信越線田中駅（のちには大屋駅）へ生糸を運び、鉄道で横浜まで輸送するようになった。さらに、諏訪製糸業者は中央線建設の「速成」運動を行い、一九〇三年一二月に中央線の韮崎《にらさき》までの開通という成果をあげ、翌年二月の日露開戦による工事の中止にさいしても、政府に陳情して工事を再開させ、〇五年一一月に岡谷までの路線を開業させた(38)。

鉄道輸送の普及は、馬車などによる長距離道路輸送を衰退させた。長距離輸送業務の最大手であった内国通運会社が、一八九三年、同業務から撤退して、鉄道貨物の集配業務へと転換したことは、そのことを象徴する事件であった。鉄道はさらに、河川や沿岸での水上輸送をしだいに圧迫した。

輸送トン数（距離を無視した単純トン数）で鉄道輸送が海上輸送を上回る時期は、史料上の制約があって明確でないが、一九一三年以降の徐々に増加する海上輸送トン数の推移を示すグラフを逆に延長すると、鉄道国有化があった〇六年前後のところで、急上昇しつつある鉄道輸送トン数のグラフと交錯する。こうしたことから、産業革命期の鉄道の普及が、貨物輸送における近世以来の海上輸送の優位をくつがえし、鉄道輸送の優位をもたらしたといってよかろう(39)。

こうした変化がすすむなかで、日清戦争中の戦時輸送用に緊急輸入された多数の汽船は、戦争が終わってみると、沿岸航路で活用するには過剰気味であることが明らかとなった。日本郵船会社副社長の近藤廉平《れんぺい》（一八四八〜一九二一）が、一八九五年八月の談話で、「御用船として陸海軍の輸送に従事せるもの、ことごとく御用解となり、本邦各地に帰航するあかつきに至らば、わが海運業はいかなる境遇に陥るべきや、船舶の供給にして需用に超過する

1896年３月、横浜港から欧州航路に出発する土佐丸（向かって左）〔『七十年史　日本郵船』〕

以上は、同業者間の競争を来たすは勢の免れざるところ……これを避くるの途、ただ外国航路を拡張し、もってその勢を外に向くるの一策あるのみ[40]」と述べているのは、そうした危惧感と打開策の表明であった。

同年一一月社長に昇進した近藤は、さっそく翌九六年に欧州航路・米国航路・豪州航路を開設した。九三年開設のボンベイ航路を除くと、沿岸・近海航路ばかりであった同社は、ここに遠洋定期船会社としての性格を強めることとなった。

この年の三月一五日に横浜から欧州航路の第一船として出帆した土佐丸（五四〇二総トン）は、戦時輸送用に同社が購入した中古船であった。同船が低運賃での集荷を行う間に、郵船ではP&O社などの海運同盟と交渉した結果、同船のイギリス到着と同時に欧州航路の開設を認めさせることができたが、ロンドンと上海への集荷のための寄港を認めさせるには一九〇二年までかかった。[41]

日本郵船をはじめとする海運会社の遠洋・近海航路での活動は、政府の特定航路助成を中心とする補助金によって支えられていた。たとえば、大阪商船は一八九八年から中国の揚子江で、上海—漢口線を開始、翌年さらに漢口—宜昌線を開いたが、この航路にはすでに中国招商局やイギリスの怡和《いわ》洋行・太古洋行が就航していた。怡和洋行は大阪商船に対して、まだ揚子江には日本商人が姿をみせないのに、日本政府が航路補助をするのは解《げ》せないと厳しく抗議した。大阪商船は河川用に特注した大型汽船五隻を送り込み、空船でも努力して廻船した結果、ついに割り込みに成功している。

こうして、日清戦前にはせいぜい二〇%台であった日本各開港場での日本汽船の入港比率は、戦後急上昇し、一八九九年には最大比率のイギリス船と並び、一九〇六年以降それを引き離し、一九一三年にはついに五〇%に達して対外自立を達成したのである。[42]

政府は電信と電話の普及にも力を注いだ。国内電信網は、産業革命がはじまる一八八六年当時、すでに県庁所在地をはじめとする主要都市間には張りめぐらされており、電報料金も全国同一の原則がほぼ実現していた。しかし、片仮名一〇字以内を一音信として一五銭、一音信追加するごとに一〇銭増、という市外電報料金は、書状二銭（二匁＝約七・五グラムごと）、葉書一銭という郵便料金にくらべていかにも高かったから、誰でもが電報を常用するわけにはいかなかった。

たとえば、電報の利用により、横浜の生糸問屋と産地の製糸家との情報ギャップはほとんど解消したが、製糸家と養蚕農民との情報ギャップはなかなか解消しなかった。信州諏訪の巨大製糸家は、原料繭の仕入れ時期になると全国に購繭員を派遣し、暗号電報で互いに連絡をとりながら、繭を少しでも安く仕入れようとつとめたが、養蚕農民はそうした情報をなかなか入手できなかったため、製糸家の一方的な情報に翻弄されることが多かった。農民が養蚕組合を結成して横浜の糸況に関する電信情報をみずから入手し、製糸家による繭の買い叩きに対抗するのは、第一次大戦期以降のことである。

一八七六年にアメリカのグラハム・ベルが発明した電話機は、翌七七年には早くも日本に輸入され、官庁や警察あるいは鉄道・鉱山では、専用電話の形で普及していったが、一般の交換電話は、一八九〇年（明治二三）になって、ようやく東京・横浜から開始された。開始が遅れたのは、八五年に渋沢栄一・益田孝らが電話会社の設立を願い出たのに対して、電話交換事業を官営にすべきか民営でいくべきかについて、政府内部で議論がまとまらなかったためであった。結局官営の方針に決まるのであるが、その真の理由は、通常指摘されるような、国家機密の保護ということではない。警察関係の電話は、専用電話としてすでに開始されており、交換事業がはじまってからも別個の体系として発展したからである。

官営の真の理由は、当初はおそらく官僚の事業拡張意欲にあり、後には電信事業以上の有力財源としての電話事業の性格にあった。官営であったことが、電話の普及を促進したかといえば、かならずしもそうとはいえない。殺到する設置要求に応じきれず、非公式な「電話市価」の暴騰を招いた政府は、日清戦後に七年間の拡張計画を実施したが、大都市優先の方針をとった結果、一九〇四年三月末の交換電話加入者三万五〇三〇の約八〇%は、東京・大阪・京都・横浜・神戸・名古屋の六大都市に集中していた。長距離電話は、一八九九年に、東京・横浜と大阪・神戸の都市間に開通した。

当時の加入者のほとんどは、官庁・会社・商店・医師・弁護士などの営業関係であり、電話は大都市への情報集中を促進し、地方社会との情報ギャップをむしろ拡大する役割をはたしていた[43]。

綿業での工場制と問屋制

近代的な金融機関と交通体系を整備・拡充する政府の政策に支えられながら、日清戦後に発展した産業の基軸の位置を占めたのは、機械制綿紡績業であった。

すでに述べたように、一八九七年には綿糸輸出が綿糸輸入を上回るまでになったが、そのことはイギリスやインドの綿紡績業の圧力に抗しながら、日本の綿糸紡績業が世界市場のなかでしっかりとその位置を確立できたことを示すものであった。

もっとも、この当時製造していた綿糸のほとんどは、二十四番手以下の太糸で、細い高級糸はイギリスからの輸入に依存しなければならなかった。昼夜業のために品質が劣悪となった太糸が大量に売れたのは、国内でも輸出先の中国でも、手織機に頼る織物業者がそうした劣悪な綿糸でも製織できたためであった[44]。

日本の綿紡績業の特徴は、最初から比較的大規模な株式会社として出発したものが多かったことと、確立と同時に企業合併がすすみはじめたことである。一九〇〇年に七九社・八〇工場で一一四万錘だったのが、合併・新設の結果、〇七年には四二社・一一八工場で一五四万錘となり、一三年には四四社・一五二工場で二四一万錘になった。一三年当時の最大規模の会社は、鐘淵紡績の四六万余錘で、三重紡績の二八万余錘がそれにつづいている。鐘淵紡績の設備規模は、同時期のイギリスでは第二位、アメリカでは第三位に当たり、インドの最大会社一四万余錘を大きく凌駕していた。

後発国日本の綿紡績企業が短期間で世界的大企業に成長できたのは、イギリスやインドと異なり、盛んに企業合併を行ったためである。また、イギリスやインドの大規模綿紡績会社のほとんどが、同一敷地の工場群からなるのに対して、合併を重ねた日本の大規模紡績は、鐘淵紡績が本拠地東京のほかに、京都・大阪・兵庫・福岡・大分・熊本など全国各地に工場を有し、三重紡績が本拠地三重および隣接する愛知の各所と、大阪・栃木に工場をもっているという具合に、工場が各地に分散していた。日本の大規模紡績は、大学卒を多数採用して分散した工場の管理に当たらせたが、大学卒が綿紡績会社で働くなどということは、イギリスではおよそ考えられないことであった。(45)

最新式のリング精紡機を備え、大学卒に管理された大紡績の生産過程を担ったのは、農村の小作貧農層から募集された若い「女工」(女子労働者)たちであった。もともと農家副業として行われていた手紡糸の生産が、輸入綿糸布と国産機械綿糸の圧力で消滅したかわりに、機械紡績工場への出稼ぎの機会が生まれたとみることもできよう[46]。

しかし、農家副業と工場労働との違いは大きかった。「とくに徹夜業のごときは、彼らの家郷において夢思せざるところなり。夜間睡魔に襲われ、しばらく安息せんとするも機械の運転と監督者の鞭撻は彼らを脅迫して一刻も安き思いをなすことを許さず」と報告されている。その結果、平均して一年以内に全員が寄宿舎から逃亡するというほど出入りが激しく、逃亡した者は故郷へ帰る旅費もないままに、酌婦や娼妓などに転落することが多かった[47]。

同じ「女工」でも、製糸「女工」が普通は幾らかの賃金を故郷へ持ち帰ったのに対して、紡績「女工」は文字どおりの口減らしとして工場へ出されたままになり、たまに帰郷できた者でも、結核に冒されている例が多かった。

低品質の綿糸を使ったのは、主として問屋制家内工業の形をとった、綿織物産地の機業家であった。もちろん前掲第4表でみたように、製糸工場につぐ数の織物工場のなかには多数の綿織物工場が含まれており、手織機による工場制手工業（マニュファクチュア）が発展しつつあったから、絹織物業と同様に、一九〇〇年代前半の「綿織物業においても主要な発展は工場制手工業にあり、その極点において小規模な動力化の動きがはじまっている[48]」という評価を下すことはかならずしも誤りではない。

しかし、発展の方向性でなく、当時の主要な生産形態をみるばあいには、一九〇四年末、主要綿織物府県の一〇人以上工場の職工が全織物職工中に占める比率が、大阪二一、愛知一三、和歌山二、埼玉三、愛媛九％にすぎず、小生産者＝家内工業が圧倒的に多いこと、また織物営業者のうち賃織業者の占める比率は、大阪八九、愛知九三、和歌山九五、埼玉三三、愛媛五九％に達し、問屋制家内工業が圧倒的優位を占めていることに注目すべきであろう。

絹業でのマニュファクチュア

日本生糸の輸出量は、一九〇五年にイタリアの生産量を、〇九年に中国の輸出量をそれぞれ凌駕し、日本は世界最大の生糸輸出国となった。アメリカ合衆国へ輸入されたイタリア生糸の単価を一〇〇とすると、日本生糸の単価は一八九四～九六年当時の六五から、一九〇四～〇六年には九四へと上昇・接近しており、この間五六から七五へと漸増しただけの中国生糸の単価を引き離していた。このことは、日本製糸業が量的拡大をとげただけでなく、質的にも発展し、郡是製糸に代表される一群の製糸家たちがイタリア生糸に匹敵する高級糸をも生産しはじめていたことの結果であった[49]。

日本の製糸業の特徴は、多数の製糸場が誕生しては廃業するという浮沈を繰り返すなかから、長野県を中心にひときわ巨大な製糸企業がいくつも出現し、それらが全国各地に製糸場を開設・経営するようになることである。一九一〇年当時のイタリアでは、九〇〇余りの器械製糸場（平均六八釜、煮繭繰糸分業）が平均一〇八人の職工を雇って、合計六三八〇トンの生糸を生産していたが、同一企業がいくつもの製糸場を経営することは例外的であった[50]。また、中国広東《カントン》地方の製糸場は平均五〇〇釜前後という大規模なものであるが、ここでも複数の製糸場を経営する製糸家はまれであった。

第７表　十大製糸企業　（1911年７月末現在）

名称	所在地	工場数(うち県外)	釜数	生産量(トン)
片倉組	長野県諏訪	15(6)	4,479	259
山十組	同	11(3)	3,227	178
小口組	同	11(2)	3,110	195
岡谷製糸	同	4(3)	2,691	186
山一林組	同	5(3)	2,095	108
山丸組	長野県須坂	6(2)	2,046	112
若尾商店	神奈川県横浜	2(2)	1,603	70
尾沢組	長野県諏訪	6(2)	1,602	60
原商店	神奈川県横浜	5(5)	1,466	112
笠原組	長野県諏訪	4(0)	1,178	58

出典：農商務省農務局、第六次『全国製糸工場調査表』
備考：1)生産量は1910年６月～11年５月のもの。従って設備釜数の中にはかならずしも１年間稼働しなかったものも含まれている
2)岡谷製糸本店1,375釜の生産量609,793斤（＝366トン）という原統計の記載は過大に失するので209,793斤（＝126トン）とみなし、また欠落している山十組新町製糸場のデータを第七次調査などにより補った

これらに対して、一九一一年当時の日本には、平均七四釜で「女工」（女子労働者）七七人を雇う二四九一の器械製糸場（煮繰兼業）が存在し、合計八七二五トンの生糸を生産しており、最大規模の片倉組は長野県内に九工場、県外（埼玉・東京・宮城・愛知・山形）に六工場を経営し、合計所有釜数は四四七九、年間生産量は二五九トンに達していた。

第７表に示すように、片倉組を頂点とする一〇大製糸企業の合計釜数二万三四九七は器械製糸全体の一三％弱に当たり、全体の一五％強の一三三八トンの生糸を生産していた。

このあと一九一〇、二〇年代をつうじて、上位一〇大製糸（郡是製糸などが加わり、若尾・原商店などが消え

る）の生産シェアーはさらに伸びて、三〇％台に達した。一九二七年には片倉製糸と郡是製糸の二大有力企業だけで四八四五トンという、同年のイタリア製糸業の全生産量五四〇五トンに迫る量の生糸を出荷するようになる。[51]

片倉組・山十《やまじゅう》組・小口《おぐち》組といった、一九一一年当時三〇〇〇釜以上を所有する長野県諏訪郡の巨大製糸は、世界的にいっても当時すでに最大規模の製糸企業であったとみてよい。こうした全国的な工場配置をもつ巨大企業が急速に形成されたことは、綿紡績企業のばあいと共通する、日本的な特徴といえるだろう。

最初一〇釜とかせいぜい三〇釜程度の小規模な企業として出発した長野県諏訪郡の製糸企業のなかから、短期間のうちに世界的規模の大企業がいくつも生み出された理由はなんだったのであろうか。

簡単にいえば、地主制下の農村からの出稼ぎ「女工」を長時間働かせ、各地から極力安値で仕入れた繭を生糸に加工させたこと、その生糸を横浜の売込問屋と内外の貿易商社を介してアメリカ市場へ販売して得た利益のほとんどを、工場設備の拡張に投入したこと、この二つがその理由であった。一九〇一年の農商務省調査によれば、諏訪地方の「生糸工場の労働時間の長きことは全国に冠たり、毎日平均十五時間を下らざるべし」、「〔好況時には――引用者〕十八時間に達すること、しばしばこれあり」[52]というありさまだったという。設備の拡張とともに増大する運転資金は、横浜の生糸売込問屋と地方銀行（長野では第十九銀行など）が必要なだけ提供し、日本銀行や都市銀行の融資がそれを背後で支えていた。

日露戦後になると、片倉組や山十組あるいは郡是製糸のような大規模製糸には、三井・三菱・安田などの都市銀行が直接に融資するようになるが、そうした好条件を生かして強固な資金的基礎を築くことができたのは、片倉・郡是などごく少数の企業に限られていた。

巨大製糸の経営者が、全国に散らばった多数の製糸場を、どのように統一的に管理したかは、あまりわかっていない。京都府何鹿郡の郡是製糸では、郡外・県外に工場を設置しはじめる一九〇九年に、良質繭確保のために各地の養蚕組合との特約取引のシステムをつくり、「完全」な高級糸の生産をめざした、全従業員共通の教育方針を設けて各工場で実行した。そして、社長波多野鶴吉と支配人片山金太郎《きんたろう》とは、工場長会議を招集して社の方針の徹底を図り、随時工場視察を行って統一的管理につとめたという。

このように器械製糸業においては、世界的な大企業があらわれたとはいえ、一方で中小企業の数も多く、また前述したように、小生産＝家内工業による座繰製糸業も根強く存続していた。器械製糸業は、「女工」の熟練度によって作業結果が大きく左右される工場制手工業＝マニュファクチュアであったため、文字どおりの手工業である座繰製糸業を簡単には駆逐できなかった。

座繰生糸の主たる市場は国内織物業であったが、この時期には国外へもかなり大量に輸出された。上毛南三社といわれた群馬県の組合製糸碓氷《うすい》社、甘楽《かんら》社、下仁田《しもにた》社や、福島県の生糸商人が設立した共同荷造所、協立荷造所からまとめて横浜へ出荷された生糸は、もともと農家の家内副業として少量ずつ生産されたものだった。その仕上げ工程を一ヵ所に集中して厳格な検査を行い、品質別に分類して商標をつけたため、均一・大量の生糸として海外での評価も高かった。

生糸の大部分は輸出されたが、国内の絹織物業の原料として消費されるものも多く、この時期には、とくに北陸地方で、輸出用羽二重に使う生糸の需要が増大した。福井県は、一八九三年には絹織物生産額で京都・群馬につぐ地位にあったが、一九〇三年には京都を抜いて首位を占めた。さらに石川県も、群馬県を抜いて第三位にまで浮上し、この間の変化を象徴している。逆にみれば、国内向け絹織物の需要が伸び悩んでいるのを尻目に、輸出向けの絹織物生産が急拡大しているともいえよう。

帯地や染物と異なり、製造工程が単純な羽二重の生産は、工場生産に適しており、北陸地方には多くの絹織物マニュファクチュアが展開した。先に第4表で一九〇二年当時、織物工場は全国で一六三〇あることを記したが、そのうち福井には二四三、石川には二一六、富山に八四と、合計五四三工場が北陸三県に集中し、京都の三二工場、群馬の一九工場を大きく上回っていた。〇五年の輸出羽二重に関する調査によれば、福井では生産量の四三％、石川では七四％、両県平均では五三％が「工場」＝マニュファクチュアによって生産されている。「織元」＝「賃織業」による生産はわずか四％にすぎず、中小規模マニュファクチュアのまさに全面展開がみられる。[53]

一八九七年ごろに福井市を訪れたある報告者は、「福井市にては工女に他国人を見ること少なく、おおむねその地方の者にして、かつ機屋に寄留せるも百人に二十人の割合にて、多くは家より通う、……各工場を見るに、大なるは多く土蔵を利用し、……工女は機台により両肌《もろはだ》あらわし、乳を隠しもやらで何やらん謡いながら機を織る」と記している。(54)同県農村部においても同様な事態がみられたことだろう。(55)

大小さまざまな機械工業

機械制大工業と鉄道・汽船の発達を内容とする産業革命の展開にさいして、後発資本主義国日本では、当初は必要とする機械の多くを先進諸国から輸入していた。ただし、輸入機械の維持・保全のためにも必要な機械工業が、少しずつ成長していき、やがて簡単な機械そのものの製造も試みられるようになった。もっとも、政府は、農商務大臣をつとめた金子堅太郎が、一九〇〇年代初頭に、「イギリス人は機械と資本を供給して後方勤務の任に当り、我国人は労働者と企業家をもって先鋒隊《せんぽうたい》を組織し、たがいに協力して東洋富源を開拓」する「日英商工同盟」を説いたことが示すように、機械はイギリスから輸入するものと決めてかかっており、兵器自給への努力を除くと、機械工業の育成にはあまり熱心とはいえなかった。

一九〇二〜〇三年当時の比較的大規模な機械製造工場を示すと、第8表のとおりである。一見して明らかなように、陸海軍工廠が圧倒的な巨大さと新鋭設備を誇っている。民間の大規模機械工場は、範多《はんだ》龍太郎（英商E・M・ハンター）の大阪鉄工所（船舶鉄製品）を含めて、造船と鉄道に関するものが大部分であった。その他では、三井財閥傘下の芝浦製作所（蒸気および電気機械）と一八五一年生まれの東京府平民富岡米蔵《よねぞう》の富岡機械製造所（鉄

第８表　大規模機械製造工場　(1902～1903年)

所在地	名称	職工数	機関馬力	所在地	名称	職工数	機関馬力
広　島	呉海軍工廠	12,847	9,557	神奈川	浦賀船渠(株)	1,522	78
東　京	東京砲兵工廠	7,535	3,302	福　岡	九州鉄道(株)小倉製作所	638	32
神奈川	横須賀海軍工廠	6,551	714	兵　庫	山陽鉄道(株)兵庫工場	565	55
大　阪	大阪砲兵工廠	4,305	2,796	東　京	芝浦製作所	502	150
長　崎	佐世保海軍工廠	4,288	937	神奈川	横浜船渠(株)	393	300
東　京	官鉄新橋工場	1,721	200	岩　手	日本鉄道(株)盛岡工作事務所	370	15
兵　庫	官鉄神戸工場	1,566	100	大　阪	汽車製造(資)	362	275
東　京	東京海軍造兵廠	1,468	284	北海道	北海道炭礦鉄道(株)手宮工場	344	21
京　都	舞鶴海軍工廠	774	611	東　京	富岡機械製造所	335	15
長　崎	三菱造船所	5,058	232	大　阪	小野鉄工造船所	322	37
兵　庫	(株)川崎造船所	3,060	800	三　重	関西鉄道(株)四日市工場	320	31
埼　玉	日本鉄道(株)大宮工場	1,700	120	神奈川	(株)ピーターソンエンジニアリング	300	21
大　阪	大阪鉄工所	1,623	55				

出典：佐藤昌一郎「国家資本」(大石嘉一郎編『日本産業革命の研究』東京大学出版会、1975年)、沢井実「戦前期日本鉄道車輛工業の展開過程」(『社会科学研究』37巻３号、1985年)、農商務省商工局工務課編『工場通覧』(1904年刊)、および第二十二回『帝国統計年鑑』(1903年刊)

備考：1)海軍工廠は1903年当時、その他は1902年当時
2)職工数は男工・女工の合計。ただし、女工は東京砲兵工廠319、大阪砲兵工廠161、東京海軍造兵廠68のみ

橋・旋盤・送風機その他機械)、および横浜山下町にあるピーターソン・エンジニアリング・カンパニー(機械)だけであった。

軍工廠については、後で日露戦争を論じながら触れることとして、民間造船所について述べよう。

最大の長崎三菱造船所は、日清戦争を契機に、修繕から新造船中心に転換し、手はじめとして、日本郵船が外国にヨーロッパ航路用に発注した六〇〇〇トン級汽船と同型の汽船一隻を受注した。一八九八年八月にようやく完成する貨客船常陸丸《ひたちまる》がそれである。

三菱合資会社（社長岩崎久弥、監務岩崎弥之助、管事荘田《しょうだ》平五郎）では、首脳部の荘田がみずから造船所支配人を兼ねて、九七年から五年間、長崎で陣頭指揮をとるほど、造船事業の拡充に力を注いだ。鉱山事業などからの収益を造船投資に振り向けたことは、よく指摘されるとおりである。

三菱造船所につぐ兵庫・川崎造船所は、鹿児島の呉服商の家に生まれ海運業と造船業を営んだ川崎正蔵《しょうぞう》（一八三七〜一九一二）が政府の払下げを受けて経営していた。一八九六年に大型船建造に向けて設備拡充をするために株式会社（資本金二〇〇万円）に改組したとき、社長に時の首相松方正義の三男松方幸次郎（一八六五〜一九五〇）を迎え、以後積極的な経営が行われた。

資金面では増資と社債発行を繰り返し、社債は第5表に示した大阪の浪速銀行などが引き受けた。同銀行は、一九〇六年から正義の四男松方正雄が取締役に加わり、一三年頭取に就任、二〇年松方巌《いわお》頭取の十五銀行に合併する。こうして川崎造船所は「松方財閥」の中心事業として海軍との密接なつながりを保ち、一九二七年の金融恐慌で挫折するまで、さらに拡大していくことになる。

なお、この表には、民間造船所の草分けである石川島造船所が職工数二八九のため名前が載っていないが、同社は日清戦後に浦賀（神奈川県）に設けた分工場が、新設の浦賀船渠《ドック》との激しい競争に敗れて、分工場を相手に譲り渡したばかりであった。この後、石川島・浦賀両社とも不振がつづき、三菱、川崎両社にさらに引き離されていった。

鉄道では、官民の鉄道関係工場の活動で、一八九七年前後には客貨車および電車車体（台車は輸入）の国内自給が達成された。しかし、蒸気機関車については、官設鉄道神戸工場で九三年に第一号が製造され、汽車製造合資会社でも一九〇一年から製造されたが、国内自給の達成は遅れた。国産機関車は、性能と価格の面では輸入品と大差なかったが、輸入材料への依存のために納期が遅れがちだったので、ユーザーの評価は低かった。一九〇六年の鉄道国有化以後、鉄道院が採用した機関車自給政策と、一一年の関税引き上げで、ようやく国内自給が実現する。(56)

その他の機械工場で最大規模の芝浦製作所は、からくり人形や時計・銃砲などの製造で幕末最高の技術者といわれた田中久重《ひさしげ》（初代、一七九九～一八八一）が、一八七五年東京銀座に開業した「諸器械製造所」を、二代目久重が引きついで芝浦に「田中製造所」として営業していたもので、三井銀行からの借金が返せなくなって、九三年、三井に引き取られたさいに改称したものである。

三井財閥では、工業部が九八年末に解体したあと、芝浦を三井鉱山合名会社の付属とした。一九〇二年、重工業分野から撤退しようという三井物産の益田孝と、手放すのは惜しいとする三井鉱山の団琢磨とが対立した結果、外部の資本を入れた株式会社として分離独立させることになった。重工業へのかかわり方で、三井と三菱ではまったく対照的な姿勢がみられたのである。

このように、比較的大規模な機械工場は、輸入機械を用いる移植産業のための機械の修理から、つぎに機械の製造へとすすんだ。それに対して、より小規模な個人経営の工場で、器械製糸場用の汽罐や繰糸器械、力織機、中小鉱山用の機械類、中小汽船、精米機などの国産機械を供給する動きが全国各地方にあったことが最近明らかにされている。

福岡県筑豊の炭鉱業者麻生太吉は、八〇年代後半には、神戸の機械工場から汽罐やポンプを購入していた。そして九〇年代に入ると、官営工場その他で移入技術を身につけた熟練工がみずから直方や博多で営む機械工場で、在来の鍛冶・鋳造技術をもつ職工を雇ってつくらせていた製品を購入することが多くなった。また、長野県諏訪郡の製糸家は、煮繭・繰糸鍋を適温に保つための加熱用汽罐を必要としたが、それらを安値で供給したのは、最初は松本や甲府の近世以来の鋳物師や銅壺屋であり、のちには諏訪郡内に新たに開業した鉄工所であった。

こうした地方機械工業の広範な展開は、当時のアジアでは類例をみないのではないかといわれている[57]。

機械そのものをつくる工作機械についても、旋盤などは軍工廠や大造船所が内部でみずからつくっていて、さらに大阪を中心に、大小の製造所が多数存在していた。一八九七年、大阪の旋盤の生産額は三〇万円で、これは、当時の旋盤輸入総額を上回っていた。中小工場では、品質では外国品に劣っても、価格は外国品のほぼ三分の一という国産旋盤を利用するところが多かったという[58]。このように機械工業は、日本産業革命の不可欠の一環として、さまざまな規模の工場が、いわば重層的に発展しつつあったといえよう。

中国大冶鉄山に頼る八幡製鉄所

注文品の納期を遅らせ、機械の国産化の足を引っ張ったのは、機械工業の材料である鉄鋼を、遠い欧米諸国から輸入しなければならなかったことである。

「鉄は文明開化の塊なり」と喝破した福沢諭吉の言をまつまでもなく、近代機械文明の基礎が鉄鋼業にあることは政府当局者も十分承知しており、工部省では釜石鉄山（岩手県）その他において高炉による銑鉄《せんてつ》生産のための努力を重ねた。しかし、一八七三年から一〇年かけた釜石鉱山での試みは、現場の燃料＝木炭供給力を無視した外国人技師による大型高炉の計画が、旧南部藩士で釜石鉄山を開発してきた大島高任《たかとう》（一八二六～一九〇一）の小型高炉を分散配置するという計画を押さえて採用された結果、木炭の涸渇を招いて失敗、設備は一八八七年、陸海軍御用商人田中長兵衛（一八三四～一九〇一）に払い下げられた。

田中は、木炭を用いる小型高炉の分散的建設からはじめて、やがて帝国大学工科大学教授兼農商務省技師の野呂景義《かげよし》（一八五四～一九二三。ドイツのフライベルク鉱山大学で鉄冶金学を専攻）の指導で、旧工部省時代の大型高炉のコークスによる操業にも成功、一八九四年の釜石鉄山田中製鉄所の銑鉄生産量一万二七三五トンは、停滞をつづけていた中国地方の砂鉄を用いる「たたら製鉄」の生産量をはじめて上回った。のちに官営八幡製鉄所が、その高炉火入れに先立って、創業の手助けのために田中製鉄所の熟練職工約一〇人を招いたことは、釜石での経験がいかに重要なものであったかをよく示している。

一八九六年公布の製鉄所官制に基づいて設立された官営の大規模製鉄所は、三井・岩崎両家に製鉄業進出を働きかけて断られた政府が、日清戦後経営の一環として、清国賠償金の一部を利用して計画したものであった。大規模といっても鋼材年産目標は九万トンにすぎず、一九〇一年に設立された製鋼能力九〇〇万トン台というU・S・スチールのような世界の頂点に立つ企業にくらべればまことに微々たるものであったが、日本の鉄鋼業としては画期的大事業であった。

1900年、工事中の八幡製鉄所〔『八幡製鉄所五十年誌』〕

政府は当初、釜石での経験もある野呂景義に建設を任せる予定であったが、野呂が東京市の水道鉄管納入をめぐる疑惑事件に巻き込まれたため、かわって大島道太郎（一八六〇～一九二一。大島高任の長男、ドイツのフライベルク鉱山大学で非鉄冶金学を専攻）を技監に任命、大島はドイツから技術者を招いて建設に当たらせた。

こうして一九〇一年に八幡製鉄所が操業を開始したが、翌年には、高炉が故障して二年間にわたって操業が中止される失態が生じた。政府から故障原因の調査を頼まれた野呂は、高炉の構造が日本産の原料コークスに適していなかったことをつきとめ、高炉の改造を行った結果、みごと出銑に成功した。釜石と八幡の事例は、近代製鉄技術の移植にさいして、現地の条件に暗い外国人技術者にすべてを任せることの危険性と、日本人技術者との協力関係の重要さを示すものといえよう(59)。

八幡製鉄所の原料鉄鉱石は、当初国内産のものを用いる予定で、新潟の赤谷《あかや》鉱山の開発がすすめられていたが、間もなく方針を転換して中国の大冶《ターイエ》鉄鉱石の輸入に大きく依存するようになった。製鉄所の立地については、もともと近くに石炭産地があることが考慮されて八幡に決められたのであるが、結果的には外国産鉄鉱石の輸入にも便利な立地となった。

政府は大冶鉄鉱石を安定的に確保するため、一九〇四年、資金難にあえぐ大冶鉄山の経営者盛宣懐に、日本興業銀行から三〇〇万円の借款を与えたのを手はじめに、以後大蔵省預金部の資金を利用しながら、繰り返し多額の借款を与えた。大冶鉄山は、清国政府が一八九八年に建設した漢陽製鉄所の原料調達用に開発されたものであったが、賠償金支払いなどによる財政難のために、盛宣懐が漢陽製鉄所ともども引き受けて、民間資金を投入して経営していた。しかし、この借款契約によって、盛宣懐は安い価格で鉄鉱石や銑鉄の提供を義務づけられたため、第一次大戦中の鉄鋼ブームの恩恵に浴すこともできなくなり、漢陽製鉄所も経営破綻に追い込まれていくことになる。

八幡製鉄所よりも先に出発した漢陽製鉄所が、八幡製鉄所への原料供給者へと転落した原因の一つが、清国政府の賠償金支払いによる財政難にあったこと、そして、まさにその賠償金を基礎に八幡製鉄所が建設されたことを想起すると、日清戦争が両国の工業化に与えたインパクトの大きさがうかがえよう。

恐慌で始まる企業集中

ここまで、日清戦後の企業勃興のデータの吟味を手掛かりに、主要な産業の発展ぶりを日露戦後まで見通しながら述べてきた。資本制企業の発展は、景気の変動をつうじてしか行われない。日清戦後の企業勃興は、その発展のなかに、やがて日清戦後恐慌をひきおこす要因を成熟させていった。まず、凶作による米穀輸入の急増から起こった金融逼迫という、一八九七〜九八年の中間恐慌は、政府・日銀の救済策でいったんは収まったが、そのあと、一九〇〇〜〇一年には紡績業を中心に恐慌が本格化した。

好況のなかでの輸入綿花価格と女工賃金の上昇は、しだいに紡績資本の経営を圧迫するようになった。そうしたときに金融逼迫が資金力の脆弱な紡績資本を直撃して、綿糸の投げ売りを生じさせ、市場の限界を超えていた過剰生産の実態を暴露した。綿糸相場の崩落は、多量の綿糸を買い込んでいた機業家に莫大な損失をもたらし、恐慌は綿織物業を巻き込んでいった。(60)

この金融逼迫は、石炭業者や中小鉄道会社の経営にも打撃を与え、製糸業も世界恐慌の影響で一時的な輸出不振に陥った。しかし、造船業や海運業などでは恐慌の影響は少なかったから、日清戦後恐慌が、はたして経済全体を巻き込んだかどうかは疑問としなければなるまい。

一九〇〇年世界恐慌が、ロシアからはじまりヨーロッパ全体に広まりながら、アメリカではこのときは中間的なものに終わり、遅れて〇三年に出現した本格的恐慌も軽微なものであったことが[61]、日本の対米生糸輸出の不振を、一時的で軽微なものにしていたことも留意されるべきだろう。

一九〇〇年世界恐慌をつうじて、アメリカやドイツなどでは独占体制が確立したといわれている。アメリカでは、一八九三年恐慌の打撃による再編をつうじて、鉄道企業はモルガン商会とクーン・ローブ商会という二大金融独占のいずれかの支配下にしだいに入るようになり、鉄鋼業では一九〇一年にモルガン系の巨大トラスト、U・S・スチールが設立されて支配権を握った。ドイツでも、一八九三年以降つぎつぎと、石炭・銑鉄・製鋼企業のカルテルが形成されて、各段階を統合した大混合企業が生まれた。〇四年、ベルリンの大銀行との密接な関係のもとで製鋼企業連合が形成されて、組織的独占の体制が確立した[62]。

産業革命期の日本については、独占体制の確立を語ることはむろん早すぎるが、一九〇〇〜〇一年恐慌が、銀行業や綿紡績業などでの企業集中を促進したことは、すでに指摘したとおりである。

3　階層分化と出世回路

農村地域を巻き込む産業革命

以上、日清戦争から日露戦争の間の時期における産業革命の進展を、産業部門別に検証してきたが、次にその地域的な広がりをみることにしよう。

官民の工場・鉱山の賃金労働者の地域別絶対数と、その分布密度（地域の現住人口一万人あたりの賃金労働者数）を示すと、第9表のようになる。

これによれば、ほぼ産業革命の終了時点にあたる一九〇九年には、のちの京浜・中京・阪神・北九州のいわゆる四大工業地帯が、南関東・東海・近畿・北九州の四地域にもっとも多くの鉱工業労働者が集中するという形で、いちおうその輪郭をあらわしている。とはいえ、内容的にはまだ工業地帯としてのまとまりがないだけでなく、それ以外の地域にも労働者が多数分散していることが注目される。

産業革命の開始時点にあたる一八八六年には、器械製糸場の集中する東山地域に、近畿・南関東の両地域を上回る数の労働者がみられる。一九〇〇年にかけて、各地域とも労働者数が急増するが、綿紡績業の中心地近畿と石炭産業の盛んな北九州地域での増加がとくに目立つなかで、分布密度は東山地域が依然として最高水準を維持していた。一九〇九年、はじめて近畿・北九州の両地域が、分布密度においても東山地域を上回り、鉱工業の中核的地域と

第9表　地域別鉱工業賃労働者と分布密度　（カッコ内＝現住人口1万人当り）

	1886年	1900年	1909年
北海道	1,126(35)	18,458(201)	26,836(192)
東北	13,417(32)	37,027(76)	77,855(147)
北関東	1,462(6)	17,853(65)	47,855(155)
南関東	18,708(40)	62,708(120)	173,617(269)
北陸	3,087(8)	29,203(77)	70,145(181)
東山	21,513(88)	54,193(201)	93,623(321)
東海	4,651(14)	48,371(129)	114,555(274)
近畿	20,919(39)	105,052(173)	233,786(336)
山陰	2,386(22)	12,357(110)	10,494(91)
山陽	2,290(7)	34,703(99)	63,108(168)
四国	580(2)	20,461(69)	39,771(129)
北九州	12,212(29)	78,609(159)	183,861(337)
南九州	21(0)	9,017(57)	15,836(88)
沖縄	0(0)	630(13)	2,099(42)
計	102,372(26)	528,642(118)	1,153,441(231)

出典：石井寛治「地域経済の変化」（佐伯尚美・小宮隆太郎編『日本の土地問題』東京大学出版会、1972年）
備考：1)南関東は東京・埼玉・千葉・神奈川、東山は長野・山梨・岐阜、東海は静岡・愛知・三重、山陽は岡山・広島・山口、南九州は宮崎・鹿児島を指す
2)原資料は、各年次の『帝国統計年鑑』『農商務統計表』および『全国工場統計表』（1900、1909年）

しての地位を確定する。南関東・東海の両地域は、分布密度の点では東山地域に及ばなかった。

このことは、日本の産業革命が、国家および都市商人資本が主導する、大都市の官民重工業と民間綿紡績業などの発展だけでなく、広く地方の都市と農村における在来の製糸業や織物業、あるいは鉱山業などの資本主義化と併行していたことの結果であるといえよう。四大工業地帯が形成されるのは、第一次大戦期以降、重化学工業の発展が

大都市中心に進展するようになってからのことである。

近代都市での人口漸増

日本の産業革命が大都市だけでなく、地方都市や農村地域を広く巻き込んで進展したことは、近世以来の都市の発達とあいまって、日本における近代都市の成立過程に大きな影響を与えずにはおかなかった。市部人口が総人口に占める比率の推移をみると、一八九〇年当時の九・六％（四二市）が、一八九八年には一二・二％（五一市）、一九〇八年一六・〇％（六六市）へと増加している。対象市数が増加しているので、都市人口は「漸増」した、と評価できるだろう(63)。

対象都市を、最初の国勢調査（一九二〇年）のさいの、人口規模二万以上、農業有業人口比率三〇％未満という一五七地域（北海道を除く）に限定して、それらの都市人口の対総人口比の推移を調べた研究によれば、一八八九年の一三・一％が、九八年一四・八％、一九〇八年一七・九％へと、徐々に増加している。また、それらの都市人口の増加率は、一八八九～九三年には九・四％（五年率換算）だったのが、九三～九八年一五・〇％、一八九八～一九〇三年一六・四％、〇三～〇八年一六・三％へと上昇し、三・二ないし四・六％という、同時期の郡部の人口増加率を大きく上回っている。

もっとも、地方の中核都市の人口増加率は、大都市や地方小都市の増加率を下回っており、一八九三年頃までは農村人口の増加率と大差なかったが、その後は中核都市を含めて都市人口が急増した。そのなかには地方産業の発展の拠点となった都市が多く含まれていた(64)。問題は、都市人口の増加の中身が、外部からの流入という社会増によるのか、それとも都市内部で出生率が死亡率を上回った自然増の結果なのか、ということである。

江戸に代表される近世の大都市は、死亡率が出生率を上回り、継続的な流入によってのみ人口が増加・維持されるという、まさに「蟻地獄」のような場所であった。もっとも、日本近世の都市のゴミと屎尿《しにょう》の処理システムはよく整っており、入浴習慣が伝染病の蔓延《まんえん》を抑えていたから、同時期の西ヨーロッパ諸都市にくらべれば死亡率は低かった。幕末の江戸では日雇いや、商品をてんびん棒にかついで売り歩く棒手振《ぼてふ》りなどの雑業労働への需要の増加が、下層民の家族形成を支え、出生率を押し上げつつあったともいわれるが、それでも自然増が定着するまでにはならなかったであろう(65)。

幕末維新期には、急性伝染病とくにコレラが、不衛生な飲料水のため何度も流行し、一八七九、八六年の大流行では、全国で一〇万人以上のコレラ死者を出したから、都市の衛生状態の改善は急務であった。つまり、近代都市の成立とは、上下水道や道路などが整備され、伝染病防止のための公衆衛生の行政制度が整えられることによって、人口の自然増が保証されることを意味する。日本の都市の自然増加水準がプラスの状態に維持されるようになるのは、一九〇〇年以降だといわれている(66)。

浄水処理を施した水を、鉄管などで供給する近代的上水道のシステムを最初に完成したのは、一八八七年、横浜で、つづいて函館・長崎・大阪が水道敷設を行い、さらに広島・東京・神戸・岡山・下関などでも上水道が開設された。もっとも、すべてをあわせても、一九〇七年当時の上水道による給水人口は二一三万人で、日本の総人口の四・三％にすぎなかった。

一八九九年の条約改正の実施にともない、日本独自の海港検疫がようやく実施される。これで、海外からのコレラの侵入が水際で阻止され、開港場を中心とする大都市でのコレラ流行を終息に向かわせたが、全国各地とりわけ農村での赤痢の流行までは抑えられなかった。しかし、都市の近代的水道敷設、開港場での検疫実施の二つが、一九〇〇年代における都市人口の自然増をもたらす大きな要因となったことは疑いない。

東京市のばあいは、市内だけで一万〇八一三人もの死者を出した一八八六年のコレラ大流行のさい、とくに日本橋区・神田区・京橋区など、家々が密集し、裏長屋の住民が井戸および便所を共用しているスラムに患者が多発したことから、上水道の敷設が緊急課題とされ、東京市は九〇年に五ヵ年計画で上水道を敷設することとした。それに必要な大量の鉄製給水管は輸入が当然とされていたが、国産品を使用すべしとの業者の圧力も強く、結局日本鋳鉄会社が落札した。ところが、同社は納期が遅れたうえ、不合格品を合格品と偽って納入して市会議員に贈賄したため、裁判沙汰となり、工事の完成は一八九九年までずれ込むことになったという。先に野呂景義が東京市水道鉄管納入事件に巻き込まれたと記したが、野呂は日本鋳鉄会社の顧問技師だったのである[67]。

拡大する地主制と巨大地主の欠如

産業革命の全期間での都市人口増加が、さほどドラスティックなものではなかったということは、一つには都市における自然増がなかなか定着しなかったためであるが、同時に、農村から都市への流入による社会増が限定されていたからであった。

農村では商品経済が浸透するにつれて、市場での競争に敗れて没落する者が続出したが、一家をあげて都市へ移ろうにも、一家が生活できるような有利な働き口は都市にもあまりなかったからである。

この時期に農家戸数が、五五二万戸（一八八八年）、五四九万戸（一九〇八年）と、ほとんど変わらないのは、都市へ流れ出た者が単身の形であったことを示している。逆に、農村には、製糸業や織物業のような農家副業や農村工場が広まりつつあり、鉱山には、危険はともなうが一家が暮らせるだけの高賃金の仕事の口があった。

大都市周辺の農村からは都市への流出が多いといわれているが、たとえば、大阪府に隣接する奈良県では、一九〇〇年代に減少したのは、山間・山麓地域の農村労働力であって、問屋制家内工業の形で綿織物業が盛んな県内平坦地域では労働力はとどめおかれており、一九一〇年代前半に問屋制家内工業が衰退するにつれて、ようやく平坦地域からも農村労働力が流出するようになる[68]。

農村で没落した者は、都市や鉱山へ流出するよりも、農村にとどまって地主から土地を借りる零細小作人としての道を選ぶのが普通であった。もちろん、そのばあいには、高率の現物小作料を支払いながら一家が生活するわけであるから、それまで以上に働かなくてはならない。

小作人の生活は、老人や子供を含めて一家総出で狭い小作地を耕すとともに、あらゆる副業や出稼ぎの機会をとらえて現金収入を獲得するという一種の過剰就業によってかろうじて支えられていたのであり、資本主義の発展はそうした就業の機会を提供した。山梨県のある地主の小作料取立ての日誌に、年末に小作料を納めきれない小作人が、諏訪地方の製糸工場で働く娘が年末に持ち帰る賃金によって残りを支払いたいと頼んだ、とある。まさに資本主義の発展と農村の地主制が、互いに支えあっているのである[69]。

筑豊の炭坑では、日清戦後になると、農閑期の出稼ぎ坑夫や近傍からの通勤坑夫にかえて、専業坑夫を雇う方針がとられたが、専業坑夫として農村から鉱山へと家族ぐるみで流れ込んだのは、小作人や零細商工業者としての生活が、なんらかの事情でつづけられなくなった者だったと指摘されている[70]。

産業革命期をつうじて、こうした地主―小作の関係が全国の農村に広がっていった。全国の耕地に占める小作地の比率は、一八七二年の地租改正時の推定二七%から八八年には平均四〇%になり、さらに一九〇八年までに平均四六%の水準へと上昇し、先進地と後進地の間でみられた大きな格差は解消した。一八八六年の調査によれば、所有地価一万円以上という近畿・西日本では二〇〜三〇町歩（＝ヘクタール）以上、東北・南九州では五〇〜八〇町歩以上の大地主が、全府県で一般的にみられた。政府は彼らに郡会議員定数の三分の一を優先的に与え、貴族院に府県ごとの多額納税議員の制度を設けて、大地主に議員の地位を与えるなど、彼らを支配機構の一翼に組み込んでいった[71]。

もっとも、当時の一万円以上地主五四〇三人の所有総地価が、民有地総地価に占める率をみると、わずか六・四%、ロシアやイギリスのように、巨大地主が土地の圧倒的な部分を所有しているのではないことが注目される[72]。これは、ロシアやイギリスの巨大地主の多くが、封建領主の系譜を引いているのに対して、日本の地主はほとんどがそうでなかったためであろう。日本の封建領主階級は、明治維新の変革のさい、領有権を金禄公債に転換して地主に変身しなかったため、もしも大名クラスが地主に転換していたならば生まれたはずの巨大地主は、日本にはついに誕生しなかった。

「田舎紳士」でも「富豪専制」でもなく

日本産業革命がまさにはじまりつつあった一八八七年二月、徳富蘇峰(一八六三〜一九五七)は、姉初子の夫でキリスト教社会運動家湯浅治郎(一八五〇〜一九三二)の協力を得て、雑誌『国民之友』を創刊、翌八八年の誌上にいわゆる「田舎紳士」論を発表した。この田舎紳士とは、上州安中《あんなか》で養蚕・製糸業を営む湯浅のような豪農層を指しており、蘇峰は、いまや普通教育と徴兵制度の普及によって知的・軍事的独自性を失った士族とも、政府に従属して「その筋の御意を得るに長じて奇利を博する」だけの商工業者とも異なる、田舎紳士=豪農こそが「一国の中等社会を組織する重なる要素」として「平民社会」を形成し、間もなく「平民すなわち政治世界の主人公」となるに違いない、と論じた。

だが、蘇峰が期待したような豪農の自律的発展のコースは松方デフレのなかで挫折、上州の豪農層が主導する組合製糸の発展も、日銀融資に支えられた横浜生糸売込問屋の前貸し金融抜きにはありえないものへと転換した。初期議会に登場した豪農層はしだいに地主的利害の代弁者と化し、蘇峰のいう「平民主義」はついに実現しなかった。

一八九三年七月の『国民之友』は、「富豪」の勢力増大を歓迎し、「富豪専制の時代ようやく近からんとす、これむしろ喜ぶべきなり。有司《ゆうし》〔少数の役人――引用者〕専制去りて、富豪専制来り、富豪専制去りて、平民の天国はじめて来たる。吾人は富豪専制をして平民の天国に近づける杜鵑《とけん》〔ほととぎす――引用者〕の一声として喜ぶものなり」と論じた。「平民主義」の担い手として考えた豪農層が期待はずれに終わったせいか、今度は富豪たちに期待し、その先に「平民の天国」を展望するという苦しい論旨になっている。

日本での産業革命の展開は、否応なしに一群の富豪の存在を前提とし、彼らのさらなる蓄積を可能としていった。彼らは多かれ少なかれ政府の殖産興業政策とつながっており、その点で蘇峰が批判したタイプの商工業者と同様であった。そうしたことを考えれば、「富豪専制」が政治家の「有司専制」にとってかわること自体も怪しいし、ましてその先に「平民の天国」がくるなどというのは、まったくの幻想にすぎなかった。

では、当時の富豪とは、一体どのような人々だったのであろうか。ここでは、本書第一章「外資排除のもとでの民業育成」でも簡単に言及した、所得税が利子や配当を含む個人総合所得に課せられた時期のデータを利用して、高額所得者の大多数が集中していた東京・大阪・横浜についてみよう。

第10表（一八八頁）には、日清戦後の一八九八年（明治三一）当時の、所得額が七万円以上の二六人を順に並べたが、民間ブルジョアジーでは、岩崎一族（三菱）と三井一族が断然他を引き離しており、住友・安田・大倉といった諸財閥もそれにつづいていることがわかる。同時に注目されるのは、前田家・島津家・毛利家といった大名華族が、これら財閥ブルジョアジーに並ぶトップクラスの高額所得者であることである。華族は旧領地を離れて東京に移住させられたため、この表の二六人のうちに、なんと一二人が名を連ねている。大名の家計は一八六九年の版籍奉還のさい藩財政から分離され、大名家は貢租収入の一〇%を家禄として入手、維新変革の功績によっては多額の賞典禄をも入手し、彼らは競って資産増殖につとめた。そうした蓄積と、七六年の秩禄処分によって入手した多額の金禄公債が、大名家の経済基盤をなした。大名華族の経済的地位は、民間ブルジョアジーのように急上昇することはないが、貴族院議員としての政治的特権とともに無視できない重要性をもっていた。

財閥ブルジョアジーに続く民間高額所得者には、鉄道投資で著名な雨宮敬次郎（一八四六〜一九一一）、大阪財界のリーダー第百三十銀行頭取松本重太郎、東京だけでなく全国財界のトップリーダーの第一銀行頭取渋沢栄一、大阪の米穀商で多額の株式投資をしていた阿部彦太郎（一八四〇〜一九〇四）らが並んでおり、その下に横浜の売込商たちと、足尾銅山の古河市兵衛がおり、近世大阪の最高の資産家で鴻池銀行を経営する鴻池家（十一代善右衛門、一八六五〜一九三一）の姿もみえる。

これらの高額所得者が、徳富蘇峰のいう「富豪」の代表格だったといえよう。ここには三都市以外の地方の高額所得者の名前はないが、日本地主制を代表する千町歩地主の一人、新潟の市島《いちじま》家（八代徳次郎、一八四七〜一九一七）の一八九八年の所得は三万六〇五七円であったから、(73)全国各農村の大地主たちは、所得額でみる限り、本表の大都市「富豪」群に次ぐグループに属していたことになる。

所得税が最初に課せられた一八八七年度に、所得三〇〇円以上と査定されて所得税を納めた者は、全国で一一万九二九六人、うち一万円以上の所得者は三一五人で三五府県にわたっていた。そのうちでも三万円以上の高額所得者となると、わずか六三人だけが一〇府県に散らばり、五二人が東京と神奈川に集中していた。それが、九八年度になると、所得三〇〇円以上の者が一九万五二九二人と一・六倍に増え、一万円以上が八六一人（二・七倍）、さらにそのうち三万円以上の者も一六二人（二・六倍）に急増し、二三府県にわたって存在するようになっている。(74)

町村レベルでいうと、八九年の町村合併で誕生した新町村一万三三四七（四二の市数は除外）には、平均で八人台の所得税納入者がいた勘定になる。群馬県碓氷郡九十九村では、八九年当時、寄生地主化しつつある所得一〇〇〇円台の豪農一人と、五〇〇円台の醸造業者一人のほかに、三〇〇円台の養蚕製糸を営む豪農六人、合計八人が所得税を納めていた。(75)

第10表　東京・大阪・横浜の高額所得者　(円)

	氏　名	所　在	1887年	1898年
1	岩崎久弥*	東京	947,260	1,213,935
2	三井八郎右衛門*	東京	(150,000)	657,038
3	前田利嗣	(石川)	145,543	266,442
4	住友吉左衛門	大阪	77,351	220,758
5	島津忠重	(鹿児島)	111,116	217,504
6	安田善次郎*	東京	40,220	185,756
7	毛利元昭	(山口)	173,164	(185,069)
8	大倉喜八郎*	東京	35,235	143,152
9	徳川茂承	(和歌山)	74,842	132,043
10	松平頼聡	(香川)	57,153	125,856
11	浅野長勲	(広島)	57,240	120,072
12	徳川義礼	(愛知)	72,586	116,323
13	雨宮敬次郎	東京	(20,000)	110,196
14	松本重太郎	大阪	(20,000)	110,076
15	鍋島直大	(佐賀)	50,591	109,093
16	細川護成	(熊本)	98,354	104,712
17	山内豊景	(高知)	53,920	99,804
18	渋沢栄一	東京	97,316	93,460
19	阿部彦太郎	大阪	(20,000)	90,453
20	原善三郎	横浜	51,211	87,538
21	黒田長成	(福岡)	51,233	87,215
22	古河市兵衛	東京	30,134	83,291
23	茂木惣兵衛*	横浜	53,022	76,493
24	尚泰	(琉球)	27,482	76,042
25	鴻池善右衛門	大阪	60,354	75,537
26	渡辺福三郎	横浜	41,180	71,214

出典：石井寛治「成立期日本帝国主義の一断面」(『歴史学研究』383号、1972年)。一部補充

備考：1) ＊は、一族の合計値。所在の (　　) は、大名としての旧領地
　　　2)所得額の (　　) は推定値。1887年の (20,000) 円は多めの推定

本書第一章の4節で触れたように、この村では松方デフレ期に、農民層に激しい分化が生じ、一方の極に土地を失った小作貧農が増加し、他方の極には所得三〇〇円以上の階層が生み出されたのであった。一八九〇年代をつうじて、そうした所得税を支払う階層の者が全国的に増えていき、とくに高額の所得者が急増しつつあったとすれば、それは、農村と都市の双方において、階層分化がいっそう進んだことを示すものであろう。

階層を貫く出世回路＝教育

このように、産業革命の進展は、市場経済を全国の隅々にまで浸透させ、競争原理を行きわたらせた結果、貧富の差を拡大し、階層間の対立を生み出していった。一八九七年に最初の労働組合である鉄工組合が東京砲兵工廠や新橋鉄道局工場などで結成され、一九〇〇年には治安警察法が制定されたことは、労資間の対立の高まりを象徴していた。しかし、貧富に基づく階層差は、近世社会にみられた身分差などと異なり、決して固定していない点に特徴がある。階層間を上昇する者と没落する者が互いに交錯するなかで、全体としての階層差が開いていったのである。

階層間での個人の上昇の回路として重要な役割をはたしたのが、近代教育の制度であった。以下、この点を、教育史の分野での研究成果[76]によって述べよう。

まず同世代の人口に対する在学者の比率をみると、一八九五年の初等教育の実質就学率（就学率×日々出席率）が四八・五％まで上がっていたのに比べて、中等教育（一二〜一六歳）一・一％、高等教育はわずか〇・三％であった。一九〇五年になると、それぞれ、八五・一、四・三、〇・九％へと上昇し、さらに一〇年には、九〇・六、一五・九、一・〇％へと上昇しているが、中等段階以上の学校で教育を受けるチャンスは依然として限定されていた。それは学校の数が少なかったためでもあるが、そうした学校へ通わせるための教育費を負担できる者が限られていたためでもあった。

一八九八年当時の東京での学生生活には、少なくとも毎月一〇円かかったというから、年間所得三〇〇円以上という所得税納入者でもない限り、子弟の学費を負担することは難しかったであろう。ちなみに、当時の帝国大学卒業生の初任給は、司法官で年俸三〇〇円、行政官で四五〇円から六〇〇円程度といわれるが、これらは高給取りであり、一九〇六年に早稲田大学を卒業した石橋湛山の回顧によれば、当時月給二〇円（＝年二四〇円）もらえる東京の就職口はほとんどなかったという(77)。

一九〇七年に義務教育の年限が六年に延びる前は、尋常小学校四年の義務年限を終えて中学へ進む者は、まず高等小学校へ進まなければならなかった。兵庫県の農村の医者の家に生まれ、一八九九年四月に高等小学校に入学するため親戚の家に寄寓したことのある和辻哲郎は、「当時の子供は、高等小学校へ入る時にその生れた土地から引離され、それまでとは異なった次元の交友関係を作るように仕向けられたのであるが、その場合友人となるのは、村々で幾分余裕のある家、つまり地主とか、お寺、お宮、医者などのような知識階級に属する家とか、とにかく一般の農民とはいくらか異なった階層に属する家の子であった(78)」と回顧している。

このように、中等教育さらには高等教育を実際に受けることのできた者は、ごく限られていたとはいえ、制度的には、どの地域のいかなる階層の者も、最高学府としての帝国大学へ進む道が開かれていたことの意義は大きかった。帝国大学では一八八六年の創設から九二年までの全卒業生一二九七人の七七％が、官庁ほかの公的部門に就職し、法科大学卒業生累計二五〇人の九〇％近くが官僚になった。しかし、一九〇二年までをとると、東京帝国大学法科大学の卒業生累計九六四人のうち官僚が六八％に減り、銀行会社員が一七％を占めるようになる。これは大銀行や財閥系大企業を中心に、「学校出」の採用が制度化されはじめたことを反映していた。

一九一四年刊の錦谷秋堂《にしきやしゅうどう》著『大学と人物』は、「第一流と称せらるる大会社大銀行の重役連は大抵慶応と赤門出をもって占めている。而して支配人とか課長とかになると必ず高商派の有に帰しているから面白い。トハ云っても必ずしも一ツ橋出身者に第一流の実業家が居ないという訳ではない」と、東京帝国大学の卒業生が、慶応義塾の出身者や東京高等商業学校(後の一橋大学)の卒業生に伍して経済界で活躍しつつあることを記している。

階層間を縦に貫く「立身出世」ルートが存在した日本社会は、貴族主義的特権の強かったドイツやイギリス、あるいは人種や宗教による差別のあったアメリカにくらべて、エリートのリクルート基盤が広がっていた点でより優れていたが、そのことは教育の成果が優れていたことをただちに意味しない。むしろ、エリートとして生き残るための保身の術のみ優れた、没個性的・非主体的な「人工的エリート」が大量に生み出されたのである。[79]

日露戦争までの日本をリードした政治家・軍人・官僚たちは、大学教育は受けていなかったが、明治維新の動乱と変革にみずからかかわった体験をもっており、優れた現実感覚の持ち主が多かった。これに対して、帝国大学において「生産された職業的官僚は、一九〇〇年以後官僚機構の中枢を占め、一九一〇年代には頂点にあふれ出る」[80]といわれていたが、彼ら大学出の官僚と政治家が主導する日露戦後さらには第一次大戦以降の日本がいかなる危険な方向に突きすすんだかは、改めていうまでもなかろう。

4　総力をあげての戦い

京都無鄰庵での政府首脳の決断

一九〇三年（明治三六）四月二一日、首相桂太郎（一八四七〜一九一三）と外相小村寿太郎（一八五五〜一九一一）は、元老伊藤博文（一八四一〜一九〇九）に同道して、元老山県有朋（一八三八〜一九二二）をその京都の別邸無鄰庵《むりんあん》に訪ね、緊迫の度を加える対露交渉の根本方針について議論した。

ロシアは四月八日期限で約束していた「満州」（中国東北部）からの第二期撤兵をなかなか実行しないばかりか、鴨緑江一帯を占領し韓国内へ侵入しつつあった。それに対して、山県らは、「日本は露国に対し、満州においては譲歩するところあるも、韓国においては充分の権利を要求すべく、たとい戦争を賭するも、わが要求を貫徹せざるべからず」という方針を決定した。

この後、六月二三日に上記四人に残りの三元老、大山巌（一八四二〜一九一六）・松方正義（一八三五〜一九二四）・井上馨（一八三五〜一九一五）、それに海相山本権兵衛（一八五二〜一九三三）と陸相寺内正毅（一八五二〜一九一九）を加えた九人が、明治天皇（一八五二〜一九一二）の御前会議に出席し、満州においてはロシアに譲歩しても、「韓国は、その一部をもいかなる事情あるにかかわらず露国に譲与せざること」という小村外相の対露交渉案を決定するが、それは無鄰庵会議における結論の追認であった。[81]

ここで第一に注目されることは、無鄰庵での会議が、陸海軍の責任者抜きで行われていることである。もちろん元老山県が陸海軍の意見を代弁したということもできるが、現役の大臣ではないし、首相経験者としての山県が、ここでは政治家として相談に与かっていたとみるべきだろう。この時期には、まだ独自の政治勢力としての軍部は成立しておらず、その点で日露戦後とは異なっていた。

第二は、ロシアとの交渉にさいして、絶対に譲ることができず、危険きわまりない対露開戦を賭してまで守ろうとしていたものが、韓国における日本の帝国主義的利権だったことがここで明示されていることである。利権の中心は、前述した鉄道や銀行への投資であり、釜山や元山あるいはソウルなどの居留地の日本人数も、一八九五年の一万人台から一九〇三年には三万人弱へと急増していた。日露戦争に踏み切っていくさいの日本側の最大の要因は、日清戦争時のような国内対立よりも、国外に獲得した利権にあったのであり、それがロシアの膨張政策によって危機に瀕したことが、戦争を決断する最大の契機であった。

巨大な軍事力をもつロシアに対して、日本政府がそこまで強気の姿勢で満韓問題について交渉してくることができた背後には、一九〇二年一月に結ばれた日英同盟があった。

世界最大の海軍力を誇るイギリスは、その栄光ある孤立を捨てて日本との同盟に踏み切っていた。列強が大型装甲艦による艦隊建設に乗り出したため、イギリスは東アジアでロシアと対決するだけの艦隊を単独で編成できなくなっており、折からイギリスの民間造船所に多数の大型装甲艦を注文していた日本の海軍力の利用を思いついたのであった。日英同盟の締結は、満州の門戸開放を求めるアメリカの姿勢とあいまって、ロシアに満州独占の計画をひとまず思いとどまらせた。それでも、ロシアに日本の韓国独占＝単独支配を認めさせることはできなかった。

こうして、小村外相による対露交渉が行われたが、日本とロシアのそれぞれが、韓国ないし満州の単独支配を唱え相手の満州ないし韓国支配を否定するという、それ自体としてもきわめて身勝手な主張をした以上、妥協の成り立つ余地は小さかった。とくにロシア側での満州撤兵論者であるウィッテと、日露協商論者の伊藤が、いずれも一九〇三年七〜八月に失脚し、軍事力による恫喝外交を推進してきた帝国主義者たちが、それぞれ交渉の前面に立ったことは、もともと困難な妥協を不可能にしたといってよい(82)。

小村外相の対露高姿勢の背後には、官民あげての開戦世論の沸騰があった。一般的にはブルジョアジーは開戦に消極的であったが、彼らも韓国の支配にはこだわっていた。それは、三井財閥の理事高橋義雄が、「朝鮮における帝国の権威利権を無視するものあれば、日本は干戈《かんか》もあえて辞するところにあらず」と論じていることから明らかである。

熱狂的に開戦を支持したのは、むしろ民衆の一部であり、彼らは産業革命の波に巻き込まれ没落の不安に脅えながら、政府の韓国経営に望みをいだき、その機会を日本から奪おうとするロシアの南下政策にいきり立っていた。(83)その意味では、このときの日本の民衆の多くは、台湾から韓国へと植民地支配の拡大を当然のこととして期待する、帝国主義的心性の持ち主になっていたというべきであろう。

しかし、国民が本心からすすんでロシアと戦いたいと思っていたわけではない。立憲政友会幹部の原敬《はらたかし》（一八五六〜一九二一）は、開戦直後の二月一一日の日記にこう記す。「我国民の多数は戦争を欲せざりしは事実なり、……山県の内心は知らず、松方は論ずるに足らず、伊藤《いとう》、井上は非戦論なるも明かにこれを主張するものにあらず、而して一般国民中実業者はもっとも戦争を厭うも表面にこれを唱うる勇気なし、かくのごとき次第にて国民心ならずも戦争に馴致《じゅんち》せし〔引き込まれた――引用者〕ものなり、政府中には自己の功名のため主戦論をなす者もあらんが、実は真に戦争を好まざるもの多数なりしと思わるれども、これまた表面強硬を唱えたる結果、引くに引かれざりしならん(84)」。

このとおりだとすれば、純軍事的観点から早期開戦を叫ぶ軍関係者は別として、熟慮の上で開戦を積極的に決断した政治家の不在のまま、宣戦布告が行われたことになろう。そして、伊藤や井上が公然とその「非戦論」を唱えられない内的理由は、ロシア帝国主義に韓国の利権を奪われたくないという、帝国主義者としての心性を「主戦論」者と共有していたためであったといわなければならない。

英米と独仏のための代理戦争

日露戦争は、一九〇四年二月の日本海軍による仁川港と旅順港での奇襲攻撃に始まり、〇五年一月の旅順要塞の陥落、三月の奉天会戦での勝利、五月の日本海海戦でのバルチック艦隊撃滅をへて、六月の米大統領T・ローズヴェルトの講和勧告によって終了するが、この戦争の詳しい経過については省略しよう。一言でいえば、日露戦争は、日本が米英両国、ロシアが仏独両国から資金援助を受け、日露両国とも輸入兵器に頼ることによって後発帝国主義国としての資金的・技術的限界を大きく踏み越えたという戦争であり、その意味では一種の代理戦争としての性格をもっていた。

戦費についてみれば、日本側の総戦費一七億一六〇〇万円のうち六億八九五九万円はロンドンとニューヨーク（四回目の外債募集にはベルリンも加わる）での外債手取り金であり、ロシア側の総戦費は日本のそれを二五％上回る二〇億七七七八万ルーブリで、そのうち六億三四四〇万ルーブリがパリとベルリンにおいて発行された（長期）外債手取り金であった[85]。

日本の外債発行の交渉を担当した日本銀行副総裁高橋是清（一八五四〜一九三六）は、多大の苦心の末、香港上海銀行とパース銀行および横浜正金銀行から第一回六分利付公債五〇〇万ポンドをロンドンで発行し、ニューヨークでもクーン・ローブ商会を中心に五〇〇万ポンドを発行することに成功し、以後数回にわたって外債発行を繰り返した。

最近の研究によれば、高橋は金融業者相互の交渉には関与できず、実際にはロンドンとニューヨークにおける同時発行を可能にさせたのは、ロンドンのマーチャント・バンカーであるカッセル卿が、同じユダヤ人として懇意なシフ（クーン・ローブ商会）をレベルストック卿（ベアリング兄弟商会）に引き合わせ、彼らの間で日本公債を引き受ける話がまとめられたからであった。ロンドンでは上記三発行銀行と、仲買商のパンミュア・ゴードン商会が折半で引き受け、数多くの有力マーチャント・バンカーが下請けの形で参加したという[86]。ニューヨークでもクーン・ローブ商会が、ナショナル・シティ・バンクとバンク・オブ・コマースと協力して引受けシンジケートを結成し、ミューチュアル生命保険会社やエクイッタブル生命保険会社などにも引き受けてもらい、ロンドンのベアリング兄弟商会とカッセル卿にもそれぞれ三〇万ポンドを引き受けてもらった結果、同商会自身は三九万ポンドの引受けですんだことが明らかにされている[87]。

こうした経緯があったからこそ、日本政府は一九〇五年一月に、公債募集の功績について、シフと香港上海銀行のサー・ジャクソンにそれぞれ勲二等を贈ったのに対して、表面に出なかったレベルストック卿には勲一等を贈ったのであろう[88]。

金融面での援助元が、少なくとも最初のうちは、日本はロンドン金融市場、ロシアはパリ金融市場と明確に分かれていたのに対して、兵器とくに陸軍兵器面での関係は交錯していた。すなわち、海軍については、日本海軍の主力艦は前掲第3表でみたように、ほとんどすべてイギリス製であり、艦載砲の多くもイギリスからの輸入に頼っていたのに対して、(89)ロシア太平洋艦隊＝旅順艦隊の戦艦七隻のうち、フランスとアメリカに注文した二隻を除く五隻、第二太平洋艦隊＝バルチック艦隊の戦艦八隻全部が、フランス式戦艦を模倣してロシア海軍工廠において建造された。(90)一方、日本陸軍の三十一年式速射砲は、クルップ社（ドイツ）とシュネデル社（フランス）から大量に輸入して、戦争直前にようやく全砲兵隊への装備が完了した。(91)

臨時軍事費で輸入された陸軍砲兵工廠用の兵器材料六八八七万円についても、ドイツからの輸入品が四二％を占めて、イギリスからの三四％を上回っていた。もっとも、クルップ社に注文した兵器と材料については、同社がロシアへの供給を優先して日本への注文品到着を故意に遅らせたという説もあるから、(92)兵器メーカーがまったく無差別に日露両国に兵器を供給しつづけたわけでもなさそうである。機関銃は、日本はフランスの空冷式ホチキス機関銃を採用していたが、ロシアはイギリスの水冷式マキシム機関銃を採用して、軍事同盟とは逆の関係までみられた。(93)

こうして日露戦争は、日露両国民衆が、先進諸国から輸入した最新式兵器をもって互いに血を流しあう、兵器実験の場ともなったのである。

バルチック艦隊旗艦の戦艦スワロフ（上）〔『世界の艦船　ロシア／ソビエト戦艦史』〕と、連合艦隊旗艦の戦艦三笠（下）〔『日本近世造船史』〕

開発される近代軍事技術

ところで、その兵器実験の場は、日露両国のいずれの領内でもない、韓国と中国東北部＝満州という第三国であったから、日露どちらも陸軍兵力を戦場へ輸送するのは容易でなく、大兵力の集中による短期決戦は困難であった。日露戦争は、それまでの多くの戦争と異なり、長期の消耗戦にならざるをえず、戦争過程で人的・物的資源の国家的大動員が不可欠の、総力戦の様相を呈することになった。

兵力の国内輸送は、私設鉄道と官設鉄道の規格が統一されていたため、軍用列車の直通運転を行い、日清戦時の一〇倍に当たる約一〇〇万人の動員兵力を広島に集中し、宇品港から大陸へと送り出すことができた。(94) そのために、滞りがちになった山陽鉄道沿線の一般貨物輸送の一部は、瀬戸内海の海運が代行したという。大本営は朝鮮の京義鉄道の建設を急いだが、戦争中には完成しなかったため、兵力と物資の輸送は、民間から根こそぎ動員した一〇〇〇トン以上の船舶による海上輸送に頼らなければならなかった。

日本海軍の最大の任務は、ロシアの旅順艦隊とウラジオ艦隊の攻撃から海上輸送をいかに護衛するかにあり、開戦後半年たった八月の黄海海戦と蔚山《ウルサン》沖海戦で、ようやく制海権を確保できた。そして、この年末の、旅順攻囲軍の砲撃による旅順艦隊の撃破、翌〇五年五月、日本海海戦でのバルチック艦隊撃滅で、海上輸送への脅威は完全に消滅したが、皮肉なことに、日本海海戦に思わぬ大勝をしてから、日本海軍は艦隊決戦のみを重視するようになり、海上護衛の思想を忘れ去ってしまうのである。(95)

前述のように、全主力艦と陸軍火砲の多くは輸入に依存したが、小銃と機関銃については国産化が行われ、新しい兵器の開発も行われていた。三十年式の連発銃は東京砲兵工廠で製造が行われ、一八九八年一一月から一九〇四年一月までの六三ヵ月間に、二八万一一四五挺という、平均月産四四六〇挺に達する大量生産をすでに行っていた。先に第8表においてみたような、抜群の巨大機械工場としての同工廠にしてはじめて可能な量産であったといってよい。

戦時中には、同工廠は職工三万を数えるまでに大拡張され、小銃生産は二六万八六一五挺にのぼった。それでも、日清戦争の全期間における砲弾消費量を、わずか一日で使い切るほどの激しい砲撃戦に必要な砲弾の生産は、軍工廠ではとうてい間に合わなかった。民間の機械工場を動員しても、砲弾は不足がちで日本軍の前線の動きを制約した[96]。

新しく開発された兵器として日本海海戦で絶大な成果をあげたものに、下瀬《しもせ》火薬と無線電信をあげることができよう。下瀬火薬は、一八八八年に海軍技官下瀬雅允《まさちか》（一八五九〜一九一一）が発明し、九三年に海軍に採用された。日露戦争ではじめて使われたが、その爆発力は当時世界最高を誇り、砲弾がロシアの軍艦に命中するとただちに高熱を発して爆発、火災を起こして多くの水兵を殺傷した。下瀬は八四年に工部大学校化学科を首席で卒業した秀才で、大蔵省印刷局をへて海軍兵器製造所に勤務し、火薬の研究に従事した。当時の海軍工廠は、そうした優れた技術者をもっとも多数集めていた[97]。

無線電信は一八九五年にイタリアのマルコーニが実験に成功し、その成果を載せた雑誌を

バルチック艦隊に備える連合艦隊の艦砲射撃訓練

読んだ逓信省電気試験所の技師松代松之助は、九七年にみずから無線機を製作し短距離の実験に成功した。また、仙台の第二高等学校教授の木村駿吉（一八六六〜一九三八）も電波研究に没頭していた。

海軍では、海相山本権兵衛をはじめとして無線電信に強い関心をよせる者が多く、逓信・文部両省にかけあって、松代・木村両名を譲り受け、一九〇〇年二月に通信実験をはじめた。そして〇三年、ようやく木村が目標の八〇海里の通信ができる無線電信機を完成し、同年末にはイギリス海軍からも技術をとり入れて、通信距離を一挙に二〇〇海里にまで延ばすことができた。

こうして一九〇四年はじめまでに、連合艦隊の全艦艇は無線装置を搭載してバルチック艦隊を待ち受け、世界ではじめて実戦に活用したのである。[98]

兵士と資金の大動員体制

日露戦争のための動員総兵力は、陸軍だけで一〇八万人台に達した。そのうちの戦死・戦病死者は八万一四五五人で、海軍の戦死者二九二五人を大きく上回っていた。陸軍の戦傷入院者は一三万〇二〇三人、病気入院者は二五万一一一〇人だったというから、大ざっぱにみて、出征兵士の半分が死傷するか病気にかかった計算になる。

とくに旅順攻撃と奉天会戦に相ついで参加した金沢第九師団や善通寺第一一師団では死傷者が多く、両師団に召集された北陸や四国の諸県では、戦死者の対男子人口比率がいちじるしく高かった。[99]旅順攻撃の苦戦ぶりは、報道管制のため国内には知らされず、総攻撃で負傷した兵士が続々と帰還してはじめて事態の深刻さが明らかとなった。一九〇五年一月に金沢兼六園で開催された旅順陥落の祝賀会が盛り上がりを欠いたというのも無理からぬことであった。[100]

高橋是清の努力で外債発行に成功したとはいえ、国民は過重な軍費負担に苦しんだ。英紙『タイムズ』は、「戦争と財政」と題する〇四年九月一五日の記事で、平時の財政規模がロシアの一〇分の一強でしかない日本が、毎月、ロシアの半分に当たる三〇〇万ポンドの臨時軍事費を支出しているのは、軍事面での成功と並んで「財政面での驚異」であると論じたが、[101]実際の日本の軍事費は、前述のように月三〇〇万ポンド＝三〇〇〇万円をはるかに超え、ロシアのそれの八〇%にまで達していた。

『東京経済雑誌』は、軍費調達の方法についての「増税主義と公債主義」の二つのうち、所得税中心の増税ならば公債依存より悪いといわぬが、織物税や塩専売法のようなものならば公債依存のほうがましと論じている。[102]要するに、富める者への増税が最善の策で、希望者に利子を払って公債を買ってもらうのが次善の策、貧しい者に負担を強いる間接消費税中心の増税は最悪の策だとして、政府の軍費調達策を批判しているのである。

実際、政府は公債発行を軸に据えながら、所得税の増税については戦時公債の利子所得を免税にするなど手心を加える一方で、間接消費税の増税を酒税や砂糖消費税・織物消費税の増徴・新設および塩・煙草の専売収入など庶民に負担をしわ寄せする形で実施していった。最大の増税額を示したのは地租であったが、当時は増税分を小作料引き上げによって小作人へ転嫁することもある程度までできたから、結局これも自作と小作という農民の負担増になったのである。

増税に加えて、国債の負担も重かった。五回にわたり計七億八三〇〇万円が起債されたが、希望者という原則を踏み外していたことは、「郡市町村長らが地方民を勧誘したることは実に非常のものたりしなり、ただに勧誘というよりもむしろ少しく強制というの当をえたる」[103]という批判の寄せ書きが『東京経済雑誌』に載っていることからもうかがえる。

京都府が作成した『京都府日露時局記事』によれば、同府では国債応募の勧誘について、「各郡市長を召集し、時局関係の重大なることを訓示し、その応募高の多額に上らんことを謀《はか》りて各都市の募集予定額を内定し、募集方法をも協定して各これをもたらし帰らしむ、郡長は町村長を召集し、訓示の趣旨をそれぞれ説示し、各町村別に予定額を定め、これを示してもっぱら勧誘の労をとらしめ」たというから、国債募集といっても実態は、日清戦争時と同じように、上からの御用金割当てに類するものだったといえよう。(104)

戦場としての韓国と中国

ロシア帝国政府と日本帝国政府の争いに、有無をいわせず動員されて死傷した両国の兵士と、重い戦費負担にあえいだ両国国民は、ある意味ではともに戦争の被害者であった。しかし、もっとも深刻な被害者は、むろん戦場となった韓国と中国東北部＝満州の人々であった。日露の緊張が高まりつつあった一九〇三年八月、韓国政府は戦時局外中立を唱えはじめ、西欧諸国の承認を得たが、日本は承認せず、ロシアも回答しなかった。もしも中立を認めると、韓国領土内での作戦行動が禁止されるだけでなく、軍隊の通過や港湾の使用までもが不可能になるからである。

一九〇四年二月一〇日の宣戦布告に先立って、仁川港から日本軍の臨時派遣隊が上陸して首都漢城（ソウル）を制圧したのは、韓国の皇帝や政府および外国外交団に対して圧力をかけ、局外中立を阻止するためであった。清国も二月一二日に中立を宣言したが、日露両国はそれを無視して中国領土である満州において戦った。

首都漢城が日本軍の完全制圧下に入った一九〇四年二月二三日、日韓議定書が締結され、韓国政府は、日本政府の「助言を受け、内治外交の改良を図る」とともに、日本軍の軍事活動に協力することを約束させられた。

韓国内部での日本軍とロシア軍の戦闘は、北部の平安道と咸鏡道における小規模な戦闘があった程度で、五月一日の鴨緑江渡河作戦以後は、日本軍主力は満州での戦闘に従事したが、韓国内部の日本軍も増強された。そして、五月三一日、日本政府は「対韓施設綱領」を閣議決定し、戦争終了後の日本軍の常駐、外交・財政権の掌握、鉄道・通信事業の管理など、韓国の植民地化を推しすすめる露骨な計画を確定した。

この「綱領」に沿い、黄海海戦と蔚山沖海戦によって朝鮮半島周辺の制海権が完全に日本の手に入った直後の同年八月二二日、いわゆる第一次日韓協約が調印された。韓国政府は日本政府の推薦する財政・外交顧問を受け入れることとされ、大蔵省主税局長目賀田《めがた》種太郎《たねたろう》（一八五三〜一九二六）と米国人スティーブンスが、それぞれ就任した。こうして、開戦前には経済面で支配力を強めつつも政治的支配力を欠いていた日本政府は、日露開戦を契機につぎつぎと韓国に対する政治的支配を強化していった。[105]

日韓議定書により、日本軍の軍用品を陸路輸送するために多数の韓国人人夫が徴用された。「白衣の韓人が兵站路上に充満し、長煙管《ながぎせる》をくわえて馬を曳《ひ》きつつ、えんえん数里にわたる長行軍縦列をつくったのは、一大奇観であった」と報告されているが、荷物を馬に積むのでなく人夫が背負って運ぶことのほうが多かったという。[106]

鉄道建設のためにも多くの人夫が徴用され、開戦の年九月には、収穫期にもかかわらず強制徴用を試みたために、各地で数千の群衆が郡守や日本人と衝突し、日本軍に鎮圧された[107]。

主戦場となった中国東北部＝満州の民衆にとっては、戦闘のもたらした苦難はさらに大きかった。スコットランド合同長老教会の伝道医師として、奉天で日露戦争を体験したD・クリスティーはこう記している。

「戦場となった地域の中国人の困窮はきびしいものであった。裕福な者の多くは、夏のうちに早くその財産を持って安全な地方へ逃げた。田舎の比較的貧しき人々は次第にその家族を連れて都会に移り、家を借りまたは友人の許に寄寓した者が多くあった。それでもまだ、奉天の南方および西方の広き沃野にある無数の村落の住民の大部分は、戦争は自分たちの近くには来ないだろうという、あてにならぬ希望を希望として、家に留まった」ところ、「奉天戦の間に多数の中国人が殺された。時にはにわかに砲火が集中して、一村全体が破壊され、退路が遮断された。燃えつつある住家から逃げ出す時に死傷した者が少くなかった」

クリスティーはまた、「この戦争を通じて、中国人の同情は疑なく日本の側にあった。……彼ら〔＝日本人――引用者〕は同種の人種であり、東洋はこれにより始めて西洋を征服する見込を得たように考えられた[108]」とも記しているが、当の日本人が、自分たちの戦いを中国人のためのものでもあると理解していたかといえば、決してそうではなかったところに問題がはらまれていた。

日本軍は、占領地に軍政を敷いたため、軍政当局と清国地方官吏との間に、物資や車輛牛馬の調達や宿泊家屋の徴発などをめぐって、しばしば摩擦が起こった[109]。

そして、戦後になると、戦争中はともかくも中国人と「協調的」であった日本軍が、まるで占領軍であるかのように「傍若無人」に振る舞いはじめるのである。[110]

第四章　無賠償のかわりに朝鮮・満州を
産業革命の終了とアジア侵略（一九〇六〜一九一四）

1　累積する外債

一九〇七年恐慌——初の全般的過剰生産恐慌

一九〇五年（明治三八）九月のポーツマス講和条約の調印で、日本への無賠償が確定すると、賠償金獲得への期待から上昇しつつあった株価は一気に暴落し、戦時外債の累積が財政を圧迫する心配から、翌年上半期にかけて株価の低迷がつづいた。しかし、この年六月に東京市外債の募集が成功すると、好況への転換が生じ、同年九月の南満州鉄道株式会社の株式募集が異常な株式ブームをひきおこした。このときに資本金の伸び率と増加額が目立った分野は、日清戦後のような銀行や蒸気鉄道ではなく、鉱山や電気鉄道・電力であり、製造業では製糖・製紙・紡績であった。

だが、こうした株式ブームは、一九〇七年一月には崩壊し、三月以降は銀行取付けへと発展した。そして一〇月に、日本経済はアメリカを先頭に勃発した世界恐慌のなかに巻き込ま

第11表　主要企業の利益金と対払込資本金利益率　（千円、%）

	鐘淵紡績	郡是製糸	京都織物	川崎造船所	東京電灯
1904	775(13.4)	13(28.7)	48(7.1)	374(15.0)	571(15.1)
1905	3,058(52.7)	14(29.5)	112(14.5)	533(18.7)	692(14.7)
1906	3,292(56.7)	54(109.5)	218(23.2)	758(17.4)	800(13.1)
1907	3,341(48.9)	△97(△198.4)	167(13.8)	913(16.6)	1,324(12.6)
1908	1,450(18.5)	134(274.4)	△65(△4.6)	944(15.9)	2,041(13.1)
1909	1,432(16.9)	△16(△16.2)	100(7.1)	651(10.2)	2,797(16.2)
1910	1,549(15.4)	86(73.0)	148(10.5)	603(9.4)	3,545(17.2)
1911	1,817(16.7)	△31(△25.6)	126(9.0)	691(10.8)	3,769(13.8)
1912	2,945(24.1)	75(62.8)	116(7.9)	704(11.0)	4,168(12.8)

出典：山口和雄編著『日本産業金融史研究』紡績金融篇・織物金融篇、および各社社史
備考：1)繊維３社の利益は償却後。川崎・東電は償却前。△は損失
2)郡是製糸以外は上期・下期利益を合計。資本金は前年末と当年末の平均値

れ、生糸・綿糸の輸出不振と滞貨の増大で、同年末には金融逼迫に陥り、〇八年から〇九年初頭にかけて「過剰生産恐慌」が、電力・ガス事業を除く、重工業・軽工業のほとんどすべての産業分野を襲った。[1]その意味で、一九〇七年恐慌は、日本資本主義の確立を示す、はじめての「全般的」過剰生産恐慌であったといってよい。

恐慌による打撃がさまざまな分野の代表的企業をどのように襲ったかを、第11表によって示そう。

これによれば、一九〇七年恐慌は、製糸企業と織物企業に赤字決算をもたらし、一九〇五年から莫大な高利潤をあげてきた紡績企業の利益率を大きく低下させ、また造船企業の利益を押し下げる契機ともなった。電力企業の利益率は比較的安定している点で他産業の企業と異なっているが、一九〇七年前後にはやや低下しており、完全に恐慌の影響を免れたわけではなかっ

たことがわかろう。

以下、軽工業のなかから織物業、重工業のなかから工作機械・紡績機械の製造業と鉄鋼業、エネルギー産業から電力業をとりあげ、それぞれの分野において資本制生産がどのような意味で、いかに確立したかをみていこう。

織物業ですすむ機械化

在来織物業の機械化は、低価格で、木と鉄の混製の小幅力織機《こはばりきしょっき》が開発されて可能になった。紡績会社が兼営する織物業では、早くから、広幅の鉄製力織機を輸入して使っていたが、一台二〇〇〜四〇〇円という高価なそうした機械を、マニュファクチュア経営者や問屋制商人が何台も買うことは資金的に難しかった。小幅力織機は、在来の手織機＝高機《たかばた》に、いわゆるバッタン（飛杼《とびひ》）をとりつけて改良した織機の各部を、さらに連動させ動力源とつなげたものだが、小幅のために、台枠の強度や工作精度は高水準の必要がなく、木製でも十分だった。そのため、織物産地の町工場程度の技術でも製造でき、一台三〇〜四〇円で販売された(2)。

一八九七年に、静岡県の大工豊田佐吉（一八六七〜一九三〇）は綿力織機を発明し、三井物産の協力を得て大量生産に踏み切った。大阪府では製糸家原田元治郎《もとじろう》が一八九三年から綿力織機の試作を行い、原田式織機製造所は一九〇七年に職工五〇人の規模となった。山形県鶴岡町（現鶴岡市）の近くに住む地主斎藤外市《といち》は、一九〇〇年に羽二重用の斎外式絹力織機の特許をとり、〇七年からみずから生産も行ったが、他地域の力織機製造家からの特許料収入が多かったという[3]。

これらの力織機が普及するのは、日露戦後に、労賃や原料糸価格が上昇気味であるわりには製品価格が高くならない、という悪条件に直面した機業家（マニュファクチュア経営主ないし問屋制商人）が、生き残りを賭けて中小の力織機工場の設立を試みるようになってからのことである。綿織物のばあいは、紡績資本のカルテルが不況下で綿糸価格の低落を阻止していたこと、羽二重のばあいは、日本人輸出商が割安の注文を海外でとっては機業家に低価格を押しつけていたことに留意しなければならない。そうした力織機工場の影響を受けて、手織機の台数が長期的な減少傾向をたどりはじめるのは一九〇八年のことである[4]。

低価格の小幅力織機が供給されても、もちろん誰でもが工場を設立できたわけではない。のちに全国最大規模の産地機業家となる泉南《せんなん》の帯谷《おびたに》商店のばあいをみると、創始者帯谷幸助は農家の出で、岸和田の綿花・木綿商のもとで働いたあと独立して出機屋《だしばたや》となり、一九〇〇年頃には大阪船場《せんば》の綿糸商から直接に綿糸を仕入れては、近在一〇ヵ村の農家一〇五軒に配って織らせ、製品を大阪船場の綿布商に販売していた。一九〇六年末に一万円前後の自己資金を蓄積していた帯谷商店も、一九〇七〜〇八年には連続して計八三七八円の欠損を出しており、その後の利益をもとに一九一一〜一二年に一万六一三〇円を投じて小幅力織機一二〇台の工場（ガス発動機）を建設した[5]。泉南機業地では、このように、比較的有力な問屋制商人が力織機工場を建設することが多かったようである。

これに対して北陸の羽二重産地では、マニュファクチュア経営者が力織機を導入した。金沢の北岩松《きた》は一八九一年に三台の手織機を据え付けた小経営として出発したが、一年で失敗し、絹織技術を三年間教えて貯えた三〇〇円を資本に、一八九五年に五〇台の手織機をもつマニュファクチュアとして再出発した。

北は、一九〇二年、男工四、女工七一人を擁する石川県下第一〇位の規模の機業家となって、〇六年末から力織機導入を開始し、〇九年には一五六台を備える県下最大の力織機工場（電気動力、男工四、女工一一〇人）となった。同年の調査によれば、特約製糸家から直接購入した良質生糸を、通勤職工が午前五時から午後七時まで製織し、製品価格は市価より八％割高だったというから、優良品をつくる堅実な経営だったといえよう。一九一四年、力織機二二〇台を有し資本金一〇万円、年産額四〇万円だったということは、運転資金についても無借金経営だったことを意味している。

しかし、こうした事例は少数であり、中小機業家のばあいは、力織機導入にさいして生糸商などから設備資金を借りる者もいたし、そうでなくとも運転資金は生糸商から借り入れるようになるのが普通であった(6)。

いずれにせよ、力織機工場の出現は、手織機を用いた小経営＝家内工業ないしマニュファクチュアを没落させ、総じて資本と賃労働の間に存在する「中間的利害」の基本的消滅という産業革命の課題を推しすすめていったのである。

機械と鉄鋼の自給見通し

機械の導入という産業革命が一国レベルで完了するためには、必要とされる機械とその素材である鉄鋼の国内自給が達成されなければならないが、日本のような後進資本主義国では、機械や鉄鋼の輸入が可能なために、そうした課題の達成がかえって困難な面があり、産業革命の完了時期がなかなか決められない。したがって、ここでは、輸入が戦争などで途絶えたときに自給が可能な技術が獲得され、生産の担い手が出現したことをもって、自給見通しが確立し、後進国なりの産業革命が完了したものと考えたい。

日露戦後の各種機械の生産の全体を示す正確なデータはない。一九〇九年と一四年の、職工五人以上の民間工場における、各種機械生産額、および連年の輸入統計の比較から指摘されているのは、〇九年段階では国産が輸入を超えていたのが船舶だけであったのが、一四年までに原動機・電気機械・車輛も生産が輸入を上回るようになったこと、しかし、肝心の工作機械と紡績機械は自給率が低迷していることなどである(7)。

この指摘は基本的に正しいが、輸入機械の統計が全体を正確にカバーしている反面、国産機械の統計に軍工廠などの官営工場と五人未満の民間製造所のデータが欠けているため、自給率が低めに出てしまうこと、各種機械別の生産額の正確度に疑問があること(たとえば、個別工場では、主要品目の生産額に合算され、それが集計されている可能性があること)などが問題として残されている。そこで、ここでは、自給率が低迷しているという工作機械と紡績機械について、国産化の実態を簡単にみておこう。

工作機械の国産化については、一九〇五年における池貝鉄工所による米国式旋盤の完全製作は、模倣という国際的にみれば遅れた技術とされるものだが、重要視されてきた。[8] しかし、その技術水準については疑問視する意見もあり、たしかに高級工作機械については、国産が困難であった。ところが、中級・下級のものについては、大量の国産品が出回っており、日露戦後には、「目下内国工場にありては、大工場のほかは外国製を備ゆるものはなはだ少なし」と報告されている。[9]

大工場についても、海軍工廠が第一次大戦前、ほとんどの工作機械を輸入していたのに対して、東京砲兵工廠小銃製造所では、一八八五年から一九一三年にかけて導入した二三三一台の工作機械のうち、同工廠内の製造になるものが一〇九三台、国産購入が五三四台で、あわせると輸入品六九四台の二倍以上の数になり、台数でみるかぎり、全体として国産品への依存が高い大工場もあることが注意されなければならない。[10]

日露戦時に政府が民間機械工場を動員したことは前述したが、池貝鉄工所が軍需を契機に拡張されたほか、新潟鉄工所と大隈鉄工所が軍工廠からの工作機械の注文をきっかけに、本格的に工作機械を製造しはじめた。一〇年には唐津鉄工所が旋盤の製作をはじめ、東京瓦斯《ガス》電気工業が設立（工作機械創製は第一次大戦期）された結果、のちの五大メーカーがすべて出揃ったことになる。こうした前提があったからこそ、第一次大戦で工作機械の輸入が激減したさいに、高級工作機械を含めて自給率が上昇し、海軍工廠においても主として国産品を購入するようになったのである。[11]

第一次大戦前の紡績機械プラントの国産化は、準備工程を担当する混打綿機《こんだめんき》など簡単な部分についてはすすんだけれども、綿糸そのものを紡ぎだす肝心の精紡機などは複雑なため生産できず、全プラントの国産化は困難であった。

このように、綿紡績業が顕著に発展したにもかかわらず、紡績機械の生産がいっこうに発展せず輸入に頼っていたことは、当時の日本の産業構造が「分断」されていたことの例証とされてきた。(12) 事実、大戦期に紡績機械の輸入が難しくなったさいにも紡績機械の国産が間に合わずに、紡績業の設備拡大がさまたげられ、豊田式織機会社と大阪機械工作所による国産紡機プラントの完成は、いずれも戦後の一九二二年のことであった。

しかし、紡績機械の国産化が遅れた理由は、かならずしも技術的な能力不足にあるとはいえない。鐘淵紡績の初代技師長で、その後東京の鈴木鉄工部(一九〇九年当時、男子職工二四〇人)につとめた工学士吉田朋吉《ともきち》は、一九一〇年当時、「製紙機械・製粉製糖機械・紡績機械等は主として輸入されているが、(13) 技術的には国内で可能である。ただし使用側が経済的な理由で輸入を選ぶので国産がないのだ」と主張していた。鐘淵紡績社長武藤山治《さんじ》(一八六七〜一九三四)が、「機械はいっさい和製品を使わぬ」方針をとってきたと回顧しているのは、そうした風潮の存在を裏づけているが、メーカーのこうした態度だけでなく、大戦期には機械輸入を行う貿易商社の利害もまた国産化を遅らせたのであった。(14)

そうした点を合わせ考えると、大戦前の段階において、紡績機械国産化のための技術は、すでにかなりの程度まで蓄積されていたといえよう。

では、機械の素材である鉄鋼の国産化のほうは、どの程度まですすんでいたのであろうか。日露戦争勃発後の一九〇四年七月、官営八幡製鉄所（一九〇一年開業）の銑鋼一貫作業が軌道に乗り、〇八年には当初の目標である鋼材九万トン生産が実現し、民営釜石製鉄所でも〇三年から銑鋼一貫作業を開始した。他方、財閥系製鋼資本も、すぐ後でみるように、日露戦争前後に出揃い、日本の鉄鋼業の発展の基礎がここに固まった。鋼材自給率については、〇九年二八・〇、一三年三三・九％という数値が定説となっているが[15]、釜石以外の民間製鋼所の数値が過小評価されているうえ、軍工廠における生産が含まれていないので、それらを加えると自給率は、もう少し上昇しよう。

民間製鋼所としては、住友金属工業の前身である住友伸銅場が一八九七年に、住友鋳鋼場が一九〇一年にそれぞれ発足し、〇五年には鈴木商店が神戸製鋼所を設立した。また、川崎造船所が鋳鋼工場を建設したのが〇六年、一二年には日本鋼管が設立された結果、官営八幡の流れをくむ新日鉄を含めた今日の巨大鉄鋼メーカーがすべて顔を揃えることになった。これらの製鋼所の多くは、海軍工廠や鉄道院などの軍官需との結びつきが強く、一般民需に立脚した日本鋼管はかえって異色の存在であった。

そこで日本鋼管について設立の経緯をみよう。同社は、一八九二年に帝国大学工科大学を卒業し、官営八幡製鉄所の最高幹部＝製鋼部長となった今泉嘉一郎（一八六七〜一九四一）と、同じ年に帝国大学法科大学を卒業し浅野財閥の東洋汽船の役員となった白石元治郎《もとじろう》（一八六七〜一九四五）が、協力して創立した企業であった。

日露戦後、今泉は官営製鉄所が軍需重視であることを批判し、民間への払下げを主張したが、政府の拒絶にあい、新たな道を模索していた。そこへ大倉喜八郎から鋼管製造計画への協力を求められたので、懇意にしている大阪の鉄鋼問屋岸本吉右衛門商店の賛同を得て、銑鉄と鋼管の製造会社の設立準備に加わったが、将来性に不安があるため株式募集がすすまず、計画は行き詰まってしまった。

たまたま大学時代のボート仲間であった東洋汽船の白石が、一九一一年六月、インド銑鉄の輸入の相談に今泉を訪れたことがきっかけとなって、インド銑鉄による鋼管製造案が浮上した。白石も東洋汽船の不振の責を負って、専務取締役から平取締役に降格されていたので、新しい道を模索中であり、旧友今泉のベンチャー事業に加わることになる。

こうして、一九一二年六月、資本金二〇〇万円の日本鋼管株式会社の創立総会が開かれ、白石が取締役社長、今泉が取締役技師長となり、早速神奈川県川崎町に工場を建設して、一四年一月から操業を始めた。そして、同年七月に勃発した第一次世界大戦による鉄鋼ブームのおかげで、創業早々の日本鋼管は巨大な利益を得ることになるのである。[16]

普及する電灯と電動機

一九〇七年恐慌の影響をあまり受けることなく、この時期にめざましい発展をとげた産業の代表が、電力産業であった。これは、電灯が石油ランプとガス灯を圧倒し、工場動力が蒸気や水力から電気へとしだいに変わったためであるが、そうした変化は、都市近郊の火力発

第12表　払込資本500万円以上の会社　(1910年末現在、千円)

順位	会社名	払込資本	順位	会社名	払込資本	順位	会社名	払込資本
1	南満州鉄道	102,000	15	台湾製糖**	15,000	31	川崎造船	6,400
2	三井合名	50,000	15	三菱合資	15,000	32	南海鉄道	6,370
3	東京鉄道*	42,089	18	宝田石油	12,487	33	富士製紙	6,350
4	日本銀行	37,500	19	第一銀行	10,000	34	台湾銀行	6,250
5	北海道炭礦汽船	25,188	19	日本石油	10,000	34	宇治川電気	6,250
6	横浜正金銀行	24,000	19	富士瓦斯紡績	10,000	36	名古屋電灯	6,116
6	東京電灯	24,000	22	鐘淵紡績	9,905	37	王子製紙	6,000
8	日本郵船	23,482	23	東洋汽船	9,100	37	大阪瓦斯	6,000
9	三井銀行	20,000	24	大阪電灯	9,000	39	三重紡績	5,877
9	三井物産	20,000	25	日本勧業銀行	8,748	40	明治製糖**	5,000
11	十五銀行	18,000	26	日清汽船	8,100	40	三十四銀行	5,000
12	東京瓦斯	17,000	27	東京株式取引所	8,000	40	(名)安田銀行	5,000
13	大阪商船	16,500	28	大日本麦酒	7,200	40	加納鉱山	5,000
14	日本興業銀行	16,250	29	京阪電気鉄道	7,099			
15	日本製鋼所	15,000	30	大阪株式取引所	7,000			

出典：東京興信所『全国銀行会社統計要覧』(第三版)(1911年)。若干補充
備考：1)第3位＊は1910年6月末の数値。1911年8月に東京市によって買収される
2)第15位＊＊と第40位＊＊は1911年6月末の数値

電所にかわって山間部の水力発電所が発展し、遠距離高圧送電によって電力が安く供給されたために生じたものである。

一九〇七年に東京電灯が、出力一万五〇〇〇キロワットの駒橋水力発電所(山梨県)を五九〇万円の巨費を投じて建設し、五万五〇〇〇ボルトの高圧で、東京まで八〇キロメートルの長距離送電に成功したことをきっかけに、全国的にも、一九一二年には自家用分を含む最大出力において、水力発電が火力発電を追い抜いた。

しかし、そのためには、発電所と送電設備建設のために巨額な資金が必要となる。電力業に

携わる者は、多額の資本を株式募集や社債発行によって集めるために苦労しなければならなかった。

いま、一九一〇年（明治四三）末における大資本の会社をみると、第12表のようになる。表をみるにあたっては、一九〇六年の幹線鉄道の国有化により、日本鉄道（払込み資本金五八二〇万円）や九州鉄道（同五〇三〇万円）、山陽鉄道（同三六一〇万円）、関西鉄道（同二四一八万円）といった巨大私設鉄道会社が姿を消し、かわって同年創設のマンモス国策会社南満州鉄道が登場していることに留意しよう。

東京電灯（六位、二四〇〇万円）は、特殊銀行や財閥系会社に匹敵する資本金規模であり、火力中心のままやがて解体を余儀なくされる大阪電灯（二四位、九〇〇万円）は、最有力の紡績資本と並び、宇治川電気（三四位、六二五万円）と名古屋電灯（三六位、六一一万円）も、上位都市銀行並みの資本規模である。日露戦後の電力会社の資金調達の四分の三は株式によるものと推定されているが、そうした形で社会的資金を集中できたのは、電力業が他産業にくらべて高配当を維持できたためであり、とくに鉄道国有化によって、投資対象が鉄道株から電力株にシフトしたためであった[17]。

社債の発行がしばしば試みられたのも、低コストで膨大な資金を調達するためであった。一八九九年の条約改正で外国人の治外法権が廃止されてからは、外資導入への反対論はなくなっていた。東京電灯では前述の駒橋発電所の建設にさいして、ロンドンで英貨五〇万ポンド（=約五〇〇万円）の社債を発行する予定であったが、なかなかすすまなかったために、あきらめたという。しかし、同社が第一次大戦後の一九二三年六月に三〇〇万ポンドの英貨社債の発行に成功してからは、電力各社による外債発行が相つぐことになる。

一九〇六年、京阪財界の総力を結集して、東京電灯を上回る公称資本金一二五〇万円で設立された宇治川電気は、その後の不況で払込みがすすまなかったため、一二年に社債三〇〇万円を三十四・近江・鴻池・北浜の諸銀行から発行し、翌一三年にも社債二五〇万円を発行したが、当時は電力会社への信頼が薄く発行に苦労したと回顧されている[18]。

電力事業を推進した人々はさまざまであったが、一九二〇年代に最大手の老舗東京電灯に激しい競争を挑んでこれを圧倒し、第二次大戦後は電力再編成を強引に主導して、「電気の鬼」とまで呼ばれた、東邦電力の経営者松永安左衛門（一八七五～一九七一）のばあいをみよう。

松永は長崎県壱岐《いき》島の有力商家の長男として生まれ、慶応義塾を中退後、福沢諭吉の養子福沢桃介《ももすけ》（一八六八～一九三八）の援助で神戸に石炭商を開業し、日露戦争時には巨利を博したが、戦後手を出した株式投機に一九〇七年恐慌で失敗して、無一文となった。以後投機的な態度を深く反省し、〇九年、福岡市に設立した福博電気軌道では、顧客サービスに徹しながら合理的な企業会計の方式を開発し成果をあげた。やがて北九州一円の企業を合併して、一九一二年、九州電灯鉄道を設立、二二年には福沢桃介の依頼で、経営不振に陥っていた名古屋電灯の後身関西電気と合併して、新たに東邦電力を設立、その副社長になった[19]。

福博電気軌道の初代社長で名古屋電灯の社長もつとめていた福沢が、一六年の五〇万円以上資産家リストに、二〇〇万円の資産家として名前が載っているのに、松永の名はそこにはなく、二八年に東邦電力社長に昇任したさいの同社持株がわずか二七六八株で全株の〇・一%にも満たなかったことから考えると、松永は資産家というより、専門経営者のタイプに属していたといえよう。[20]

ところで、第12表に資本金額を示した一九一〇年当時は、電力事業における企業集中はまだあまりすすんでおらず、事業者数は全部で二〇一社、払込み資本金は計一億六九二〇万円であったから、表示した上位電力四社の資本シェアーは二七%弱にすぎなかった。

それら大小の事業の経営する発電所が、都市から農村へと電灯を普及させ、「明治末期には主要都市に電灯がともり、大正初期には、それより小さい農村都市や農村部にも急速に電灯が普及していった」[21]と評されている。そのさい、炭素線電球にかわって登場したタングステン電球が、振動にたえる耐久力をもち太陽に似たやわらかい光線を発するうえ、消費電力が三分の一ですんだため、石炭価格の上昇によるガス価高騰とあいまって、ガス灯の勢力を圧倒するうえで大きな役割を演じた。

しかし、石油ランプは、灯油価格が安く、自由に使用場所を変更できるので根強く存続し、とくに大家族の家庭や下宿などでは、なかなか電灯に転換しなかったともいわれている。[22]そこで、灯油の消費量（輸入と国内精製）をみると、一九〇〇年代の三〇万キロリットル台から、一二年に二〇万キロリットル台に落ち、一六年にはさらに一〇万キロリットル台に低落するから、石油ランプは全国的には一九一〇年代に急速にすたれていったものと思われる。

作家井上靖の自伝的小説『しろばんば』と『夏草冬濤《なつぐさふゆなみ》』では、一九〇七年生まれの主人公洪作は、一九一五～一六年当時の伊豆・上狩野村字湯ケ島で、「毎晩ランプの下で遅い夕食の膳に向かった」が、二二年頃、沼津から一時帰省して上狩野村字門ノ原の伯父夫婦の家に泊まったとき、そこには電灯がついており、眠るさいは「停電にでもなった時の用心であろうか」、手燭《てしよく》を用意していたという。同地方のような山間部でも、一九二〇年前後には電灯照明へと移行していったのであろう。

他方、工場の電化も急速にすすみはじめた。電気業を除く諸民間工場の電化率（原動機使用工場における、電動機馬力数の総馬力数に占める比率）は、一九〇五年当時わずか一七％で汽力率（蒸気機関馬力数の同上比率）の七〇％を大きく下回っていた。一〇年頃から電化率が上昇し、一三年には三四％と、汽力率四八％を追い上げ、一七年（大正六）には五一％になって、汽力率二〇％を大幅に上回った。

官営工場においても同じ一九一七年、はじめて電化率が汽力率を上回った。「日本工業動力の全体重における汽力・電力転換期＝電動力確立期は統計的に大正五・六年と認定される」[23]とされるゆえんである。もちろん、同じ民間工場でも、「紡織工業」における転換が、全体と同じ一九一七年であるのに対して、「化学工業」のそれは一四年、「機械器具工業」のそれは一一年という具合に、分野によってばらつきがある。

最近の研究によれば、綿糸紡績会社の兼営織布を除いた、いわゆる産地綿織物業においては、力織機工場の原動力は、日露戦後期には石油発動機、大戦期にはガス発動機や蒸気機関で、電動機の使用が本格化するのは一九二〇年代のことであって、理由は産地への送電態勢が未完成なことであった[24]。

これに対して、北陸を中心とする絹織物業産地では、先に石川県金沢の北岩松のばあいについてみたように、日露戦後期に力織機工場を創設した当初から電動機を導入したケースが多く、一九一〇年には絹織物業における電化率は汽力率を上回った。〇九年のデータによれば、福井県の原動力利用絹織物工場一一〇は、ほとんどすべて「他より電力供給を受けるもの」であり、石川県では四九工場のうちで電動機と石油発動機の利用が拮抗し、富山県の二〇工場では石油発動機が電動機と蒸気機関を圧倒している。このように、北陸でも地域差はあったが、全体としてみると、主産地福井県のケースが主流をなし、産地綿織物業よりも電化の時期がはるかに早かった[25]。

貿易赤字のもとで累積する外債

以上述べてきたように、階級構成については「中間的利害」の基本的消滅、産業構成については機械そのものの生産、という産業革命の課題は、日本においても、後進国としての特殊性を残しながら、日露戦争直後の時期にほぼ達成された。しかし、日本の産業革命は、そのための前提条件が十分用意されていないにもかかわらず、短期間のうちに強行され、経済的にきわめて過大な軍事支出をともないながら進行したため、さまざまなマイナスの遺産を日本経済にもたらすこととなった。

その最大のものが、日露戦後における巨額の対外負債の累積である。日露戦争を画期に、それまで外資にあまり頼らずにきた日本経済は、一転して巨額の外国債に依存することになった。

しかも、あてにしていたロシアからの賠償金がまったくなかったことによる民間資金の不足を補うために、内国債の償還を新たな外国債の借入れによって行い、さらに地方債や社債の海外募集まで行ったため、一九一〇年末には、日本の対外債務累積高は総額一七億七七一八万円（うち国債一四億四七二二万円）に達した。債務総額の対GNP（国民総生産）比は四五％強、国債の対中央政府一般会計比は二・五倍（内国債を含めると四・七倍）という、危機的な重債務国状況を意味している。

もっとも、このような多額の借金を背負っていても、借り入れた資金が工場や鉄道などの生産的投資に振り向けられていれば、やがては貿易赤字が黒字に変わり、外債の返却も可能になろう。一九一三年一二月に、外資導入論に立つ蔵相高橋是清が、「世間往々にして借金政策をもって恐るべきもののごとく見るものあるも、元利金を消却してなお余りある有利な事業なりせば、借金政策また可なるにあらずや」[26]と演説したのは、原則論としては正しさをもっていたといってよい。

しかし、このときの日本の対外債務の中心は、日露戦争の軍事支出にあてるために発行した軍事公債（内国軍事公債の借り換えを含む）であり、高橋のいうような生産的事業との結び付きが少なかった点に問題があったのである。

一九一〇年末における対外債務のうち、南満州鉄道社債八〇〇〇万ポンド(=約八〇〇〇万円)や、大都市の公共事業関係の地方債八四七一万円などは、間接的には生産拡大に貢献するものとみてよいが、各企業への直接投資の推定額合計は二八一七万円にすぎない。

この推定額は「少きに失する」[27]と留保がついているが、日本興業銀行が一九〇六年に一七五〇万円に増資したさいの増資額七五〇万円を、ロンドンのパンミュア・ゴードン商会をつうじて欧米資本家に応募させた事例、〇七年、北海道炭礦汽船会社とアームストロング、ヴィッカース両社とが日本製鋼所を設立、〇九年に資本金一五〇〇万円を日英折半出資していた事例、などの大規模直接投資は、どれも例外的なものであり、一九一〇年に三井系の芝浦製作所が二〇〇万円に増資し、アメリカのゼネラル・エレクトリック社と提携して技術導入を図ったさい、GE側の持株は五〇万円にすぎなかった。

このように、非生産的な軍事支出のための外資導入が累積した結果、戦争が終わったあとも貿易赤字幅が拡大した。通説では、重工業が未発達なままでの軍備拡張が入超を招いたと説明されており[28]、たしかにそうした側面はあったといってよい。しかし、貿易統計によって、日露戦争前後(一九〇二、〇三年~一九一二、一三年)に大きく金額が変化した貿易品目をみると、繰綿・羊毛・毛糸輸入の増加が、輸入増の実に四〇%を占めて、鉄類・機械類・兵器類合計の二一%を上回っている事実が注目される。

綿糸布輸出の伸びがあっても、戦争中に抑えられていた綿織物・毛織物の国内民間消費の大幅増が、入超幅拡大のもっとも大きな要因であった。膨大な戦費が国内で支出されたことは、増税にもかかわらず戦後の民間消費財需要を拡大し、戦後経済の発展は労賃水準を大きく引き上げて消費財需要を拡大したのである。

日露戦後の国内消費財市場は、「絶望的な窮乏」[29]という通説的なイメージとは逆に、全体としてみるかぎり、かなり拡大したといえよう。

輸出では、綿糸・綿織物が三倍近い伸び率を示しているが、輸出増加に占める比率は一九％に止まり、生糸・絹織物の三二％には及ばない。それらの輸出増加は、最終的には養蚕農家や製糸・織物女工の出身農家の所得を押し上げるが、それが綿織物や毛織物の国内消費の増加にもつながるとすれば、貿易黒字への転換はもとより貿易赤字の縮小すら難しいことになろう[30]。

なお、一九一一年の第二次条約改正によって、完全に関税自主権が確立した結果、重工業育成のための保護関税を設定する可能性が開けたが、たとえば当初の鉄鋼関税には、交渉相手のイギリスの意向を無視できず、また担当の農商務省も、当時の鉄鋼業の生産力と機械工業の要請を考慮して急激な引き上げを考えていなかったために、あえて低めに設定された[31]。そういうなかでは、保護関税方式による貿易収支の改善は、早急には望めなかった。

ここで参考までに、ロシア側の日露戦後の対外債務状況をみておこう。日本と同様に多額の軍事外債を発行したロシアでは、一九〇五年一月の「血の日曜日」事件にはじまる第一次ロシア革命にさいして、革命側の金貨による預金引出し運動や、資本の海外逃避があって、〇五年下期から翌年はじめにかけては、金兌換の停止が避けられないかと思われた。この危機を救ったのが、〇六年三月末に成立した、フランス銀行団を中心とする八億四四〇〇万ルーブリ（＝約八億七一〇〇万円）という空前の大借款であり、この「反革命借款」によってツァーリ政府は延命できた。大借款の一部は、国立銀行の準備金に繰り入れられて、民間経済へも資金を供給したといわれている。

こうして政治的危機を脱したロシアは、一九〇八年から、第一次大戦直前の一三年にかけて好況期を迎えるが、そのさい外国資本の民間企業投資が大きな役割を演じた。すなわち、この間に、国公債の形で対外債務残高が五三億ルーブリから五七億ルーブリに増えたのに対して、株式・社債では対外債務は一一億ルーブリから二〇億ルーブリへと増加し、ロシア史上はじめて民間レベルでの資本輸入が主流になった。

株式や社債での対外債務は、ロシアのほうが日本より格段に多いが、一九一三年当時の国公債対外残高五七億ルーブリというのは、同国財政規模三二億ルーブリの一・八倍であるから、日本よりは累積程度は低いといえる。しかも、これらの元利支払い正貨は、穀物輸出を軸とした貿易黒字によって調達が保証されていた(32)。この点でロシアは、貿易赤字に悩み、外債利払いのためにも新規の外債に依存せざるをえなかった脆弱な日本とは大きく異なり、債務返済のための強力な基盤をもっていたのである。

貿易赤字の日本では外資によって入超分を補ってきたが、一九一三年には正貨危機が深刻化し、日銀総裁三島弥太郎（一八六七〜一九一九）が、「交換〔正貨兌換――引用者〕中止の如きは、苟《かりそ》めにも口に出すべからず、之を行う時は、電光石火の如くなすべし」と手帳に記していたというから、(33)事態はかなり緊迫していたといえる。強気の蔵相高橋是清のほうは、鉄道外債など生産的目的の外債の発行で産業育成と貿易収支改善を図ろうとしたが、一四年初頭の国際金融市場では長期債発行は困難になっており、かろうじて一年期限の英貨鉄道証券を発行できただけで、高橋の外債計画は挫折した。(34)

こうした日本の金本位制崩壊の危機を救ったのが、一九一四年七月の第一次世界大戦の勃発であったことは、しばしば指摘されるとおりである。

2　揺らぐ天皇制国家

財閥を頂点とする富豪たち

日本産業革命期をつうじて、国民一人当たりのGNP（国民総生産）は、名目価格で二一円（一八八五年）から八〇円（一九一〇年）へと三・八倍に増えたが、この間の物価上昇を考えに入れると、実質増加率は一・六倍であった。年率にすると実質二％足らずのテンポで、五年ごとでみると平均一〇％の伸び率であるが、時期によって緩急があり、八〇年代後半（一八八五～八九年）の一四％、九〇年代前半（一八九〇～九四年）の二一％に対して、八〇年代後半と一九〇〇年代前半はともに二％に停滞し、一九〇〇年代後半（一九〇五～〇九年）に一〇％へと回復した。その後一九一〇年代に入ると、前半はわずか一％に落ち込むが、後半は大戦ブームで二六％の急成長を示すこととなる㉟。

一九一〇年（明治四三）当時のGNP一人当たり八〇円は、国際的にはどの程度の水準だったのだろうか。一九一一年のイギリス（連合王国）の統計によれば、一人当たり六一ポンドであるから、一ポンド＝九円七五銭として五九五円、すなわち日本の七・四倍という計算になる。同様の計算をすると、ドイツは日本の四・一倍、イタリアは三・三倍となる㊱。後進国日本は、産業革命を終えても、まだまだ最先進国イギリスはもとより、ドイツやイタリアの水準との差も大きかった。

GNP一人当たり平均八〇円とは、個人消費支出をその八〇％と仮定すれば、一人当たり年六四円の支出となる。この平均値を、農商務省技師斎藤万吉が行った一九一一年の農家家計調査とくらべてみよう。

消費支出六四円というのは、七人家族で一・九ヘクタールを耕す上層自作農の家計支出五四三円（飲食費三三四円、被服費五〇円、住居・備品費四五円）、一人当たり七八円よりもかなり低いが、一方六人家族で一・五ヘクタールの小作地を耕す上層小作農の家計支出三〇五円（飲食費二一八円、被服費二三円、住居費九円）、一人当たり五一円よりはかなり多く、ちょうど両者の中間水準に当たる㊲。したがって、現実には、GNP八〇円というのは、耕作規模一ヘクタールの、平均的な自作農中堅層のばあいを想定すればよいことになろう。これより下層には、小作農や都市貧民など無数の低額所得者群がいて、上層には少数の高額所得者がいるとみてよい。

ここでは、まず財閥を頂点とする富豪の存在を確認したいが、残念なことに、一八九九年以降は所得税法が改定されたので、第10表で示したような個人総合所得を把握できるデータがない。そこで、資産額に関する推定を用いることにするが、これについても一九一六年に時事新報社が行った調査以前にはあまり信頼できるものがないため、大戦景気の影響を若干受けた数値であるが、同調査を利用することにする。

第13表には、頂点に位置する代表的な資産家しか示せなかったが、前掲第10表などと対比したとき、第一に指摘できることは、大名華族の地位が相対的に低下していることである。それは、彼らの経済活動が、公債利子や株式配当などに依存するレントナー的なものにとどまったことと無関係ではないだろう。しかし、このときの資産高と旧石高とがかならずしも比例していないことも事実である。

たとえば、平戸六万石の松浦家や小浜一〇万石の酒井家あるいは高松一二万石の松平家が、三〇万～五〇万石台の諸家に伍して推定一〇〇〇万円の資産を有している。一方、第10表には名前があった五〇万～六〇万石台の大藩尾張徳川家・熊本細川家・福岡黒田家は、推定資産は三〇〇万～五〇〇万円にすぎず、第13表にはのっていない。廃藩以降半世紀近い間、それぞれの大名華族家の経済活動とその成果にかなりの差ができたことを認めざるをえない。

第二に、大名華族をぐんぐんと引き離して資産額を増しつづける諸財閥は、銀行・鉱山・貿易などの分野で活動しており、その頂点に三井・三菱・住友の三大総合財閥と、最大の金

(1916年現在)

第13表　有力資産家一覧　　(公)は公爵、(侯)は侯爵、(伯)は伯爵、(男)は男爵

推定資産額	人数	東　京	大　阪	その他
2億円以上	2	岩崎久弥(男)・小弥太(男) 三井八郎右衛門(男)他		
7000万円	2	安田善次郎・善三郎(銀行)	住友吉左衛門(男)	
6000万円	1	古河虎之助(男・鉱山)		
5000万円	1		藤田平太郎(男・鉱山)	
4000万円	1		久原房之助(鉱山)	
3000万円	1	大倉喜八郎(男・貿易)		
2000万円	2	高田慎蔵(貿易)、前田利為(侯)		
1500万円	5	島津忠重(公)	鴻池善右衛門(男) 岸本五兵衛(肥料商)	川崎芳太郎(造船) 鈴木よね(貿易)
1300万円	3	渡辺治右衛門(銀行)	範多竜太郎(貿易)	辰馬吉左衛門(酒造)
1200万円	2	峰島茂兵衛(質商)	芝川又右衛門(地主)	
1000万円	23	徳川頼倫(侯)、鍋島直大(侯) 浅野長勲(侯)、松平頼壽(伯) 松浦厚(伯)、酒井忠道(伯) 藤田文子(鉱山) 前川太郎兵衛(綿商) 村井吉兵衛(銀行)	山口玄洞(綿商) 山口吉郎兵衛(銀行) 岸本兼太郎(海運) 島　徳蔵(株仲買) 広海二三郎(海運) 和田あい(地主)	本間光輝(地主) 若尾民造(銀行) 塚本定右衛門(呉服商) 松平康荘(侯) 山口達太郎(石油) 伊藤長次郎(地主) 毛利元昭(公) 安川敬一郎(鉱山)
900万円	3	山下亀三郎(海運)		原　富太郎(生糸商) 茂木惣兵衛(生糸商)
800万円	7	堀越角次郎(地主) 川崎八右衛門(銀行)	寺田甚與茂(紡績)	北村又左衛門(地主) 乾　新兵衛(酒造) 岡崎藤吉(海運) 貝島太助(鉱山)

出典：渋谷隆一編『大正昭和日本全国資産家地主資料集成Ⅰ』(柏書房、1985年)
備考：1)『時事新報』1916年3月29日〜10月6日所載の「全国五拾万円以上資産家」第三回調査の全体を「再調査」してまとめた、同紙10月7日所載のもの。戦争景気の影響などで若干上方修正されたものがある。したがって、修正前のデータを利用した石井寛治「日本資本主義の確立」(『講座　日本史』6、東京大学出版会、1970年)とは若干異なっている
2)総数2201名のうち800万円以上の53名分のみ掲出

融財閥安田の当主が名を連ねている。この時期に彼らにつづいて古河・藤田・久原・大倉といった二流財閥の当主も巨額の資産を蓄積しており、その多くは大戦ブームの波に乗り過ぎて一九二〇年恐慌で痛手を負うことになる。そして、それ以上に、大戦ブームに乗って急上昇し多角化したあげく、没落する東京の高田商店、神戸の鈴木商店や川崎造船所、横浜の茂木商店といった、商工業者の名もみえる。

第三に、日本産業革命の中心をなした繊維・石炭業の関係者として、前川太郎兵衛・山口玄洞・塚本定右衛門・原富太郎・寺田甚與茂《じんよも》ら繊維関係業者、および、安川敬一郎・貝島太助ら炭鉱業者の名前があるのに対して、農村の支配者としての地主層からは、山形県の本間家（一八一二町歩〔＝ヘクタール〕、一九二四年）と兵庫県の伊藤家（三二二町歩、同年）、および奈良県の北村家（山林）が姿をあらわすにとどまり、秋田県の池田家、新潟県の市島・伊藤・白勢《しらせ》・田巻《たまき》・斎藤家などのいわゆる千町歩地主は、せいぜい三〇〇万〜四〇〇万円の資産額にとどまるため、表示されていないことが注目される。資産家としての地主の全国的地位も、第10表についてみたのと同様に、財閥グループや大都市有力商人層の下に位置していたのである。

急成長する三井物産と三菱造船

抜群の資産額を誇る三井一一家と岩崎二家のばあいをみると、財閥同族が排他的に持株支配する本社部門のもとに、これまた本社が排他的に支配する直系会社があって、全活動の基軸をなしていた。三井財閥のばあいは、一八九三年の商法の一部施行をきっかけに、銀行・物産・鉱山・呉服店が合名会社となったが、最初は三井一一家がいずれか一つの会社の無限責任社員となることによって、実質的な有限責任を実現しようと工夫していた。

しかし、一八九八年からは四社とも一一家全員をもって社員とすることに改められた。ついで一九〇九年一一月、三井家同族会を法人化した三井合名が設立され、その傘下の銀行と物産は株式会社化し、二年後に鉱山も株式会社となった。こうして直系会社に対する三井同族の無限責任が名実ともに有限責任に切り替えられたことによって、巨大化した直系会社の新たな発展の道がととのえられた。

三菱財閥のばあいは、一八九三年一二月に岩崎久弥《ひさや》（一八六五～一九五五。弥太郎の長男）と弥之助（一八五一～一九〇八。弥太郎の弟）の二人が折半出資する有限責任社員となって、資本金五〇〇万円の三菱合資会社を設立、そのなかに銀行部・売炭部・鉱山部、後に造船部などが設置されて、岩崎二家の資産の一部をなす事業部門が、両家共有のものとして統合された。一八九九年の商法改正で、合資会社は有限・無限社員からなるものとされるが、三菱合資は既設会社ということで、有限社員のみで存続した。

なお、三菱のばあいは、合資会社のほかにも各家による有価証券投資や個人事業がある点で、事業と資産をすべて同族会管理下の合名会社に編成した三井のばあいと異なっていた。(38)

産業革命期の財閥資本の蓄積テンポは凄まじかった。三井と三菱のばあいについてみよう。一八九四年六月、三井同族会・銀行・物産・鉱山の合計で九一七万円が、一九〇九年一〇月、三井合名設立直前には合計六三一七万円と、この一五年間で総資本は約七倍に激増した。三菱のほうは、資本金・積立金に、「岩崎氏勘定」などが加わる形で調達された合資会社の投資額でみると、一八九四年末六三六万円、一九〇九年末四五六〇万円へと、やはり約七倍となっている。

一九〇九年段階の最大の投資先は、三井では物産（一九六六万円）、三菱では造船（一六五五万円）であった。銀行部門と鉱山部門を柱とする点で共通した特徴をもつ両財閥であるが、発展の方向性においては、三井が商業中心であったのに対して三菱は機械工業中心の道をたどっており、かなり性格が違っていたことがうかがえよう。ついでにいえば、住友財閥は銀行・鉱山部門を柱として金属工業へと領域を広げていく点で、三菱財閥を少し小型にしたかたちで資本蓄積をすすめていた。

もっとも、三井財閥が、産業革命期を通じて商業中心の方向にすすみつづけたわけではない。産業革命がはじまった一八八〇年代後半の同財閥は、銀行のほか、商業・鉱業へと多角化をすすめていたが、全活動の中心はあくまで三井銀行にあり、同行は集めた民間預金を使って盛んな融資を行った。ところが貸出しの査定といった基本的な業務の担当者が育っていなかったため不良貸しが累積し、一八九一年に三井の顧問格の政治家井上馨の要請で、山陽鉄道社長中上川彦次郎（一八五四～一九〇一）が三井銀行に入って再建につとめた。[39]

中上川は、製糸業（日本最大の四製糸場経営）・綿紡績業（日本最大の鐘淵紡績経営）・製紙業（王子製紙経営）・機械工業（芝浦製作所経営）などの工業を中心に三井財閥再建を試みたが、思うような成果が出ないうちに、三井同族や三井物産の益田孝、さらに井上馨からまで、強引な路線転換への批判を受け、失意のうちに一九〇一年病没した。

三井財閥が益田孝の指導のもとに工業部門から撤退し、商業部門＝三井物産の拡大路線を突っ走るようになったのは、その後のことである。三井物産は、日本国内はもとよりアジアから世界へと拡張した支店網を活用し、石炭・綿花・綿糸布・生糸・機械をはじめ、あらゆる商品を扱う大規模な総合商社として急速な発展をとげた。

一八七六年に当時流行の手数料取引を方針として設立された三井物産が、みるみるうちに内外の商社を圧倒して巨大化しえた秘密は、近代的な手数料目当ての取引を土台とする一方、一定限度内で見込みによる自己勘定取引を行う権限を支店長に与えたこと、その権限を支店長たちが大胆に用い、しかも組織の一員としての任務に忠実だったということに求められよう。

こうして、九七年に五三七三万円（うち輸出入四三九七万円）だった同社の商品取扱額は、一九〇七年には二億三五一六万円（同一億八六五六万円）に急膨張し、日本の輸出入総額に占める比率は一〇・七%から一九・七%へと倍増した。

これに対して、三菱財閥が造船業に利益を上回る投資をつづけたのは、三菱長崎造船所支配人荘田平五郎（一八四七〜一九二二）の造船業に対する熱意を、岩崎家の当主たち、とりわけ岩崎弥之助が支持したためであった。

兄弥太郎が一八八五年に病没した後、三菱の総帥となった弥之助は、九三年、三菱合資を設立したさい社長を弥太郎の長男久弥に譲るが、その後も社長の後見役として監務という職について若い久弥を補佐した。弥之助は没する間際まで、実質的に三菱財閥の発展方向を決める実権をもっていたといってよい。若いときにそれぞれ米国留学の経験をもつ弥之助と久弥は、近代的な産業企業がどうあるべきかを知っており、長期的な見通しのもとで造船事業に力を注いだのであろう。

財閥当主のこうした姿勢のために、中上川と同じ慶応義塾の出身者である荘田は、中上川のような挫折を経験せずにすんだ。三菱長崎造船所は、同じ三菱系で政府の手厚い保護を受けていた日本郵船からしばしば注文を受け、海軍からもしだいに軍艦の発注がくるようになり、一九一三年には、二万七五〇〇排水トンの巡洋戦艦霧島《きりしま》を進水させた（このとき、神戸の川崎造船所は巡洋戦艦榛名《はるな》を同時に進水させている）。こうして第一次大戦期には、造船部門が三菱のドル箱的存在となるのである。

ところで、巡洋戦艦霧島と榛名は、横須賀海軍工廠が建造した巡洋戦艦比叡《ひえい》とともに、海軍省がイギリスのヴィッカース社に発注した巡洋戦艦金剛《こんごう》の同型艦であった。すでに一九〇五年に当時世界最大級の排水量一万九四〇〇トンの戦艦薩摩を同工廠で起工していたにもかかわらず、日本海軍があえてイギリスに新しく巡洋戦艦を発注したのは、この時期の世界の海軍界に沸き起こった激しい技術革新のテンポについていけなくなる恐れからであった。

日本海海戦の教訓を受けとめたイギリスが、一二インチ砲一〇門（しかも片舷から発射できる砲力八門）を積み、タービン機関を備えた高速軍艦ドレッドノート（Dreadnaught ＝

無敵艦）を一九〇六年に竣工させた結果、建造中の、一二インチ砲四門しかない薩摩を含む各国の戦艦は、すべて二流戦艦に転落した。しかも、イギリスがさらに改良を重ねて、二万八〇〇〇トンの「ライオン」型超弩級《ちょうどきゅう》巡洋戦艦を建造したのをみて、ついに日本海軍は、技術輸入を兼ねてイギリスに超弩級巡洋戦艦を発注した(40)。

久しぶりの軍艦発注をめぐって、イギリスのヴィッカース社の日本代理店三井物産と、同じくアームストロング社の日本代理店高田商会との間で激しい競争が行われた。前掲第3表に明らかなように、従来の実績ではアームストロング社が断然優位にあったが、このときはヴィッカース社が約二四〇〇万円で落札に成功した。その裏に、しかし、五%の手数料の一部を用いた多額の贈収賄が、三井物産と海軍関係者の間にあったことが、もう一つの贈収賄事件、ドイツのジーメンス社と海軍関係者との事件の捜査をつうじて判明した（一九一四年）。

実をいえば、日清戦争以降、海軍拡張のための膨大な海外発注のさい、海軍省高官はたびたび商社並みの「コミッション」を要求・入手してきており、また陸軍省や逓信省の高官も、ジーメンス社日本営業所への発注にさいして同所から多額の「コミッション」を受け取っていた事実が、同社の所蔵史料に基づいて明らかにされている(41)。その意味で、ジーメンス＝ヴィッカース事件はまさに氷山の一角にすぎなかったのであるが、それらの構造的官庁汚職の全貌はついに究明されなかった。

ジーメンス＝ヴィッカース事件についても、海軍艦政本部長松本和《やわら》中将や藤井光五郎《てるごろう》海軍機関大佐（当時）らが一四年中に有罪判決を受けたが、時の海軍大臣斎藤実《まこと》（一八五八～一九三六）の収賄の事実は、検事総長平沼騏一郎《きいちろう》（一八六七～一九五二）に握り潰された。それにしても、松本や藤井が受け取った賄賂三〇万～四〇万円というのは、国民一人当たりGNP八〇円という時代としては異常に巨額なものであり、海軍関係者の底知れぬ腐敗がうかがえる。贈賄側の三井物産は、常務取締役に相当する飯田義一・岩原謙三・山本条太郎が罪に問われ、退社を余儀なくされるという大きな痛手を負った(42)。

こうして超弩級巡洋戦艦金剛の発注と同型艦建造は、三菱造船所にとっては世界最高水準の軍艦建造技術獲得の記念碑となったが、三井物産にとっては有力経営者を一挙に失う痛恨の出来事をもたらしたのである。

富豪の日常生活――三井家と島津家

以上、富豪の頂点に位置する二大財閥の資本蓄積についてみてきたが、今日の企業集団との違いの一つは、財閥には所有者としての財閥家族＝同族がいたことである。もっとも、所有者であるはずの財閥の同族は、自分の持ち分でも財産を処分する権利がないのが普通であった。しかし、一八九八年施行の明治民法には、分割を請求できる共有財産の規定しかなく、分割請求のできない総有財産の規定が欠けていた。

そこで三井家のばあいは、一九〇〇年に家憲を制定して、同族財産の分割を私的に禁止しなければならなかった。それとともに、三井一一家のメンバーは、政治に関係したり借金をすることを禁じられ、同族会の許可なしに商工業を営んだり会社に投資することも禁止された。「三井同族は主体性をもった経済人にはなれなかった」(43)とされるゆえんである。

三井同族が、どの程度まで財閥全体の経営方針の決定に関与していたかははっきりしないが、新規の冒険的投資や株式公開へ抑制的発言をしたり、財閥内部で若干の調整をする以外に、経営について発言する機会は少なかったのではないかと思われる。

直系会社から社員配当金として三井元方へ納付される金額は、増えていくとはいえ、実際に各家に分配される金額はかなり限定されていた(44)。三井一一家への分配金は、一八九三年上期の六万一七〇〇円からしだいに増額されて、九七年下期には一〇万円、一九〇一年下期には二〇万八〇〇〇円となり、〇六年上期に三六万円に達した。総領家である北家《きたけ》(三井八郎右衛門高棟《たかみね》家)をみると、同家にはその二三%が分配され、そこから家族の婚姻費用や邸宅の改修費用などの各種積立金を差し引いた残りが、自由に処分できる資金であった。〇六年上期の北家分配金は八万二八〇〇円、可処分額は四万九六八〇円である。

この年六月に北家は麴町区土手三番町から麻布区今井町に転居したが、新居の敷地は七七〇〇坪(＝二・六ヘクタール)、一四棟の本館、三棟の茶席、三棟の土蔵などの建坪は七〇〇坪以上あった。高棟と夫人苞子《もとこ》(旧富山藩主前田利声《としかた》の長女、伯爵前田利同《としあつ》の妹)の間には二男五女があり、四女禮子(一九〇五年生)と五女祥子《さきこ》(一九〇七年生)の回想にこうある——。

二人は、毎朝青山にある女子学習院まで通うのに、洗顔、結髪をし仏間にお詣りしてから食堂でそれぞれの使用人の世話で食事をとり、寝室の両親に挨拶してから鞄を提げて内玄関へ行くが、忘れ物をすると自分の部屋まで戻るのが遠くて大変であった。そこからは二台の人力車で通学したが、当時人力車で通学する者はクラスで三、四人しかいなかった。

家族が揃っていただく夕食はだいたい一汁三菜の和食で、日曜の昼だけフルコースの洋食であり、着物は学校も家も同じ銘仙《めいせん》と決まっており、年頃になってもよそ行きの着物は二、三枚に限られていたというから、豪華な住宅のわりには、食物と衣料は比較的質素だったといえよう。

高棟は娘たちに対して「三井家は質素・倹約をたてまえとしてきた」といつも語っていた。一家は夏には大磯の別邸＝城山荘ですごすことが多かったが、一九一二年に箱根小涌谷に別荘を建ててからは、避暑には同別荘を利用するようになったから、こと住居に関しては庶民とは隔絶した地位にあった。(45)

三井八郎右衛門高棟は一八九六年、岩崎弥之助・久弥とともに、財界人として初の男爵を授けられ、華族の末端に連なった。

さてここで、華族の代表格ともいうべき島津家の日常生活についての興味深い記録を紹介しよう。旧薩摩藩主の公爵島津忠義（一八四〇～一八九七）が死去したあと、一四歳の嫡男＝公爵忠重ら五人の子息を教育するためにイギリスから招かれたミス・ハワードの七年間（一九〇一～〇七年）の回顧録(46)がそれである。

東京・永田町にある公爵の「西洋館」（「濃い赤味を帯びた木造のあまり見映えのしない建

物」と記されており、かなり離れた所に姉妹たちの住む「日本館」がある）に到着したハワード女史は、裕福なはずの公爵家の家具や食器類がありきたりのものにすぎないのに驚き、「人格は日常生活における質素と克己によってのみ陶冶される」とする島津家の伝統に感心している。当時の日本の一般水準からはとびぬけて豪華な住居も、イギリス仕込みの女史の目には貧相に映ったのであろう。

しかし、他面では、子供たちの衣服がほとんど手を通さないうちに古着として使用人に次々と払い下げられる習慣になっていることや、毎週信じられないほど大量の食料品が買い込まれ、料理番たちの役得を増やしていることを知って、その贅沢ぶりに憤慨している。衣類と食料についての贅沢な習慣は、先にみた三井家のばあいと対照的であり、総じて島津家の東京での日常生活は、「質素と克己」という薩摩武士の伝統が建前に堕していたことをうかがわせるものであった。

子息の教育にさいしてハワード女史が直面したのは、彼らが鹿児島出身の使用人たちの生活にまったく無関心で、お礼の言葉すら一度もいわず、「単なる自己中心的な人生観」しかもっていないという現実で、女史は、「彼らを独立心のある、利己的でない、心優しい、そして感謝することを知っている人間に育て上げることが、はたして私にできるであろうか？」と悩んだという。そこで松方正義ら島津家顧問の支援を得てハワード女史が試みた「目覚ましい改革」の結果、「公爵や弟たちは病院を訪問し、小遣いを与えられ、買物に出掛けることを許された」のであった。

こうして、まるで薩摩藩主の時代のように、庶民の暮らしと隔離された世界でわがままいっぱいに育っていた島津家の子息たちは、徐々に「克己心」と「同情心」の持ち主へと教育されていった。

以上、財閥の代表三井家と、華族のトップ島津家の人々の暮らしを垣間見ただけであるが、欧米の独占資本家や貴族とくらべると、彼らは意外と質素な生活をしていた。それは日本全体の経済水準の低さの反映であった。日本内部では、彼らと一般民衆の生活水準の違いは歴然たるものがあったのである。三井家の子弟も島津家の子弟も学習院に通って共通の社会集団を形成していくが、日露戦後には財閥と華族の婚姻関係が増えはじめたことを先のハワード女史も指摘している。

岩崎家では弥太郎の長男久弥が一八九四年、旧飯野藩主保科正益《ほしなまさあり》子爵の長女寧子《しずこ》と結婚し、弥之助の長男小弥太《こやた》（一八七九〜一九四五）も英国ケンブリッジ大学留学から帰国した翌一九〇七年、島津孝子と結婚した。孝子はハワード女史が教育にあたった子弟たちの後見人島津珍彦《うずひこ》男爵（久光三男）の娘である。

三井家では総領家の八郎右衛門高棟が旧富山藩主の娘と結婚したことは前述のとおりで、一九一三年、高棟の長女慶子《のりこ》が侯爵中御門経恭《なかみかどつねやす》と結婚した。なお、住友家では、一八九〇年に前家長友親《ともちか》と一三代家長友忠《ともただ》が相ついで死去したさい、大番頭広瀬宰平の采配で、とりあえず友親未亡人が一四代家長を継いだ後、旧公卿侯爵徳大寺《とくだいじ》家の六男で侯爵西園寺《さいおんじ》公望《きんもち》の実弟隆麿《たかまろ》を友忠妹満寿《ます》の夫として住友家に入籍させて、九三年から一五代家長友純《ともいと》を名乗らせた。このことで、住友財閥の社会的地位は一挙に高まったといわれる。

労働運動の「冬の時代」

このころ、東京と大阪に集中するこれら富豪の対極に、膨大な数の貧民の群れが存在し、ますますその数を増していった。産業革命期の東京の「貧民窟」を観察しつづけた横山源之助は、一九一二年に「貧街十五年間の移動」と題して、かつては貧民の集中する地区といえば、芝区新網町《しんあみちょう》、四谷区鮫ケ橋《さめがはし》、下谷区《したや》万年町《まんねんちょう》などが代表であったが、最近はそうした市内中央を離れた本所区、深川区の場末に移り、そこでは、「各種工業の勃興とともに、工場職工を初め、日稼ぎ人足等の群集甚だしく、いわゆる労働者の霜枯れ月に入れば、一日二千名以上の労働者は、周旋者の手を経て、地方鉱山に飛散する」と述べている(47)。人力車夫への需要の多い鉄道停車場、新橋・新宿・上野近辺の「貧民窟」から、工場の職工と下働きの人夫への需要の多い「東方東京《イースト》」へと「貧民窟」の中心が移動しつつあるというのである。横山によれば、そうした地域では、かつて繁盛した一人一畳の木賃宿《きちんやど》にかわって、日露戦争後は一家族で一室の共同長屋が続出し、所帯持ち同士が互いに干渉しない「個人主義」的生活態度が広まりはじめていたそうである(48)。

一九一一〜一二年、東京市内で行われた「細民調査」を分析した研究(49)によれば、最下層民の集住するスラム地区では、三〇代ないし四〇代の男子を世帯主とする三〜四人の世帯が、長屋の三畳ないし四畳半の一室に居住するのが標準的な姿であり、世帯主が商工業や運輸業

東京四谷区鮫ケ橋の「貧民窟」〔『風俗画報』1903年10月25日号〕

（人力車ないし車馬）あるいは日雇・屑拾《くずひろ》いなどの仕事から、平均一四～一五円の月収を得、妻の収入一・七～二・五円をあわせて、月一五・七～一七・五円の収入で生活していた。年間収入は一八八～二一〇円、一人当たりの消費支出可能金額は、三人家族ならば六六円前後、四人家族として五〇円前後という計算になるから、先にみた小作農の平均消費支出五一円と大差ないといえようか。

同じころの工場労働者の月収もこれとあまり違わないが、妻の内職収入が若干多いため、世帯としての平均的収入は「貧民窟」住民の収入よりもやや多くなっていたという。支出内容においては、職工家族は貧民家族よりも住居費と被服費が相対的に多く、飲食費が少ない。しかし、職工下層の収入は貧民のそれと重なっており、消費水準はほとんど変わらなかったとされている。

もっとも、重工業大経営に働く職工のばあいは、しだいに居住地区として「スラム地区」を忌避するようになっており、一九一〇年には、小石川区の、現在の後楽園のところにあった東京砲兵工廠に通う職工は、その近くの「スラム地区」である「百軒長屋」(同区西丸町)にはどうしても住みたがらなかったと報告されているから、(50)職工層の都市下層社会からの離脱は、第一次大戦による活況以前においても、大経営の職工を先頭にすでにはじまっていたといえよう。

日露戦争後の一九〇六〜〇七年には、陸海軍工廠や、三菱・川崎造船所などの重工業大経営で労働争議が続発した。賃金引上げ要求と並んで、親方職工にかわって直接に職工を管理するようになった、経営側の監督者の恣意的管理への不満が、反抗の理由であった。それまでは、不満は親方職工によって吸収されるか、あるいは他の経営へ移動することで問題が解消されていたのが、軍需の減少で移動が困難となった「渡り職工」が中心となって、直接経営に不満をぶつけたため大規模争議となった。

ここでいう「渡り職工」とは、さまざまな地域の工場を転々と移って腕を磨く職工のことで、日露戦後においてもまだ相当多くみられたという。たとえば、ある職工は日清戦争のころ、一三歳で東京の町工場の「徒弟」となったあと、旋盤工として東京砲兵工廠など七ヵ所を巡歴、ついで関西で大阪鉄工所・川崎造船所など六ヵ所を経験、東京に戻って町工場を自営するが、失敗して二六歳で石川島造船所に入所したというから、ちょうど一九〇七年恐慌の前後に、自営業に挫折して石川島造船所へ再び職工として雇われたことになる[51]。

一九〇七年には、足尾・別子の両大銅山においても労働争議が起こり、いずれも暴動となったため軍隊が出動して鎮圧された。どちらの争議も、賃上げ要求とともに、経営と坑夫の間にあって作業請負をして中間利益を得ていた飯場頭が、その請負を辞めさせられ、坑夫募集と生活管理だけを担当するようになったことへの反発が、原因であった。その点で、大鉱山の争議も重工業大経営のばあいと同様、経営による坑夫の直接管理への変化が生んだものであった。

注目されるのは、これらの争議の基礎に、鉱山労働者がしだいに階級意識に目覚め、組織的活動をはじめていた事実があったことである。足尾銅山では、夕張炭鉱などで活動していた永岡鶴蔵（一八六三〜一九一四）や南助松《すけまつ》（一八七三〜一九六四）の指導で、大日本労働至誠会足尾支部がつくられた。彼らは飯場頭の権限を制限し、経営の監督強化に対しても批判を加えたが、そうした至誠会の活動に危機感を高めた飯場頭の「陰謀」によって暴動がひきおこされ、至誠会への徹底的な弾圧が行われた[52]。

運動の指導者であった永岡鶴蔵は、一八六三年に大和国吉野郡の漢方医の四男として生まれ、父の死後家が没落して商家で見習い奉公をしたが、一七歳で近くの鉱山に入り、二年後に坑夫の互助組織である「友子《ともこ》」の一員に加えられた。それからの鶴蔵は、「渡り坑夫」として和歌山・愛媛・岡山・兵庫の各鉱山をへめぐり、八四年に生野《いくの》銀山（兵庫県）から古河にスカウトされて草倉《くさくら》鉱山（新潟県）へ移り、八六年からは同じ古河の院内《いんない》鉱山（秋田県）

で働いたが、その翌年には瀬川安五郎の経営する荒川鉱山（秋田県）に移っている。

そこでキリスト教の伝道者に出会って入信した鶴蔵は、仲間に伝道する一方で学習サークルを組織したところ、経営から圧迫されたため、再び院内鉱山へ戻り、鉱業条例の研究会をつくった。九三年、同条例に基づく就業規則の改善を求めて、「同盟休業」を行い、要求の大半を認めさせた。九七年に北海道へ渡って夕張炭鉱で南助松と出会い、一九〇二年、大日本労働至誠会を結成、労働者の品位向上のための啓蒙活動を行って、〇三年一一月、社会主義者の片山潜（一八五九～一九三三）の来道を機に坑夫の全国組織化を思い立った。

一九〇四年、まず手はじめとして鶴蔵は足尾鉱山におもむき、みずから坑夫として働きつつオルグ活動を精力的に行ったけれども、飯場頭の妨害で運動は思うように盛り上がらなかった。そこに旧友南助松が〇六年一〇月夕張から応援に駆けつけて、協力して大日本労働至誠会足尾支部を組織し、しだいに運動が活発になった矢先に、暴動が起こったのである。[53]

こうした労働運動の興隆が、社会主義と結合することを恐れた政府は、一九一〇年の大逆《たいぎゃく》事件（天皇暗殺を組織的に計画したという架空の理由で、幸徳秋水《こうとくしゅうすい》ら二六人を死刑等に処した）にみられるように、社会主義運動への徹底した弾圧を行う一方、一一年、工場法（婦人・若年労働者の労働時間を制限する保護立法）を公布するなどの社会政策を実施した。

『東京経済雑誌』一九〇八年一一月七日号は、「労働者は大に団結を起すべし」という社説を掲げて、労働組合の結成を主張したが、政府にも企業にも、労働組合を認める気はまったくなく、せっかく盛り上がりかけた労働運動も、社会主義運動とともにしばらくの間「冬の時

ら、やがて本格的な労働運動が育っていくことになる。(54)

しかし、鈴木文治《ぶんじ》（一八八五〜一九四六）ら知識人の呼びかけで、一九一二年八月に発足した友愛会には、日露戦後の争議経験者が多数加わっており、運動の経験が引き継がれながら、やがて本格的な労働運動が育っていくことになる。

変わる農村、揺らぐ天皇制国家

日露戦後の政府が憂慮したのは、右に述べたような労働争議や社会主義運動だけではない。ポーツマス条約の無賠償という結果に、期待を裏切られた民衆の不満が爆発した日比谷焼打事件に始まり、大戦後の米騒動（一九一八年）にいたる都市民衆のさまざまな騒擾《そうじょう》事件もまた、政府の危機感をつのらせた。

しかし、当時の政府がもっとも対応に苦慮したのは、国家行政の末端を担う町村財政の疲弊という現実であった。前述のように一九〇八年段階でさえ、市部人口は総人口の一六％にすぎなかったから、八四％を占める町村住民の生活と、町村財政を日露戦後経営の要求する重い負担に耐えうるようにしない限り、「一等国」としての日本の将来は危うい、と政府は考えた。地方農村社会の秩序の崩壊は、天皇制国家の仕組みの基本の崩壊だと考えていたのである。

一九〇八年一〇月に第二次桂内閣の内相平田東助《とうすけ》（一八四九〜一九二五）が、閣議で小村外相や斎藤海相の反対を押し切って決定したという戊申詔書《ぼしんしょうしょ》には、「上下心を一にし、忠実《ちゅうじつ》業に服し、勤倹産を治め、……華を去り実に就き」といった文言が並んでいる。

このような、官民協力して真面目に働き浪費を避けて貯蓄する、という当たり前といえば当たり前の社会倫理を、なぜわざわざ天皇の名前で民衆に訴えようと平田内相が思い詰めたのだろうか。

その背景には、株式投機で巨利を得ながら、一九〇七年恐慌であえなく没落した「成金」鈴木久五郎《きゆうごろう》（二九歳の鈴木銀行〔本店埼玉県粕壁《かすかべ》〕東京支店長。鐘淵株の売買だけで三五〇万円を獲得したといわれ、鐘淵紡績大株主として武藤山治社長を一時追放した）をはじめとする、大小の投機者群の悲惨な状況や、軍需資金で潤った民衆が、和平がなった喜びのなかで消費を拡大して貿易赤字が急増するという、容易ならぬ事態が横たわっていたとみてよかろう。この詔書の発布を合図に、国民教化・生活改善の大々的な運動が展開され、それは「地方改良運動」と呼ばれた(55)。

天皇の詔書の威力は凄まじく、その趣旨は、翌年初頭にかけて全国一万二千有余の町村にまで浸透させられていった。群馬県を例にとると、県知事はさっそく郡市長らを県庁に集めて詔書捧読式を行い、各郡長はそれぞれ町村長と小学校長を招集して捧読式を行った。

そのさい、佐波郡の郡長が訓示として、「そもそも町村は国家最下級の団体にして、国家の基盤は町村にありというも敢て過言にあらざるべし。つくづく現時の状況をみるに、町村において一定の方針〔町村是――引用者〕を定め、この軌道をふみて進行しつつあるものなし。自治の発達せざる、むべなりとす。今や皇上詔《みことのり》を渙発《かんぱつ》せらる、国民たるもの之を奉体《ほうたい》し努力もって国運の発展を期せざるべからず。いわんや自治団体たる町村においてをや」と述べているところに、この詔書の受けとめ方の典型が示されている。

郡長が「町村是」設定の基本点として指摘したのは、納税組合の設立と基本財産設定による町村財政の確立、勤倹貯蓄組合の設立、産業組合設立、耕地整理・農事改良による経済力の増強であり、さらには夜学などによる青年風紀の矯正も含まれていた。内務省では一九〇九年七月から地方官吏を集めて、内務・農商務・文部官僚が講義する地方改良事業講習会を繰り返し開き、出席者はその成果を持ち帰って町村段階での講習会を実施した。

地方改良運動の最大の眼目は、日露戦争中から財政負担が急増したうえ、一九〇八年以降、四年制から六年制にされた義務教育年限の、延長に要する経費増も負担することになった町村財政を再建することであり、そのためにとられた方策が、一八八八年の町村制施行以来の懸案でありながら実現できなかった部落有林野の統合であった。八八年の町村制施行で、江戸時代以来の村落共同体的町村は統合され、旧町村＝部落は新しい「行政村」内部の大字《おおあざ》になったが、部落の共有林野（入会地《いりあいち》）はほとんど統合されず部落有林野として残されており、「自然村」としての部落の人々に、肥料と燃料を供給してその生産と生活を支えてきた。

一九〇四年の調査では、全国の公有林野見込み面積五五〇万町歩（＝ヘクタール）のうち、町村有林野は一三四万町歩にすぎず、残り四一六万町歩は部落有だったという。政府は、この広大な部落有林野を町村有林野に切り替え、これを林業経営の対象とし、窮迫する町村財政の収入源としようと考えた。しかし、それは当然、従来そこを入会地として利用してきた人々、とくに小作貧農たちの生産と生活に大きな打撃とならざるをえない。

ともかく、部落有林野の統合を行えば造林のための補助金を優先的に与える、などの誘導策が採られた結果、昭和初年までにようやく二二三万町歩の林野が町村財産に統合された。この数値は、部落有林野の統合への抵抗がかなり大きかったことを示している。さらに、部落有財産の統合がすすんだ行政町村においても、財政が改善され生活基盤が整備されたかといえばかならずしもそうではなく、かえって道路・治水・学校・神社の位置などをめぐる村内の利害対立が激化したばあいが多かった。

入会地を奪われた農民は、肥料を購入せざるをえないなど、商品経済の渦にいっそう巻込まれていった。それは、小作農のばあいとくに顕著であり、彼らは購入した肥料をこれまで以上にたくさん投入することによって増産をはかった収穫米の一部を、みずから市場に販売するようになった。そうなると、地主に納める小作米の品質を落としてでも、自分の販売米の品質を高めたいと思うのは当然である。地主側でも対抗措置として米穀検査制度を導入し、そのあり方をめぐって小作争議が頻発した。地方改良運動は、町村内の地域的利害対立を激化させただけでなく、地主—小作人間の階級対立をも激化させたのである。

こうして日露戦後の日本社会は、帝国主義列強の一翼にのし上がったばかりに、さまざまな対立と矛盾を国内にも抱え込むことになった。一九〇九年に発表された、夏目漱石（一八六七～一九一六）の小説『それから』の主人公代助が、次のように語っているのは、そうした行き詰まった日本帝国の状況への知識人漱石の批判的認識をよく示している。

日本は西洋から借金でもしなければ、到底立ち行かない国だ。それでいて、一等国を以て任じている。そうして、無理にも一等国の仲間入りをしようとする。だから、あらゆる方面に向って、奥行を削って、一等国だけの間口を張っちまった。なまじい張れるから、なお悲惨なものだ。牛と競争する蛙と同じ事で、もう君、腹が裂けるよ。その影響はみんな我々個人の上に反射しているから見給え。こう西洋の圧迫を受けている国民は、頭に余裕がないから、碌な仕事は出来ない。悉《ことごと》く切り詰めた教育で、そうして目の廻るほどこき使われるから、揃って神経衰弱になっちまう。話をして見給え大抵は馬鹿だから。自分の事と、自分の今日の、ただ今の事より外に、何も考えてやしない。考えられないほど疲労しているんだから仕方がない。精神の困憊《こんぱい》と、身体の衰弱とは不幸にして伴なっている。のみならず、道徳の敗退も一所に来ている。日本国中どこを見渡したって、輝いてる断面は一寸四方もないじゃないか。悉く暗黒だ。(56)

漱石の批判は、無理やり「一等国」になろうとつとめてきた日本のたどり着いた地点が、いかに空虚なものであるかを鋭く指摘している。「一等国」というのは、帝国主義列強のグループにほかならず、日露戦後の日本は、近隣アジアの支配者として「一等国」の仲間入りをしたのであった。

漱石の批判は、日本国内に広がる「道徳の敗退」が、そうした帝国主義化にともなう国民精神の退廃にほかならないことまでは及んでいないが、まさにこの時期の日本の選択は、アジア諸国を支配するか、それとも共生の道を選ぶかにあったのである。

3　近代日本史の分岐点

分岐点としての日露戦後処理

日露戦争はアメリカ大統領T・ローズヴェルトの積極的な斡旋によって講和に持ち込まれた。ローズヴェルトは、開戦後まもない一九〇四年六月、非公式の遣米特使金子堅太郎《けんたろう》（一八五三〜一九四二）に、適当な時期になったら日本のために講和の周旋の労をとると告げ、遼陽会戦後の同年一〇月には駐米ロシア大使カシニに個人的見解として講和を勧告した。

このように、ローズヴェルトが日露講和について早くから主導的立場をとろうとしたのは、日本が満州を列国へ「門戸開放」することを主張してロシアと戦っている限り、それはアメリカの利益に通ずると考えたためであり、アメリカ国民の多数もそう思って日本を支持していた。

と同時に、ローズヴェルトが駐米ドイツ大使シュテルンブルクに対して、「日露間の戦争が長期にわたり、両者が可能な限り消耗すること、講和後には両者の地理的摩擦面が除去されないで、かれらがその勢力範囲の境界で戦前と同じく対立関係をもつこと、これらはわれわれの利益である」と述べているように、日露の両後発帝国主義国が互いに消耗しあったうえで緊張をつづけ、アメリカやドイツの脅威にならないことを期待するという、先進帝国主義国としての戦略的配慮があったことに留意すべきであろう(57)。

日本側は、一九〇五年三月の奉天会戦直後に、満州軍総司令官の大山巌から大本営の山県参謀総長へ、今後の作戦展開は政府の外交的処置と一致させると上申するなど、なんと現地軍のほうから、完全勝利の見込みがないので早く講和を結べと要求する動きがあらわれ、四月には閣議も講和へ向けて動き出すことを決定した。

しかし、当時のロシア側は、バルチック艦隊が日本艦隊を壊滅させて制海権を奪い、満州の日本陸軍を孤立させたうえ、これを撃滅するという望みをもっていたため、講和の斡旋を受けつける意志はなかった。結局、日本海海戦での惨敗によって、さすがのロシア皇帝も講和を決意するのであるが、そのさいも軍事的にはなお強気で、国内の革命の危機を乗り切るために講和するにすぎないという姿勢を保っていた。

そこで、講和のためアメリカのポーツマス軍港に出発するさい、ロシア全権ウィッテは、皇帝ニコライ二世から、「一銭の償金も一握の領土も譲渡するな」という訓令を受けることになった。これに対して、日本側の講和条件は、日本の韓国支配権の承認、遼東半島租借権とハルビン―旅順間鉄道の譲渡、および両国軍の満州撤兵を「絶対的必要条件」とし、一五億円以内の軍費賠償と占領地樺太の割譲および沿海州沿岸漁業権の獲得を「比較的必要条件」とするものであったから、会議が難航したのは当然であった。

結局、八月二九日の最終会談で日本側全権小村寿太郎は、占領中の樺太全島の割譲を条件に賠償要求を撤回すると提案、ロシア側に拒否されて、南樺太の割譲にとどめるという妥協をし、かろうじて交渉を決着させて九月五日に条約に調印した。もっとも、それ以外の目標は獲得したのであるから、小村としては「絶対的必要条件」を上回る成果を得たといってよい。

だが、報道統制のために、満州での日本軍の苦境について全然知らなかった日本国民の多くは、無賠償での講和に納得せず、ほとんどの新聞もまた講和に反対した。そうしたなかで徳富蘇峰の『国民新聞』のみは戦争継続論を「無責任の言」として退け、冷静に講和受諾を唱えたため、同社は日比谷焼打事件のさいの襲撃対象となった。民衆レベルでのこうした不満は、その後の日本のアジア侵略の拡大を底辺で支える役割をはたすことにもなった。

ロシアの勢力を満州から駆逐した日露戦後のこの時点こそは、日本が中国や韓国と連携していく道を選択しえた、いわば最後の機会であったが、この日本近代史の最大の分岐点において、日本は、以下にみるとおり、近隣アジア諸国を支配する道を選択した。

「同化主義」による韓国支配

ポーツマス条約第二条には、「ロシア帝国政府は、日本国が韓国において政治上、軍事上および経済上の卓絶なる利益を有することを承認し、日本帝国政府が韓国において必要と認むる指導、保護および監理の措置をとるにあたり、これを阻害し、又はこれに干渉せざることを約す」と、日本の韓国支配をロシアが認めることが明記された。これに先立つ七月、来日中の米陸軍長官タフトは桂首相との会談で、日本がアメリカのフィリピン統治を承認することを条件に、日本による韓国の保護国化を承認し、八月の日英同盟の改定交渉では、イギリスは軍事同盟の範囲にインドを含めることと引き換えに韓国の保護国化を承認した。

こうした列強による承認を前提に、一九〇五年一一月には第二次日韓協約が締結され、日本政府は韓国の外交権を接収し、ソウルに日本政府を代表する統監府を置くこととなった。このときは、特派大使伊藤博文が駐韓公使林権助《ごんすけ》（一八六〇〜一九三九）とともに皇帝高宗（一八五二〜一九一九）に協約案の受諾を迫り、日本兵が市内を示威行動するなかで御前会議の召集を求め、皇帝が出席を拒否するや、閣議形式の会議に伊藤らが直接乗り込んで閣僚に賛否を問い、多数決をもって押し切って、林公使と外相朴斉純が協約案に署名したのであった。

あくまで協約に反対する高宗皇帝は密使をアメリカに送って斡旋を求めたが、すでに日本の韓国保護国化を承認していたアメリカ政府の対応は冷たく、一九〇七年、ハーグで開催された万国平和会議へ密使を送って訴えても効を奏さなかった。韓国の植民地化への決定的な契機となった第二次協約については、脅迫による強制調印であるから無効であるとする主張があるが、国家に対する脅迫はあっても、国家の代表者個人に対する脅迫とはいえなかったから国際法上は合法であるという見方も強い(58)。

当時の帝国主義列強の共同支配のルールにすぎぬ国際法に照らして合法性をもつか否かと

いう議論自体に、はたして意味があるかどうか疑問だが、この協約の強要は、とにかく建前上は韓国の独立を唱えてきた従来の日本の態度とまったく矛盾するものであり、一片の正当性もないことは明らかであろう。

こうした矛盾を取り繕うために、一九〇五年一二月初代統監に就任した伊藤博文は、韓国を併合するのでなく、形式上の主権を残したまま実質的に植民地とする保護国化の方針をとろうとした。

ハーグ密使事件を理由に皇太子純宗への譲位を強要し、続いて〇七年七月、軍隊解散など内政への全面介入を定めた第三次日韓協約と覚書を締結しながら、伊藤統監が韓国内閣の閣僚に日本人を送り込まず、韓国人による傀儡《かいらい》政権を持続させたのは、韓国の「独立富強」の支援という年来の持論と現実の植民地化の進展とのギャップを繕うためであった(59)。もっとも、〇八年六月末の韓国政府には、官吏（判任以上）の三九％にあたる一七九七人もの日本人官吏がいたというから(60)、傀儡政権の中枢はすでに日本人が掌握していたといってよい。

伊藤統監のもとで、一九〇六年三月、ソウルから平壌をへて、中国との国境である鴨緑江の南岸新義州へいたる京義鉄道が全線開通し、七月には日本国内の鉄道国有化に対応して、ソウルから釜山を結ぶ京釜鉄道その他も統監府の管理下に入った。こうして朝鮮半島を南北に縦断する朝鮮鉄道は、日本本国の国有鉄道と南満州鉄道をつなぐアジア大陸への軍事的・経済的大動脈の一環として活動しはじめた。〇九年には、統監府は第一銀行韓国諸支店が行ってきた銀行券の発行や国庫金取り扱いの中央銀行業務を、同行の抵抗を押し切って新設の韓国銀行に移管させた。鉄道・銀行両部門での民間資本輸出の成果を吸収しながら、権力主導の形で、事実上の植民地経営が推しすすめられたのである。

鉄道と銀行の整備は、伊藤のいう韓国の「独立富強」の実現に役立つどころか、民族資本の萌芽を圧殺する役割をはたした。日本は、日露戦争の結果、便利になった鉄道と第一銀行券を使って、日本の紡績会社の機械制綿布の韓国輸出を急増させ、韓国の在来綿織物業を壊滅させていった。〇七年をピークに韓国の綿糸輸入が減ったということは、安い輸入綿糸を利用して生き延びようとする同国の綿織物業者の努力も挫折したことを示している。

こうして韓国が日本経済の食料供給基地へと編成替えされていくのにともない、日本の民間ブルジョアジーや大地主の投資は圧倒的に土地所有へと向けられていく。渋沢財閥の韓国興業（一九〇四年創立、一九〇八年所有耕地六〇六七町歩＝ヘクタール）、三菱財閥の東山《とうざん》農事（一九〇七年創立、同三六八七町歩）、あるいは大倉財閥の大倉農場（一九〇四年創立、同二三五八町歩）を筆頭に、日本人大地主が続々と誕生した。

事実上の朝鮮植民地化の進展は、伊藤統監の保護国政策の欺瞞的性格への批判を噴出させ、軍隊の解散を潔しとしない将兵は、韓国各地で農民の義兵と合流して激しく蜂起した。そのため、伊藤は保護国政策の挫折を認めて、一九〇九年四月、併合論に転換し、六月統監を辞任した。そして一〇月に、ハルビン駅頭において、義兵闘争の指導者の一人で熱心なキリスト者である安重根《アンジュングン》（一八七九〜一九一〇）らによって暗殺された。ここで「安重根ら」と複数の狙撃者がいたかのように記したのは、その可能性が高いことが最近指摘されているためであるが、真相は明らかでない。[61] 日本政府は、この暗殺事件を絶好の口実に、一九一〇年八月、既定方針どおり韓国併合に踏み切った。

韓国併合に先立って、〇五年一二月に統監府が設置されたころから、日本国内では韓国をいかに統治していくべきかをめぐっての論議が盛んとなった。そこでの一つの焦点は、日本語教育をつうじていかに韓国人を日本人に「同化」するかという問題であり、大隈重信は、雑誌『太陽』（一九〇六年四月）で、「言語の感化力ほど大なるものはない、日本語を使ううちに、いつの間にか日本人になってしまう」と述べ、同化政策論を主張した。

こうした意見に対して、竹越与三郎は『比較殖民制度』（一九〇六年）という著作のなかで、「わが朝野の政治家は、フランスをあやまたしめたところの、この同化病にいつの間にか伝染して、朝鮮に向ってこの同化主義を振り廻わさんとしている、これ実に前車の覆轍《ふくてつ》をふまんとするのであるといわねばならぬ」と厳しく批判したが、少数意見にとどまった。

そして、実際の統監府の政策は、教育について具体的に指摘されているとおり、武力によって従属を強要しながら同化政策をも取り入れたものであり、[62] 併合後の朝鮮植民地支配もそうした従属と同化の政策基調を受け継ぐものであった。この点は、一九一九年の三・一独立運動を弾圧した後に退陣する朝鮮総督長谷川好道《よしみち》が、その事務引継意見書のなかで、「朝鮮同化の方針は併合当初より不変の方針にして……わずかに十年の治績をもって同化の成否を速断するがごときは、むしろ皮相の観察といわざるべからず」と述べていることからも明らかであろう。

植民地の支配方式の世界史的傾向は、一六世紀以来のスペイン・ポルトガルにみられる武力支配一本槍の「従属主義」が、植民地民衆の反抗と絶滅をもたらし、長期的には本国の利益を損なうとの反省から、一八世紀末のフランス革命後のフランスでは「同化主義」が、アメリカ独立後のイギリスでは「自治主義」がみられるようになっていたが、二〇世紀初頭の日露戦後には、各地で高揚した民族運動に対応して、フランスでも「同化主義」から「自治主義」へ転換しつつあった。

朝鮮支配における「同化主義」の採用は、その意味では竹越のいうとおり時代錯誤以外のなにものでもなかったが、日本政府首脳は、単純な武力的従属の強要では朝鮮民族の永続的支配は困難であり、精神的・文化的な同化政策を併用することによってはじめて支配を持続できる、と考えたようである。

本国と同じ法律・習慣・風俗が広がり、日本語が通用するということになれば、圧倒的多数の植民地民衆のなかに割り込んで生活しようとする日本人植民者にとってきわめて便利であることはいうまでもない。こうして朝鮮植民地支配においては、最初から同化政策が重要な方針として掲げられ実行されたのであり、第一次大戦後には台湾についても適用されていった。

この政策は、植民地民衆にとっては、民族としての独自性を徹底的に否定され、しかも政治的・社会的には厳然たる差別を押しつけられるものである以上、単なる武力支配よりもさらに深刻な苦痛を与えるものであった。そして、異民族をありのままに受けとめることのできない排外思想は、真剣な反省のないままに、支配者であった日本人一般の思想の根底に染み込み、今日にいたっているといえるのではあるまいか[63]。

満鉄投資——ハリマン事件の謎

ポーツマス条約によって、日本はロシアから遼東半島の租借権と、長春—旅順間の鉄道および付属炭鉱を、清国政府の承諾を条件として譲り受けることとなった。前述のように日本側は当初、ロシアが遼東半島の租借条約に基づいて敷設した以上、ハルビン—旅順間の東清鉄道南部支線全体が遼東半島租借権とワンセットのはずだとして、その譲渡を要求した。しかし、ロシア側は租借地と鉄道は別だとし、日本軍がハルビンまで到着・占領していない以上、もう少し南の商業都市長春あたりを区分点とすべきだと主張した結果、ハルビンはロシア側の管理下に残された。

満州事変にいたるまで日本の勢力圏がほぼ南満州一帯に限定され、ロシア革命を境にロシア人支配から中国人支配へと替わる国際都市ハルビンを中心とする北満州一帯は、日本人勢力の弱体な地域として残されたのは、このときのロシア側の主張が通ったためであった。

本章の冒頭で触れたように、一九〇六年九月に南満州鉄道株式会社の株式募集が行われ、所要株式の一〇七七倍という熱狂的な応募があった結果、わずかながら行われた清国人の申し込みは完全に排除され、同社は日本人株主のみによる半官半民の特殊会社として同年一一月スタートするのであるが、そこにいたるまでは大きな紆余曲折があった。

講和条約を結んだ小村外相が帰国するまでの日本国内では、門戸開放の立場から、同鉄道は列強と共同経営すべきだという意見が有力であった。たとえば、元老井上は、「清・米両国の資本家を加入協同せしめて経営したなら、将来わが国も米国と同一の態度をとって清国に対することができる」と述べていた。

井上が共同経営案をとった理由の一つは、当時の日本にはこれを経営するだけの資金がないという判断であり、その点では誰もが同意見であった[64]。また、ロシアから奪取した東清鉄道のあまりの荒廃ぶりのために、戦利品として手に入れても経営する自信が日本政府高官にはなかったのではないかという説も出されている[65]。

いずれにせよ、アメリカの鉄道王ハリマン（一八四八～一九〇九）が一九〇五年九月に来日して日米共同経営の提案をしたときに、大多数の財界人と政治家がそれに賛同した。一〇月、ハリマンは桂首相との間で、鉄道と炭坑の経営のための資金を調達する日米対等のシンジケートを日本の管理下に結成するという予備協定覚書を作成したが、調印は小村外相帰国後ということになったためいったん帰国した。

ところがハリマンとすれ違いで帰朝した小村がこの共同経営案に強硬に反対したため、結局日本政府はハリマンとの協定を白紙に戻すことにした。小村の反対理由は、無賠償講和に激昂している国民が、満州に獲得した利権を事実上放棄することを知ったら大騒動になるということであったが、誰よりも小村自身がロシアに無賠償の線で押し切られた無念さで一杯だったのである。

ここで注目されることは、小村が鉄道経営に必要な資金は、ハリマンに頼らなくても調達できると述べて、元老や閣僚を説得したことである。小村がそのように述べることができたのは、日露開戦直後に対日世論操作のために米国に特派された金子堅太郎のところに、大統領の従弟サミュル・モンゴメリー・ローズヴェルトという銀行家が訪ねてきて、ハリマンにやらせては大変なことになるので、資金が必要ならばニューヨークの銀行家たちと協力して提供しようという話をもちかけてきたためであった。金子からこの話を聞いた小村は資金問題については自信満々で帰国したのであった[66]。

問題は、この銀行家の話がどこまで本物だったかということで、研究者によっては典拠となっている金子の回顧談そのものが「疑問の余地が多い[67]」とする向きもあるが、細部はともかく、大筋において金子が架空の話をでっちあげたとは考えられない。ハリマンにやらせるとなにが大変なのかはっきりしないが、この人物がハリマンの背後にあるクーン・ローブ商会と激しく対立・競争していたモルガン商会系の銀行家であったことから考えると、多額の日露戦争外債を引き受けて力をつけたクーン・ローブ商会が、戦後の満州鉄道投資に加わってさらに発展するのをなんとしてでも抑えたいと思っていたとみて間違いなかろう。

一九〇七年恐慌のさい、アメリカ金融界の瓦解を防ぐことで最強の地位を確定するまでのモルガン商会は、海外投資のほとんどをヨーロッパと南アメリカに向けており、東アジアとくに日本への投資はもっぱらクーン・ローブ商会が牛耳っていた[68]。とすれば、モルガン系の銀行家が、クーン・ローブ商会との対抗上、ハリマンの活動を妨害しようと試みたことは、十分ありうることだといえよう。

そのばあい、問題として残るのは、満鉄社債の募集に一九〇七年四月、興銀総裁添田《そえだ》寿一《じゅいち》が欧米に出張したさい、クーン・ローブ商会を相手に交渉して断られたまま、モルガン商会と交渉するのでなくイギリスに赴きロンドンで起債していることである。

金子が取りつけたはずのモルガン系との起債の約束は空約束にすぎなかったのであろうか。この点は今のところ不明というしかないが、考えられることは、クーン・ローブ商会の拒絶も、前年に成立した満鉄がアメリカの要求する門戸開放政策にそぐわない日本単独経営となったことに対するアメリカ政府の批判的姿勢と関係があるのではないかということである。もしもそうだとすれば、あらためてモルガン商会と交渉するまでもなく、アメリカでの起債は不可能ということになろう。実際、満鉄社債はその後もすべてロンドンで起債され、ニューヨークでは一度も起債できなかったのである。(69)

以上のいわゆるハリマン事件の経緯は、いまだに謎に包まれた部分が多く、ここでも多分に想像を交えた叙述になった。満鉄を基本に据えた日本の「満州経営」の進展と、中国における国民革命の展開とが正面衝突して満州事変にいたること、日本のそうした姿勢に対するアメリカからの批判が強まっていくことなど、その後の歴史の展開を考えると、ハリマンとの覚書を破棄して日本単独経営の方向を選択したことは、きわめて重大な選択であった。

ハリマンとの最終決裂にさいして、満鉄株主は日本・清国両国人に限るという清国政府との協約を口実としながら、日本政府には清国との共同経営の意志はまったくなく、満鉄をイギリス東インド会社のごとき満州植民地化の先兵とするという方針をつらぬいていった。「戦後満州経営唯一の要訣は、陽に鉄道経営の仮面を装い、陰に百般の施設を実行するにあり」とする、一九〇五年九月、児玉源太郎（一八五二〜一九〇六。台湾総督のまま満州軍総

満鉄の急行列車と1909年の奉天停車場〔『南満洲鉄道株式会社十年史』〕

参謀長）と後藤新平（一八五七〜一九二九。台湾総督府民政長官）がつくった構想が、日本の「満州経営」の基本方針となるのである。(70)

もしも、アメリカ資本との共同経営がこのときに実現していたならば、それは日米関係だけでなく、日中関係にも大きな影響を及ぼしたはずである。その意味で、ハリマン構想の実現を妨害したアメリカ二大金融資本の対立は、日本国内で、単独経営論を唱えた小村外相や児玉源太郎満州軍総参謀長などの少数意見がしだいに多数派になってハリマン構想を挫折させるのを促進し、その後の軍部中心の「満州経営」への道を用意したといえる。

植民地を拠点に台頭する軍部

ところで、いま、「軍部」という言葉を使ったが、軍部とは単なる軍人グループのことではない。特定の軍人グループが、政治集団化して国政に大きな影響力をもつようになったときに、そうした集団を軍部と呼ぶのである。

そのような政治勢力が形成される制度的条件は、まず一八七八年の参謀本部創設によって整えられた。参謀本部ができたことで、陸軍の作戦用兵に関する統帥《とうすい》＝軍令事項は陸軍省から独立し、参謀本部は天皇直属となって内閣の手の届かない組織となった。海軍でも一八九三年に天皇直属の海軍軍令部ができるが、陸軍のばあいとくらべると権限が小さかった。日清戦争の結果獲得した台湾の総督には武官が就任するのが恒例となり、一八九九年には山県内閣が陸海軍大臣の現役武官制を制度化したことで、軍人の政治的発言力が強まっていった。

しかし、日露戦争ではまだ、陸軍大将桂太郎首相と陸軍中将寺内正毅陸相、海軍大将山本権兵衛海相が、伊藤・山県ら元老の支持のもとで統帥を律しており、満州軍総司令部の総司令官元帥大将大山巌と総参謀長大将児玉源太郎も中央と緊密な連絡をとっていたから、(71)一九二〇年代後半以降、急速にすすんだ現地軍の独走といった事態は少しもみられなかった。逆に現地軍のほうから講和への取り組みを催促したことは、前述したとおりである。

しかし、日露戦後には、朝鮮・満州支配のために軍人に頼ることが多くなり、その結果、しだいに軍人の政治的発言権が強まるという現象が起こってきた。(72)

まず、日露戦争がはじまると韓国駐箚《ちゅうさつ》軍が編成され、日露戦後置かれた統監は必要に応じて駐箚軍司令官を指揮することになったため、文官である初代統監伊藤は、とくに天皇から駐箚軍への指揮権を与えられ、元帥の資格でソウルに赴任した。併合によって設けられた朝鮮総督は、官制によって現役の陸海軍大将がなることとされ、駐箚軍司令官を指揮しただけでなく、絶大な立法権をもち、本国内閣からも独立した独裁者として朝鮮に君臨した（のちに、一九一九年三月、朝鮮全土で巻き起こった三・一独立運動に対処して、原内閣は植民地の文官総督制を認めたが〔同年八月〕、台湾と異なり、朝鮮では実際に文官が総督になった例はない）。

さらに、一九〇六年九月には関東都督府制が敷かれ、陸軍大将・中将から任命される関東都督が、在満部隊の統率、遼東半島南端の「関東州」の管轄・防備、および満鉄の業務監督と線路・付属地の保護・取り締まりに当たることとなった。清国領土を帯状につらぬく満鉄付属地の支配には清国官憲との交渉が必要となるため、関東都督府は日本外務省傘下の在満領事としばしば縄張り争いを演じたという。そのため一九一九年四月に、関東都督府が廃止されて関東庁と関東軍に分割されることになるが、それを好機に関東軍は統帥権独立の名で、独自の道を歩みはじめるのである。(73)

参謀本部を中心とする軍部は、日露戦争の勝利の波に乗って、ロシアの復讐戦に対処しうる大軍拡を要求したが、財政難の政府に抑えられ思うにまかせなかった。そこで参謀本部の田中義一中佐ら中堅幕僚は、山県元帥を担いで海軍軍令部とも調整の末、一九〇七年四月、ロシアを第一、アメリカを第二の仮想敵国として、陸軍は二五個師団（一個師団＝平時約一万人）、海軍は戦艦八隻・装甲巡洋艦八隻の八八艦隊を所要兵力とする帝国国防方針を策定した。

こうした最高国策を、参謀本部が内閣との打ち合わせもせずに策定することは、本来の任務を、著しく逸脱したものであり、日露戦勝による自信過剰のなせる業であった。もっとも、策定過程から外された内閣としては、実行の責任をかならずしも負わないですむことになったともいえよう。(74)

真の問題は、むしろ、日露戦後の日本政府当局なり民間人が、明治維新以来の「富国強兵」、「条約改正」といった国民的目標が達成された段階で、新たな目標を設定できなかった点にこそあった。近隣アジアの人々の期待を裏切って「一流国」＝帝国主義列強としての道のみをひたすらに追求するとなれば、軍事的テクノクラートにすぎない軍部が、飽くことない膨張計画を引っ提げて登場し、日本帝国の全体としての進路を指示するという事態も避けられなかったというべきかもしれない。

こうして、およそ二〇年の歳月をかけた日本産業革命が終了した時点において、日本国家と日本社会は、二〇年後にあの十五年戦争へ突入する道を、すでにたどりはじめていたのである。

終　章　産業革命から情報革命へ

相つぐ戦争と日本産業革命

日本の産業革命は、一八八〇年代前半のいわゆる松方デフレによる激しい資本の本源的蓄積（資本・賃労働関係の創出）の一時期をへて、一八八六年ごろにはじまり、日清・日露の二大戦争を経験したのち、一九〇七年恐慌前後にひとまず完了する。これが歴史学界の通説であり、本書の基本的筋書きもそうした通説に沿うものであった。

と同時に、本書第一章「外資排除のもとでの民業育成」において強調したのは、日本産業革命の前提そのものが、対外戦争についての緊張に満ちた政治的選択のなかでつくり出されたことである。

日本における産業革命への道は、一八七三年の政変によって「征韓派」が下野し、殖産興業路線が基本国策として採用され、民間ブルジョアジーの活動への容認と支援がなされることで、はじめて切り開かれたからである。その民間ブルジョアジーの中心に、三井と三菱の二大政商がしっかりと位置づけられたのも、翌七四年の台湾出兵の結果であった。

以後、産業革命のための前提条件を整備する過程で、日本政府は、当時の国際的常識に逆らい、外資の導入を禁止する自力建設の路線を選択したが、それは幕末以来の攘夷精神が、帝国主義化しつつある欧米列強の外圧に過剰反応した結果であったといってよい。

そうした外資排除のもとで産業革命の土台をなす本位通貨制度を確立するための紙幣整理を行っていた最中に、一八八二年の朝鮮の壬午軍乱と八四年の甲申事変を契機として対外軍備の拡張がはじめられ、そのための増税が国民生活への松方デフレの打撃をいっそう苛烈なものとした。

しかし、こうした対外軍備の拡張が一直線に日清戦争の開始へと突きすすんだわけではないことも、第二章「対外恐怖からの対外侵略」において最近の政治史研究の成果を用いて示したとおりである。

一八八六年の銀本位制の確立を契機にはじまった産業革命は、日本銀行を頂点とする間接金融体制によって社会的資金を効率的に産業に投入して展開したが、資金不足の日本へは外資の侵入もひそかにはじまっており、一方で、きたるべき条約改正がもたらす欧米人・中国人との「内地雑居」への恐怖が広まっていった。初期議会での政府と民党の対立の基礎には、そうした自力による産業革命の限界からくる、対外緊張感の増大という現象が横たわっていたのである。

戦争が政治の延長であり外交の一環である以上、それは単に販売市場や地下資源の確保といった経済的要因から直接に生じるものではありえない。とくに日清戦争直前の段階の日本は、産業革命をはじめたばかりで、市場としての朝鮮の意義はまだ低く、その確保のためには戦争の危険を冒す経済的必然性は乏しかったし、日露戦後のような軍部の独走という事態もみられなかった。

軍拡の成果としての強力な軍隊を朝鮮に送った伊藤首相が、引くに引けなくなって強引に李鴻章に戦争を仕掛けた最大の理由が、軟弱外交を批判する議会を操縦する自信を失っていたことにあったとすれば、「内地雑居」への恐怖を煽り立てる民党の議論が国民の支持を集めたことの意味は、きわめて重大であった。

日清戦争の勝利によって、日本は多額の賠償金を獲得したが、第三章「帝国の利権をめぐる日露対決」で述べたように、軍拡を抑えつつ産業育成に力を注ぐ、という松方蔵相の計画は伊藤内閣の否定するところとなり、賠償金のほとんどを投入してロシアを仮想敵国とする大軍拡がすすめられた。

一八九九年に第一次条約改正が行われたものの、予想された外資による直接投資は少なく、自力による産業革命のテンポは、財政負担増のためにやや停滞した。しかし、産業革命そのものは、都市部だけでなく地方農村をも巻き込みながら展開しつづけ、一九〇〇〜〇一年恐慌以降は資本の集中もすすみはじめた。

このときロシアが中国東北部＝満州へ侵入して鉄道や租借地を経営しはじめたのに対して、韓国では多くの日本人居留民が住みついて商品貿易を牛耳っただけでなく、日本人による鉄道や銀行への資本投下が盛大に行われ、日本は簡単には撤収できない利権をもつにいたった。

こうした韓国と満州の支配をめぐって、後発帝国主義国同士の日本とロシアが、先進帝国主義国からの借金に支えられて戦った日露戦争では、樺太を除くと両国本土での戦闘はまったく行われなかった。いいかえれば、どれほど当時の日本人が国家存亡の危機意識をつのらせていたとしても、それは朝鮮の利権が危ういという帝国主義的心性に基づく危機意識以外のなにものでもなく、客観的にみるかぎり、日露戦争には自国領土への侵略に対抗する国民戦争としての本質はなかった。

ポーツマス条約で無賠償講和が決まったことは、大陸での戦闘の実態を知らされていなかった日本国民の憤激を買い、第四章「無賠償のかわりに朝鮮・満州を」で述べたように、日本政府はかろうじて獲得した満州の利権の単独支配と、朝鮮の植民地化に全力をあげることで国民をなだめようとした。

ロシアその他の帝国主義列強の脅威にさらされていた国の人々にとって、日本の勝利は、当初大きな励ましを与えた。しかし、朝鮮の政府と民衆は、戦争開始時点から中立を無視されて日本の支配下に置かれ、主戦場の満州では民衆が戦火のなかで生命の危険におびやかされただけでなく、戦後はロシア人にかわって居座った日本人に支配された。せめてアメリカ資本との鉄道共同経営が実現していれば、その後の日中・日米関係はいま少し良好な展開をみせたはずであるが、アメリカ金融資本の対立の影響もあって、日本政府と軍部は、単独で満鉄を建設し満州支配を強化する道を選択したのである。

日露戦争直後に重工業のいちおうの創設を終えて産業革命を終了した日本は、植民地朝鮮・台湾と、半植民地南満州を支配する帝国主義国としての外見をととのえはしたが、その経済的内実は、貿易赤字のもとで、返す当てのない借金を対外的に背負った重債務国であり、いつ破産するかわからない債務危機に陥っていった。それは、産業革命の遂行と二大戦争の遂行という二兎を追った結果であるといってよい。

そして、この危機を救ったのは、またしても戦争であった。第一次世界大戦によって漁夫の利を得た日本は債権国に一変し、同時に、悪名高い二十一ヵ条要求などによって中国に対する露骨な侵略を推しすすめることになる。その進路はあの十五年戦争へとつうずるコースにほかならなかった。

日本人のアジア認識の変容

このように、日本の産業革命は、度重なる戦争と密接な関係をもちながら展開した。その後の歴史とのかかわりで重要なことは、そうした戦争のたびに、日本がしだいに近隣アジア諸国を支配する立場に変わり、日本人のアジア認識が帝国主義者としての支配者意識に転換し、対欧米意識のほうは列強の一翼としての対等意識を強めていったことである。

経済的には、日本の対外貿易の対アジア諸国との伸びが、対欧米諸国との伸びを上回っていることが示すように、日本はアジア諸国との相互依存関係を深めていったが、政治的には、日本はアジア唯一の帝国主義国として、近隣アジア諸国を支配する道を歩んでしまった。

以下、簡単に日本人のアジア認識の変容についてみよう。

朝鮮に対しては、「征韓論」論争が示すように、当初から明治政府の要人の多くは朝鮮に対する蔑視感をもっていたが、近世の日本人とりわけ儒者たちは、李退渓（一五〇一〜一五七〇）に代表される朝鮮の朱子学者を尊敬し、その学説の吸収につとめていた。一二回にわたって日本を訪れた朝鮮通信使の通る道筋の宿舎には、大勢の日本の儒者や僧侶が訪れて面接・筆談し、漢詩を詠み揮毫《きごう》を乞《よ》うなどの騒ぎが繰り返された。(1) 退渓の学は、たとえば肥後藩の儒者大塚退野《たいや》を介して、幕府政事総裁の福井藩主松平慶永《よしなが》のブレイン横井小楠《しょうなん》（一八〇九〜一八六九）にも影響を及ぼしたというから、維新変革にも一定の影響力があったとみてよい。

しかし、幕末に優勢だったのは国学のほうで、国学者は古典の研究から、神国日本の姿を描きだして古代日本の朝鮮支配という主張をつくりあげ、その「日鮮同祖論」は朝鮮侵略の観念的支柱となった。(2) また、福沢諭吉（一八三四〜一九〇一）についても、一八八四年の甲申事件で、支援する金玉均《キムオッキュン》ら急進開化派のクーデターが失敗したために朝鮮改造をあきらめて「脱亜論」に転向するのだが、それ以前の朝鮮改造＝親日政権樹立論にも、武力行使を辞さない侵略的色彩があったことが指摘されている。(3) こうしてみると、少なくとも幕末以降の日本人知識層においては、朝鮮蔑視感が相当の広がりを持っていたことがうかがえる。

これに対して、当時の朝鮮の儒者たちは、「衛正斥邪論《えいせいせきじゃろん》」といわれる攘夷論に基づき、西洋に屈服した日本人は卑しむべき「洋賊《ようぞく》」の一種にすぎないとする対日観を持っており、彼らの動きは日清戦後の義兵闘争へもつながっていく。(4) 幕末以降の日本人と朝鮮人の間には、こうして互いに相手を蔑視するという関係が形成されたのである。

他方、日清戦争までは、日本政府当局や民間人の、中国の経済力と軍事力に対する評価は、その後の状況からは想像を絶するほど高かった。この点は、第二章で述べたように、当時の「内地雑居」への反対論が、欧米人の資力だけでなく、中国商人と労働者の勢力についての恐怖を根拠に根強く存在したことや、李鴻章の率いる北洋艦隊や北洋陸軍の戦力が高く評価され恐れられていたことから明らかであろう。だが、中国人のほうは日本の明治維新についてすら当初はほとんど無関心であり、一八七四年の台湾出兵事件のショックによってようやく李鴻章が日本への関心を強め、北洋艦隊の建設に着手したという程度であった。[5]

一八七七年に最初の駐日公使何如璋が赴任してからは、つぎつぎと中国の官僚・文人が来日して旅行記や明治維新論をあらわした。そのなかには、維新変革の成果を称賛する意見もあったが、日本人の変わり身の早さを批判する見解も強く、知識人の多数は日本を見下していた。それだけに、日清戦争での敗北は、彼らにとって大変な恥辱であり、康有為らによる変法《へんぽう》＝政治改革の提案が出されるのである。[6]そして、中国での日本の評価が高まったのと反比例して、日本人にとっての中国の評価は下落の一途をたどることとなった。

思いもかけぬ日清戦争の大勝と下関条約の締結に有頂天になった直後に、日本人は露仏独三国による干渉という冷水を浴びせられた。そうした日本人の屈折した意識を支配するようになったのは、「世界の大勢」としての帝国主義のイデオロギーであった。

「平民主義」による平和路線を主張していた徳富蘇峰は、日清戦争を転機として意見が「平和主義より帝国主義に進化した」が、「進化」の理由は、それが「世界の大勢」となったことだとみずから述べている。(7)ここには、帝国主義のイデオロギーを選びとるさいの没主体性が恥ずかしげもなく語られているといえよう。

三国干渉を行ったヨーロッパ人の日本人観は、ドイツ皇帝ウィルヘルム二世の「黄禍論《こうかろん》」に代表される。

干渉を主導したロシア皇帝あての手紙で、ドイツ皇帝は、そうした行動は「アジアの教化(cultivation)ならびに十字架と古来のキリスト教的ヨーロッパ文化(culture)の擁護」なのだと礼賛し、同年秋にはみずから下絵のスケッチに関わった版画「黄禍の図」をロシア皇帝に贈呈した。海上を竜に乗って進撃してくる仏陀《ぶつだ》を、大天使ミカエルとその使いたちが迎撃するという聖書のヨハネ黙示録にちなんだこの図は、白色人種の黄色人種への恐怖と嫌悪の情を露骨に示すものであった。

そして、日露戦後になると、アメリカ合衆国においても、日本人移民労働者・農民を排斥する「黄禍論」が展開され、日米間の緊張が高まるのである。(8)

もちろん、これらの帝国主義や人種主義の主張に対しては、それを批判する意見も表明された。日露戦争直前におけるキリスト者内村鑑三の、徹底した非戦論やボーア戦争を戦う南アフリカ人民への連帯の表明、あるいは社会主義者幸徳秋水の、『廿世紀之怪物帝国主義』(一九〇一年刊)における体系的な帝国主義批判など、さまざまな批判が登場した。とはいえ、それらは社会科学的分析であるよりは倫理主義的批判の色彩が強く、民衆への浸透力においても限界があった。(9)

版画「黄禍の図」〔『太陽』1908年3月号〕

日本の民衆は、その後日露戦争の勝利によって「一等国」の仲間入りをしたと思い上がり、ますます強烈な帝国主義的心性の持主と化していくが、そうした日本民衆と政府にとって、一九一一年の中国の辛亥《しんがい》革命の勃発は大きな衝撃であった。

二〇〇〇年以上続いた巨大な君主専制国家が音を立てて崩れ落ち、かわって共和国が出現したことは、隣接する日本の天皇制支配体制の危機を招くと、日本政府当局者は恐れ、事実、辛亥革命に刺激された日本民衆は、藩閥批判＝憲政擁護運動を推しすすめていった[10]。

だが、その後の中国革命が、軍閥の横行など屈折した展開を示したためもあって、日本人の中国ひいてはアジア諸国の人々の民族的力量の高まりに対する過小評価は、十分に正されることのないまま、日本はあの十五年戦争へと突きすすんでいくことになる。

問われる日本人の価値体系

このように産業革命期の日本は、アジアに背を向け、ひたすら欧米文明の摂取につとめる「脱亜入欧」の道を突きすすんだ。そして二度の大戦争をつうじてアジア唯一の帝国主義国となることで、近隣アジア諸国と対等につきあう姿勢を失い、アジアの真の姿を認識できなくなった。反面、日本が到達目標とした欧米側は、そうした日本をかならずしも対等の帝国主義国として認めず、しばしば「黄禍論」的な偏見をもって扱ったのである。

こうした状況をもたらした原因の一つは、日本人と外国人の互いの認識が、あまりに事実とかけ離れていたことにあった。日清戦争の背景となった「内地雑居」に関する激しい論争は、そうした誤解に基づく部分がとくに大きかった。

それは、居留地貿易のもとで一般の日本人が外国人と接触する機会が限られていたためだといえばそれまでだが、鎖国時代ならいざ知らず、開国後の、情報・通信技術が発達した日本において、外国人との「雑居」がもたらすであろうインパクトがあのように過大評価されたのは、新聞や書物などで伝えられる外国人情報の質が、幕末以来の「攘夷」精神を克服するにはまったく不十分だったためであろう。

同様なことは、朝鮮や中国の人々に関する戦時の情報についてもあてはまる。

日清戦争中の日本人従軍記者は、計六六社、一一四人にものぼり、「軍の報道管制の下で虚実をとりまぜた報道合戦を展開して、国民の戦意をあおった。特派記者が伝えるものは、勇敢無敵の日本軍であり、戦場となった中国・朝鮮の町や村の様子、民衆の苦しみをにじませる記事はほとんどなかった」[11]という。日本軍による旅順での民間人虐殺の事実が報道されたのは外国新聞によってであり、日本の新聞はいっさい触れていないばかりか、福沢諭吉が創刊した『時事新報』などは社説で、「人民」は難を避けていたはずだという、推定による反論まで行う始末であった。

日露戦争のときは、従軍記者への統制がさらに強まって、外国人記者から厳しい非難を浴びた。軍の「公報」をそのまま掲載した新聞記事しか読まされず前線の苦戦ぶりを知らなかった国民は、無賠償講和に憤って日比谷焼打事件などをひきおこした[12]。こうした不満に対処するために、日本政府が南満州の独占的支配と朝鮮植民地化を推進したことを考えると、情報操作の「代償」はあまりに大きかったといわなければならない。

そうした情報操作の可能性は、現代のいわゆる情報革命のなかでも依然として存在していることを忘れてはならない。しかし、公式のルートによらない情報伝達の技術が未曾有の発展をみせている今日では、権力や大資本による情報操作に対抗する可能性もまた強まっているといえる。

重要なのは、どのような質の情報を広く伝えるかということだけでなく、受け手がそれを自分の価値体系の一環としていかに組み込むかということである。事実に基づいた正確な情報がどれだけたくさん届いても、それを受けとめる側の価値体系がそれを頭から拒否したのでは無意味だからである。それゆえ、異質な隣人を異質なままで尊重し共存しようとする精神的態度がなによりも大切であり、そのためには個々の人間存在の価値の普遍性についてのしっかりした信念をもつことが必要となってこよう。

「脱亜入欧」路線を突っ走ったすえ、近隣アジア諸国とも欧米諸国とも激突する十五年戦争に突入して敗れ、その後は「脱亜入米」路線でやってきた日本人が、今になってアジアでの孤立を嘆いて「入亜」路線へと切り替えようとしても簡単にはできないのは当然である。なによりも、過去の歴史についての正確な自己評価と自己批判がなければ、アジアの人々の信頼を回復することはできない。それとともに、「入欧」から「入米」へと移り、今度は「入亜」だという主体性のなさこそが、真に反省を要する問題であろう。

歴史的には、日本社会は、古代・中世と、中国の圧倒的な文化的・政治的影響のもとにあり、ヨーロッパの武器と宗教の影響を受けて行われた戦国の動乱をつうじて、かろうじて古代専制国家とその変形としての荘園制社会の枠組みから脱却した。その、旧体制を打倒した統一権力が、自己保存のために鎖国政策を採り、中国型とも西欧型とも異なる日本型の政治経済体制としての幕藩制国家がつくり出されたのであって、近代の天皇制国家はその前提のうえに出現したのである。

そうだとすれば、これからの日本は、「欧米型」でも「アジア型」でもない、しかし、第二次大戦前の日本のような普遍性を欠いた「日本型」とも異なる、真にグローバルな普遍的原理に立脚した「日本型」社会を、マージナルな位置を逆用して形成し、世界平和に貢献することが求められていると考えるべきであろう。

「日本産業革命と戦争」でなく「日本情報革命と平和」というシナリオをどう構想し実行するかこそが、今日のわれわれに与えられた課題だといってもよい。

注

序章　今なぜ産業革命か？

(1) 網野善彦「総論」(岩波講座『日本通史』第一巻、一九九三年)。
(2) 見田宗介『現代社会の理論』(岩波新書、一九九六年)。
(3) 藤岡信勝『汚辱の近現代史』(徳間書店、一九九六年)。
(4) 大塚久雄「共同体の基礎理論」(一九五五年、『大塚久雄著作集』第七巻、岩波書店、に収録)。
(5) I・ウォーラーステイン著、藤瀬浩司ほか訳『資本主義世界経済』I (名古屋大学出版会、一九八七年)。ただし、ウォーラーステインは、その後、ブローデルの影響で自説を改めた (F・ブローデルほか著、福井憲彦ほか訳『ブローデル　歴史を語る』新曜社、一九八七年、参照)。
(6) F・ブローデル著、山本淳一訳『物質文明・経済・資本主義　一五〜一八世紀　交換のはたらき』(みすず書房、一九八六、八八年)。なお、経済人類学者K・ポラニーの『大転換　市場社会の形成と崩壊』(原著一九四四年刊、吉沢英成ほか訳、東洋経済新報社、一九七五年) の見解は、本来商品でない労働・土地・貨幣を含むすべての生産要素を包み込む市場経済の「極端な人為性」を説く点で、ブローデル説の対極に位置している。
(7) K・マルクス著、長谷部文雄訳『資本論』第三部第六分冊 (青木文庫、一九五三年) 一一一五頁。
(8) ウォーラーステイン『資本主義世界経済』I (前掲)。
(9) L・トロツキー著、藤井一行訳『裏切られた革命』(原著一九三六年刊、岩波文庫、一九九二年) 三一八頁。

(10) 湯沢威「イギリス経済史の再構築に向けて」(『社会経済史学』五八巻一号、一九九二年)。
(11) 道重一郎「イギリス産業革命像の再検討」(『土地制度史学』一四一号、一九九三年)。
(12) 金泳鎬『東アジア工業化と世界資本主義』(東洋経済新報社、一九八八年)。
(13) 大石嘉一郎編『日本産業革命の研究』上・下(東京大学出版会、一九七五年)。
(14) 西川俊作・阿部武司編『日本経済史4　産業化の時代　上』(岩波書店、一九九〇年)と西川俊作・山本有造編『日本経済史5　産業化の時代　下』(岩波書店、一九九〇年)は、数量経済史の手法による日本経済史シリーズの一部である。また、高村直助氏を中心とする研究グループによる、高村直助編『日露戦後の日本経済』(塙書房、一九八八年)、同編著『企業勃興』(ミネルヴァ書房、一九九二年)、同編『近代日本の軌跡8　産業革命』(吉川弘文館、一九九四年)がある。
(15) 杉原薫「近代アジア経済史における連続と断絶」(『社会経済史学』六二巻三号、一九九六年)。

第一章　外資排除のもとでの民業育成

(1) 以下、詳しくは、石井寛治『大系日本の歴史12　開国と維新』(小学館、一九八九年、小学館ライブラリー版、一九九三年)参照。
(2) メンデリソン著、飯田貫一ほか訳『恐慌の理論と歴史』第Ⅲ分冊(原著一九五九年刊、青木書店、一九六〇年)七九〜八八、一二五頁。
(3) 伊藤誠「大不況」(鈴木鴻一郎編『帝国主義研究』日本評論社、一九六四年)、および、藤瀬浩司『資本主義世界の成立』(ミネルヴァ書房、一九八〇年)一六〇〜一八三頁を参照。
(4) W・T・C・キング著、藤沢正也訳『ロンドン割引市場史』(原著一九三五年刊、日本経済評論社、一九七八年)二五一〜三二七頁。ロンドン割引市場における内国商業手形の減少の実態と原因について、詳しくは、西村閑也『国際金本位制とロンドン金融市場』第二部Ⅰ(法政大学出版局、一九八〇年)を参照のこと。

(5) S・B・ソウル著、堀晋作・西村閑也訳『世界貿易の構造とイギリス経済』（原著一九五九年刊、法政大学出版局、一九七四年）六三～六九、七八～八三頁。

(6) 侘美光彦『国際通貨体制』（東京大学出版会、一九七六年）一二頁。

(7) Fairbank, J. K., Bruner, K. F., Matheson, E. M. (ed.), *The I. G. in Peking : Letters of Robert Hart*, Belknap Press of Harvard University Press, 1975.

(8) 鈴木智夫『洋務運動の研究』（汲古書院、一九九二年）に詳しい。

(9) 土屋喬雄「滝野川鹿島紡績所の創立・経営事情」（『経済学論集』三巻一〇号、一九三三年）。

(10) 中村尚史「明治初期の鉄道事業構想」（『社会科学研究』四七巻一号、一九九五年）。

(11) 上条宏之「ポール・ブリュナ」（『講座・日本技術の社会史』別巻二、日本評論社、一九八六年）。

(12) 下山三郎『近代天皇制の形成過程』（岩波書店、一九八九年）八七～九一頁。

(13) 石井寛治『大系日本の歴史12　開国と維新』（前掲）二五五～二五九頁。

(14) 田中彰『岩倉使節団』（講談社現代新書、一九七七年）。

(15) 久米邦武編、田中彰校注『特命全権大使米欧回覧実記』全五分冊（岩波文庫、一九七七～八二年）。

(16) 久米邦武編『特命全権大使米欧回覧実記』前掲文庫第二分冊、一九一頁。

(17) 『大久保利通文書』第四巻、四四八頁。

(18) 久米邦武編『特命全権大使米欧回覧実記』前掲文庫第二分冊、二五九頁。

(19) 井上清『西郷隆盛』下巻（中公新書、一九七〇年）一五二～一九七頁。

(20) 中村政則・石井寛治・春日豊校注『日本近代思想大系8　経済構想』（岩波書店、一九八八年）一六～一九頁。

(21) 史料を収録した『大久保利通文書』第五巻の解説による。

(22) 下山三郎『近代天皇制の形成過程』(前掲) 一〇三〜一一〇頁。
(23) 大隈重信「収入支出ノ源流ヲ清マシ理財会計ノ根本ヲ立ツルノ議」(前掲『経済構想』一九〜三四頁)。
(24) 小風秀雅『帝国主義下の日本海運』(山川出版社、一九九五年) 一二六〜一三一頁。
(25) 石井寛治「銀行創設前後の三井組」(『三井文庫論叢』一七号、一九八三年)。
(26) 大隈重信「家禄賞典禄処分ノ儀ニ付伺」(前掲『経済構想』一八二〜一八七頁)。
(27) 明治財政史編纂会編『明治財政史』第一三巻(吉川弘文館、初版一九〇五年、三版一九七二年) 一四一〜一四六頁。
(28) 『経済構想』(前掲) 五〇二頁。
(29) G・ブスケ著、野田良之・久野桂一郎訳『日本見聞記』2 (原著一八七七年刊、みすず書房、一九七七年) 七八六頁。
(30) 石井寛治『近代日本とイギリス資本』(東京大学出版会、一九八四年) 第三章。
(31) K・マルクス著、長谷部文雄訳『資本論』第一部第四分冊 (青木文庫、一九五二年) 一〇九三頁。
(32) 石井寛治「織物集散地と集散地問屋の概況」(山口和雄編著『日本産業金融史研究・織物金融篇』東京大学出版会、一九七四年)。
(33) 佐藤誠朗『近江商人　幕末・維新見聞録』(三省堂、一九九〇年)。
(34) 石井寛治「維新変革の基礎過程」(『歴史学研究』五六〇号、一九八六年)。
(35) 『横浜市史』第三巻上 (横浜市、一九六一年) 五五九〜六一四頁。
(36) 松好貞夫『日本両替金融史論』(文藝春秋社、一九三二年、柏書房、一九六五年復刊)。
(37) 近江商人郷土館丁吟史研究会編『変革期の商人資本』(吉川弘文館、一九八四年) 二七九〜二九六頁。
(38) 数値は第五次『帝国統計年鑑』による。
(39) 『群馬県史・通史編8・近代現代2 (産業・経済)』(群馬県、一九八九年) 二三四〜二三七頁。

(40)春日豊「日本の近代化における勧業型豪農の位置と性格」(『歴史学研究』四三五号、一九七六年)。
(41)芝原拓自『日本近代化の世界史的位置』(岩波書店、一九八一年)五五頁。
(42)高村直助『日本紡績業史序説』上巻(塙書房、一九七一年)一五～三八頁。
(43)川勝平太「明治前期における内外綿関係品の品質」(『早稲田政治経済学雑誌』二五〇・二五一合併号、一九七七年)、阿部武司「明治前期における在来産業」(梅村又次・中村隆英編『松方財政と殖産興業政策』東京大学出版会、一九八三年)。
(44)谷本雅之「地域経済の発展と衰退」(『年報・近代日本研究』一四号、一九九二年)。
(45)大蔵卿松方正義『大蔵卿第七回年報書(自明治十三年七月至明治十四年六月)』(一八八二年刊)一〇六頁。
(46)下山三郎『近代天皇制の形成過程』(前掲)五一六頁。
(47)坂本一登『伊藤博文と明治国家形成』(吉川弘文館、一九九一年)二八～三二頁。
(48)岡田和喜『貯蓄奨励運動の史的展開』(同文館出版、一九九六年)三～五三頁。
(49)海野福寿・大島美津子校注『日本近代思想大系20 家と村』(岩波書店、一九八九年)四八八頁。
(50)高橋秀直『日清戦争への道』(東京創元社、一九九五年)第一編第一、二章。
(51)メンデリソン著『恐慌の理論と歴史』第Ⅲ分冊(前掲)二九二～三三八頁。
(52)中林真幸「蚕糸業の再編と国際市場 一八八二～一八八六年」(『土地制度史学』一四五号、一九九四年)。
(53)海野福寿「松方財政と地主制の形成」(岩波講座『日本歴史』近代2、一九七六年)。
(54)八木慶和「『明治一四年政変』と日本銀行」(『社会経済史学』五三巻五号、一九八七年)。
(55)祖田修『前田正名』(吉川弘文館、一九七三年)九九、一二三頁。
(56)大杉由香「本源的蓄積期における公的扶助と私的救済」(『社会経済史学』六〇巻三号、一九九四年)、同

「都市における公的扶助と私的救済」（『社会経済史学』六一巻四号、一九九五年）、同「明治前期における東京の救恤状況」（『土地制度史学』一五三号、一九九六年）。

(57) 隅谷三喜男『日本賃労働史論』（東京大学出版会、一九五五年）七四〜九四頁。

(58) 古島敏雄『資本制生産の発展と地主制』（御茶の水書房、一九六三年）三四九〜三八四頁。

(59) 石井寛治『日本蚕糸業史分析』（東京大学出版会、一九七二年）一三三、一五三頁。

(60) 隅谷三喜男・小林謙一・兵藤釗『日本資本主義と労働問題』（東京大学出版会、一九六七年）二五頁。

(61) 中村哲『明治維新の基礎構造』（未来社、一九六八年）付表—3。

(62) 小風秀雅『帝国主義下の日本海運』（前掲）一九六〜二〇八頁。

(63) 長妻廣至「道路建設と補助金政策」（高村直助編著『企業勃興』ミネルヴァ書房、一九九二年）。

(64) 海野福寿「殖産興業と豪農商」（『講座　日本歴史7』近代1、東京大学出版会、一九八五年）。

(65) 石井寛治『情報・通信の社会史』（有斐閣、一九九四年）一一〇〜一一五頁。

(66) 高村直助『日本紡績業史序説』上巻（前掲）六六〜七三頁。

(67) 石井寛治「維新変革の基礎過程」（前掲）。

(68) 原田勝正『明治鉄道物語』（筑摩書房、一九八三年）一五〇頁。

(69) 旗手勲『日本の財閥と三菱』（楽游書房、一九七八年）二八〜二九頁。

(70) 武田晴人『日本産銅業史』（東京大学出版会、一九八七年）四〇、九三〜九九頁。

(71) 粕谷誠「明治前期の三井物産」（『社会経済史学』六一巻三号、一九九五年）。

第二章　対外恐怖からの対外侵略

(1) メンデリソン著、飯田貫一ほか訳『恐慌の理論と歴史』4（原著一九五九年刊、青木書店、一九六一年）一四〜四五頁。

（2）千田稔『日本外債史論』（国際経済史研究所、全面改定増補版、一九九三年）五五〜五六頁。
（3）大島清『日本恐慌史論』上巻（東京大学出版会、一九五二年）三六〜三八頁。
（4）井川克彦「製糸業とアメリカ市場」（高村直助編著『企業勃興』ミネルヴァ書房、一九九二年）。
（5）中林真幸「製糸資本の勃興」（『土地制度史学』一五〇号、一九九六年）。
（6）大豆生田稔『近代日本の食糧政策』（ミネルヴァ書房、一九九三年）一八〜二五頁。
（7）武田晴人『日本産銅業史』（東京大学出版会、一九八七年）六六頁。
（8）石井寛治『近代日本とイギリス資本』（東京大学出版会、一九八四年）三七五〜三七九頁。
（9）株式会社住友別子鉱山史編集委員会編『住友別子鉱山史』上巻（住友金属鉱山株式会社、一九九一年）四〇八〜四一〇頁。
（10）杉山伸也「幕末、明治初期における石炭輸出の動向と上海石炭市場」（『社会経済史学』四三巻六号、一九七八年）。
（11）隅谷三喜男『日本石炭産業分析』（岩波書店、一九六八年）一八三〜一八八、二六二、三四七〜三五二頁。
（12）野田正穂・原田勝正・青木栄一・老川慶喜編『日本の鉄道』（日本経済評論社、一九八六年）五〇頁。
（13）小風秀雅「交通資本の形成」（高村直助編著『企業勃興』、前掲）。
（14）野田正穂『日本証券市場成立史』（有斐閣、一九八〇年）七四〜八〇頁。
（15）日本銀行百年史編纂委員会編『日本銀行百年史』第一巻（日本銀行、一九八二年）四四四、四四八頁。
（16）高村直助『日本紡績業史序説』上巻（塙書房、一九七一年）一一五〜一二二頁。
（17）村上はつ「三重紡績会社」（山口和雄編著『日本産業金融史研究・紡績金融篇』東京大学出版会、一九七〇年）。
（18）高村直助「尼崎紡績会社」（山口和雄編著『日本産業金融史研究・紡績金融篇』、前掲）。

(19) 三好信浩『明治のエンジニア教育』(中公新書、一九八三年) 一五〜三七頁。
(20) 森川英正『技術者──日本近代化の担い手』(日経新書、一九七五年) 一六三〜一六七頁。
(21) 鈴木智夫『洋務運動の研究』(汲古書院、一九九二年) 一三九〜一八七頁。
(22) 高村直助『日本紡績業史序説』上巻 (前掲) 一六四頁より算出。
(23) 篠原三代平『長期経済統計10　鉱工業』(東洋経済新報社、一九七二年)。
(24) 石井寛治『日本の産業化と財閥』(岩波書店、一九九二年) 四頁。
(25) 森川英正『日本財閥史』(教育社、一九七八年) 二四〜二五頁。
(26) 内田金生「戦前期日本の生糸国内市場」(『経営史学』二九巻四号、一九九五年)。
(27) 山田盛太郎『日本資本主義分析』(岩波書店、一九三四年、岩波文庫、一九七七年) 六一頁。
(28) 石井寛治『日本蚕糸業史分析』(東京大学出版会、一九七二年) 三〇五〜三〇六頁。
(29) 山口和雄編著『日本産業金融史研究・製糸金融篇』(東京大学出版会、一九六六年)。
(30) 中村哲『明治維新の基礎構造』(未来社、一九六八年) 付表─3。
(31) 山川菊栄・向坂逸郎編『山川均自伝』(岩波書店、一九六一年) 一〇一〜一〇六、一二九〜一三一頁。
(32) 石井寛治「絹織物輸出の発展」(『横浜市史』第四巻上、一九六五年)。
(33) メンデリソン著『恐慌の理論と歴史』4 (前掲) 六〇〜六三、六六〜九一頁。
(34) 長岡新吉『明治恐慌史序説』(東京大学出版会、一九七一年) 三七〜四五頁。
(35) 高村直助『日本資本主義史論』(ミネルヴァ書房、一九八〇年) 一〜二三頁。
(36) 安良城盛昭『天皇制と地主制』下巻 (塙書房、一九九〇年) 三七四〜三七五頁より算出。
(37)『帝国議会衆議院議事速記録』5 (東京大学出版会、一九七九年) 一二八頁。
(38) 高橋秀直『日清戦争への道』(東京創元社、一九九五年) 三七一〜三七五頁。
(39) 坂本則美『実力政策』(本来堂出版、一八九〇年) 第二編一二五頁。

(40) 同上書第二編―六〜七頁。
(41) 同上書第二編―三四頁。
(42) 人見一太郎『国民的大問題』(民友社出版、一八九三年) 一七八頁。
(43) 同上書二一〇頁。
(44) 『帝国議会衆議院議事速記録』7 (東京大学出版会、一九七九年) 三七頁。
(45) 井上清『条約改正』(岩波新書、一九五五年) 二一三〜二一四頁。
(46) 人見一太郎『国民的大問題』(前掲) 二二七頁。
(47) 岡義武「条約改正論議に現われた当時の対外意識」(『国家学会雑誌』六七巻一・二号、三・四号、一九五三年)。
(48) 石井寛治『近代日本とイギリス資本』(前掲)。
(49) 長井実編『自叙益田孝翁伝』(原典一九三九年刊、中公文庫、一九八九年) 八六頁。
(50) 石井寛治『情報・通信の社会史』(有斐閣、一九九四年) 八五〜八八頁。
(51) 『朝日叢書　内地雑居論』(大阪朝日新聞社、一八九三年)。
(52) 籠谷直人「一八八〇年代のアジアからの〝衝撃〟と日本の反応」(『歴史学研究』六〇八号、一九九〇年)。
(53) 籠谷直人「アジアからの〝衝撃〟と日本の近代」(『日本史研究』三四四号、一九九一年)。
(54) 高橋秀直『日清戦争への道』(前掲) 三一〇〜三六一頁。
(55) 坂野潤治『大系日本の歴史13　近代日本の出発』(小学館、一九八九年、小学館ライブラリー版、一九九三年) 二四五〜二四六頁。
(56) 『帝国議会衆議院議事速記録』7 (前掲) 六一頁。
(57) 同上書六八〜六九頁。

(58)『東京経済雑誌』一八九四年一一月二四日号。
(59)千田稔『日本外債史論』（前掲）七六～七七頁。
(60)坂野正高『近代中国政治外交史』（東京大学出版会、一九七三年）四一九頁。
(61)檜山幸夫「臨戦地広島の周辺」（大谷正・原田敬一編『日清戦争の社会史』フォーラム・A、一九九四年）。
(62)上塚司編『高橋是清自伝』下巻（千倉書房、一九三六年、中公文庫、一九七六年）四六～四七、五一～五二頁。
(63)吉野俊彦『日本銀行史』2（春秋社、一九七六年）三四八頁。
(64)明治財政史編纂会編『明治財政史』第二巻（初版一九〇四年、三版一九七一年、吉川弘文館）四四～四七頁より算出。
(65)『東京経済雑誌』一八九四年一一月一七日号。
(66)石井寛治「東アジアにおける帝国主義」（『講座　日本歴史8』近代2、東京大学出版会、一九八五年）。
(67)陸奥宗光『蹇蹇録』（原著一八九六年刊、岩波文庫、一九三三年）一一二頁。
(68)林董『後は昔の記』（原著一九一〇年刊、東洋文庫、一九七〇年）二五八頁。
(69)生方敏郎『明治大正見聞史』（春秋社、一九二六年、中公文庫、一九七八年）三七～三八頁。
(70)藤村道生『日清戦争』（岩波新書、一九七三年）一一五～一一八頁。
(71)三宅宏司『大阪砲兵工廠の研究』（思文閣出版、一九九三年）八四～一四四頁。
(72)池田清『日本の海軍』上巻（朝日ソノラマ、一九八七年）一九五～二〇六頁。
(73)佐藤昌一郎「国家資本」（大石嘉一郎編『日本産業革命の研究』上、東京大学出版会、一九七五年）。
(74)井口和起「日清・日露戦争論」（『講座　日本歴史』近代2、前掲）。
(75)大谷正「『文明戦争』と軍夫」（大谷正・原田敬一編『日清戦争の社会史』、前掲）。

(76)石光真清『城下の人』(中公文庫、一九七八年)二六一〜二六五頁。
(77)池田清『日本の海軍』上巻(前掲)一八二〜一八三頁。
(78)『東京経済雑誌』一八九四年一一月二四日号。
(79)同上誌一八九五年八月三一日号。
(80)石井寛治『日本の産業化と財閥』(前掲)四四〜四五頁。

第三章　帝国の利権をめぐる日露対決

(1)W・G・ビーズリー著、杉山伸也訳『日本帝国主義　一八九四〜一九四五』(原著一九八七年刊、岩波書店、一九九〇年)六四頁。
(2)石井摩耶子「一九世紀後半の中国におけるイギリス資本の活動」(『社会経済史学』四五巻四号、一九七九年)。
(3)藤村道生『日清戦争』(岩波新書、一九七三年)一六九頁。
(4)坂野正高『近代中国政治外交史』(東京大学出版会、一九七三年)四一四頁。
(5)菅原崇光「ウィッテの初期満州植民地化事業の性格とその階級構造」(『史学』三九巻一・二号、一九六六年)。
(6)森山茂徳『近代日韓関係史研究』(東京大学出版会、一九八七年)四三〜四八頁。
(7)石井寛治「日清戦後経営」(岩波講座『日本歴史16』近代3、一九七六年)。
(8)村上勝彦「植民地」(大石嘉一郎編『日本産業革命の研究』下、東京大学出版会、一九七五年)。以下、朝鮮経済の叙述は、この論文による。
(9)森山茂徳『近代日韓関係史研究』(前掲)九九〜一一六頁。
(10)森山茂徳「朝鮮における日本とベルギー・シンディケート」(『年報・近代日本研究』2、一九八〇年)。

(11) 大江志乃夫「植民地戦争と総督府の成立」(岩波講座『近代日本と植民地』第二巻、一九九二年) 三〜一一頁。
(12) 石井寛治「日清戦後経営」(前掲)。
(13) 矢内原忠雄『帝国主義下の台湾』第二篇 (岩波書店、一九二九年)。
(14) 黄紹恒「近代日本製糖業史序説 (一八六八〜一九一二)」(東京大学大学院経済学研究科博士論文、一九九三年)。
(15) 社団法人糖業協会編『近代日本糖業史』上巻 (服部一馬執筆、勁草書房、一九六二年) 二八六〜三三六頁。
(16) 小林啓治「日英同盟論」(井口和起編『近代日本の軌跡3　日清・日露戦争』吉川弘文館、一九九四年)。
(17) 長島要一『明治の外国武器商人』(中公新書、一九九五年) 一四六〜一七七頁。
(18) 室山義正『近代日本の軍事と財政』(東京大学出版会、一九八四年) 第二編第二章。
(19) メンデリソン著、飯田貫一ほか訳『恐慌の理論と歴史』4 (原著一九五九年刊、青木書店、一九六一年) 一四八〜一五二頁。
(20) 和田春樹「近代ロシア社会の発展構造」(『社会科学研究』一七巻二、三号、一九六五年)。
(21) 利谷信義「近代法体系の成立」(岩波講座『日本歴史16』近代3、前掲)。
(22) 高村直助「産業・貿易構造」(大石嘉一郎編『日本産業革命の研究』上、東京大学出版会、一九七五年)。
(23) 井口東輔編『現代日本産業発達史Ⅱ　石油』(現代日本産業発達史研究会、一九六三年) 九五〜一三二頁。
(24) 長岡新吉『明治恐慌史序説』(東京大学出版会、一九七一年) 七三〜七四頁。
(25) 安藤良雄編『近代日本経済史要覧』(東京大学出版会、一九七五年) 七三頁。
(26) メンデリソン著『恐慌の理論と歴史』第Ⅳ分冊 (前掲) 一七二〜一七六頁。

(27) 西村はつ「産業資本(1)綿業」(大石嘉一郎編『日本産業革命の研究』上、前掲)。
(28) 古島敏雄『産業史Ⅲ』(山川出版社、一九六六年)四七五〜四七七頁。
(29) 鈴木ゆり子「醤油醸造業における雇用労働」(林玲子編『醤油醸造業史の研究』吉川弘文館、一九九〇年)一四六〜一四七頁。
(30) 靏見誠良『日本信用機構の確立』(有斐閣、一九九一年)二五七〜二八七頁。
(31) 石井寛治「産業資本確立過程における日本銀行信用の意義」(山口和雄『日本経済史』筑摩書房、経済学全集12、一九六八年版別冊)。
(32) 上塚司編『高橋是清自伝』下巻(千倉書房、一九三六年、中公文庫、一九七六年)八〇頁。
(33) 『三井物産沿革史』稿本第四編。
(34) 石井寛治「産業資本確立過程の株主層」(逆井孝仁ほか編『日本資本主義 展開と論理』東京大学出版会、一九七八年)。
(35) 岡崎哲二・奥野正寛編『現代日本経済システムの源流』(日本経済新聞社、一九九三年)九〜一〇頁。
(36) 野田正穂・原田勝正・青木栄一・老川慶喜編『日本の鉄道』(日本経済評論社、一九八六年)五〇、六五〜六六頁。
(37) 隅谷三喜男『日本石炭産業分析』(岩波書店、一九六八年)二九五〜二九六、三五二〜三五四頁。
(38) 野田正穂・原田勝正・青木栄一・老川慶喜編『日本の鉄道』(前掲)五四〜五六頁。もっとも、八王子から鑓水峠を越えて横浜へ出るルートは難路だったというから(高村直助「水上のシルクロード」吉田伸之・高村直助編『商人と流通』山川出版社、一九九二年)、むしろ、陸路東京まで送ってから鉄道で横浜へ運ぶほうが多かったと思われる(『平野村誌』下巻、一九三二年、四九二〜四九三頁)。他のルートを含めて、生糸輸送ルートの実証は今後の課題であろう。
(39) 石井寛治・山口和雄編『近代日本の商品流通』(東京大学出版会、一九八六年)七〜八頁。

(40)『東京経済雑誌』一八九五年九月七日号。
(41) 日本経営史研究所編『日本郵船株式会社百年史』（日本郵船株式会社、一九八八年）一一七〜一一八頁。
(42) 小風秀雅『帝国主義下の日本海運』（山川出版社、一九九五年）二二五頁。
(43) 石井寛治『情報・通信の社会史』（有斐閣、一九九四年）一四八〜一七七頁。
(44) 高村直助「紡績業の勃興」（高村直助編『近代日本の軌跡8　産業革命』吉川弘文館、一九九四年）。
(45) Yonekawa, S., "The Growth of Cotton Spinning Firms : A Comparative Study", Okochi, A., Yonekawa, S. (ed.), *The Textile Industry and Its Business Climate*, University of Tokyo Press, 1982. 米川伸一『紡績業の比較経営史研究』（有斐閣、一九九四年）。
(46) 中村哲『明治維新の基礎構造』（未来社、一九六八年）二五七〜二六五頁。
(47) 農商務省商工局『綿糸紡績職工事情』（一九〇三年）。
(48) 古島敏雄『産業史Ⅲ』（前掲）四四一頁。
(49) 石井寛治『日本蚕糸業史分析』（東京大学出版会、一九七二年）四三頁より算出。
(50) イタリア製糸業史の研究者であるピサ大学のG. Federico教授のご教示による。
(51) 石井寛治「製糸業の展開」（『横浜市史』第五巻上、一九七一年）。
(52) 農商務省商工局『綿糸紡績職工事情』（前掲）。
(53) 石井寛治「絹織物輸出の発展」（『横浜市史』第四巻上、一九六五年）。
(54) 横山源之助『日本の下層社会』（原著一八九九年刊、岩波文庫、一九四九年）一二八頁。
(55) 神立春樹『明治期農村織物業の展開』（東京大学出版会、一九七四年）一七三〜二六八頁。
(56) 沢井実「戦前期日本鉄道車輌工業の展開過程」（『社会科学研究』三七巻三号、一九八五年）。
(57) 鈴木淳『明治の機械工業』（ミネルヴァ書房、一九九六年）一〇二〜一七五、三五二頁。
(58) 沢井実「戦前・戦中期日本における工作機械企業の技術と経営」（竹岡敬温・高橋秀行・中岡哲郎編著

『新技術の導入』同文館出版、一九九三年)。
(59) 飯田賢一『日本鉄鋼技術史』(東洋経済新報社、一九七九年)一五三〜一七五頁、および、中岡哲郎「技術史の視点から見た日本の経験」(中岡哲郎・石井正・内田星美『近代日本の技術と技術政策』国際連合大学、一九八六年)参照。
(60) 長岡新吉『明治恐慌史序説』(前掲)一八〇〜一九八頁。
(61) メンデリソン著『恐慌の理論と歴史』第Ⅳ分冊(前掲)二八二頁。
(62) 入江節次郎責任編集『講座西洋経済史Ⅲ　帝国主義』(同文館出版、一九八〇年)一一六〜一三〇、一五七〜一七二頁。
(63) 海野福寿「工業発展と都市の動向」(古島敏雄・和歌森太郎・木村礎編『郷土史研究講座7　明治大正郷土史研究法』朝倉書店、一九七〇年)。
(64) 伊藤繁「明治大正期日本の都市成長」(安場保吉・斎藤修編『プロト工業化期の経済と社会』日本経済新聞社、一九八三年)。
(65) 速水融・鬼頭宏「庶民の歴史民勢学」(『日本経済史2　近代成長の胎動』岩波書店、一九八九年)。
(66) 伊藤繁「人口増加・都市化・就業構造」(『日本経済史5　産業化の時代　下』岩波書店、一九九〇年)。
(67) 石塚裕道『日本近代都市論』(東京大学出版会、一九九一年)八四〜一〇六頁。
(68) 松嵜久実「産業革命期の奈良県農村織物業と農村労働力」(『土地制度史学』一〇四号、一九八四年)。
(69) 松元宏「養蚕地帯における地主経営の構造」(永原慶二・中村政則・西田美昭・松元宏著『日本地主制の構成と段階』東京大学出版会、一九七二年)。
(70) 荻野喜弘『筑豊炭鉱労資関係史』(九州大学出版会、一九九三年)一〇二〜一一二頁。
(71) 安良城盛昭『天皇制と地主制』下巻(塙書房、一九九〇年)一七〇〜一九〇、二三三〜二四〇頁。
(72) 中村政則「明治維新の世界史的位置」(中村政則編『日本の近代と資本主義』東京大学出版会、一九九二年)。

(73) 谷本雅之・阿部武司「企業勃興と近代経営・在来経営」(『日本経営史2　経営革新と工業化』岩波書店、一九九五年)。

(74) 各年次『帝国統計年鑑』。

(75) 石井寛治『日本蚕糸業史分析』(前掲)一五四頁。

(76) 天野郁夫『学歴の社会史』(新潮選書、一九九二年)。

(77) 石橋湛山『湛山回想』(岩波文庫、一九八五年)六三頁。

(78) 和辻哲郎『自叙伝の試み』(中央公論社、一九六一年、中公文庫、一九九二年)三一九頁。

(79) E・H・キンモンス著、広田照幸ほか訳『立身出世の社会史』(原著一九八一年刊、玉川大学出版部、一九九五年)三〇六頁。

(80) 升味準之輔『日本政党史論』第二巻(東京大学出版会、一九六六年)五四頁。

(81) 宮内庁編『明治天皇紀』第一〇(吉川弘文館、一九七四年)四〇九～四一〇、四五九～四六〇頁。

(82) 増田知子「日露戦争への道」(『日本歴史大系4　近代Ⅰ』山川出版社、一九八七年)一〇二二～一〇四二頁。

(83) 藤村道生「開戦世論の構造」(信夫清三郎・中山治一編『日露戦争史の研究』河出書房新社、一九五九年)一八九～一九六頁。

(84) 原奎一郎編『原敬日記』第二巻(福村出版、一九六五年)九〇～九一頁。

(85) B・A・ロマーノフ著、山下義雄訳『満洲に於ける露国の利権外交史』(原著一九二八年刊、鴨右堂書房、一九三四年)六八五頁。蒲池敬「日露戦争をめぐる外債問題」(『日露戦争史の研究』、前掲)三五〇頁。大石嘉一郎「資本主義の確立」(岩波講座『日本歴史17』近代4、一九七六年)一〇八～一一〇頁。

(86) Suzuki, T., *Japanese Government Loan Issues on the London Capital Market 1870-1913*, The

Athlone Press, 1994.

(87) 呉天降『アメリカ金融資本成立史』（有斐閣、一九七一年）二四六頁。

(88) 梅溪昇編『明治期外国人叙勲史料集成』第四巻（思文閣出版、一九九一年）一八八～一八九頁。ただし、レベルストック卿が勲一等になったのは、「英国枢密顧問官」という肩書も作用していたと思われる。

(89) 小林啓治「日英同盟論」（前掲）。

(90)『世界の艦船　ロシア／ソビエト戦艦史』（海人社、一九九二年）。この点、『福井静夫著作集　日本戦艦物語〔Ⅰ〕〔Ⅱ〕』（光人社、一九九二年）も参照。

(91) 三宅宏司『大阪砲兵工廠の研究』（思文閣出版、一九九三年）一八〇頁。

(92) 大江志乃夫『日露戦争の軍事史的研究』（岩波書店、一九七六年）一〇三頁。

(93) 大江志乃夫『日露戦争と日本軍隊』（立風書房、一九八七年）二一七頁。

(94) 原田勝正『明治鉄道物語』（筑摩書房、一九八三年）二一〇頁。

(95) 大江志乃夫『日露戦争の軍事史的研究』（前掲）五七九頁。

(96) 同上書四〇八～四一二頁。

(97) 沢井実「機械工業」（『日本経済史4　産業化の時代　上』岩波書店、一九九〇年）。

(98) 石井寛治『情報・通信の社会史』（前掲）一二五～一三三頁。

(99) 大江志乃夫『日露戦争の軍事史的研究』（前掲）二一九～二二一頁。

(100) 橋本哲哉・林宥一『石川県の百年』（山川出版社、一九八七年）九九頁。

(101) *The War in the Far East 1904-1905, by the Military Correspondent of the Times*, London, John Murray, 1905.

(102)『東京経済雑誌』一九〇四年一一月一二日号。

(103) 同上誌一九〇五年三月二五日号。

(104) 藤井松一「日露戦争期における京都府下経済の動向」(藤原彰・松尾尊兊編『論集　現代史』筑摩書房、一九七六年)。
(105) 海野福寿『韓国併合』(岩波新書、一九九五年)一一七～一四二頁。
(106) 大江志乃夫『日露戦争の軍事史的研究』(前掲)五五六～五五八頁。
(107) 海野福寿『韓国併合』(前掲)一三五～一三六頁。
(108) D・クリスティー著、矢内原忠雄訳『奉天三十年』下巻(岩波書店、一九三八年、特装版一九八二年)二四六、二四九、二五七頁。
(109) 鈴木隆史『日本帝国主義と満州』上巻(塙書房、一九九二年)九一頁。
(110) 石光真清『望郷の歌』(中公文庫、一九七九年)九六頁。

第四章　無賠償のかわりに朝鮮・満州を

(1) 長岡新吉『明治恐慌史序説』(東京大学出版会、一九七一年)二二八～二四九頁、高村直助『日本資本主義史論』(ミネルヴァ書房、一九八〇年)一八九～二〇九頁。
(2) 石井正「力織機製造技術の展開」(南亮進・清川雪彦『日本の工業化と技術発展』東洋経済新報社、一九八七年)。
(3) 鈴木淳『明治の機械工業』(ミネルヴァ書房、一九九六年)二五二～二六五頁。
(4) 高村直助『日本紡績業史序説』下巻、(塙書房、一九七一年)一五五～一五七頁、石井寛治「絹織物輸出の発展」(『横浜市史』第四巻上、一九六五年)三三二、三八七頁。
(5) 阿部武司『日本における産地綿織物業の展開』(東京大学出版会、一九八九年)一一三～一二九頁。
(6) 石井寛治「絹織物輸出の発展」(前掲)、同「福井・石川絹織物業と金融」(山口和雄編著『日本産業金融史研究・織物金融篇』東京大学出版会、一九七四年)。

（7）高村直助『日本資本主義史論』（前掲）五七頁。
（8）山田盛太郎『日本資本主義分析』（岩波書店、一九三四年、岩波文庫、一九七七年）一六〇頁。
（9）沢井実「戦前・戦中期日本における工作機械企業の技術と経営」（竹岡敬温ほか編著『新技術の導入』同文舘、一九九三年）。
（10）沢井実「機械工業」（『日本経済史4　産業化の時代　上』岩波書店、一九九〇年）。
（11）石井寛治「産業・市場構造」（大石嘉一郎編『日本帝国主義史1　第一次大戦期』東京大学出版会、一九八五年）。
（12）高村直助『日本資本主義史論』（前掲）五九頁。
（13）内田星美「技術移転」（『日本経済史4　産業化の時代　上』、前掲）。
（14）石井寛治「産業・市場構造」（前掲）。
（15）大石嘉一郎「資本主義の確立」（岩波講座『日本歴史』近代4、一九七六年）。
（16）鉄鋼新聞社編『鉄鋼巨人伝　白石元治郎』（一九六七年）。
（17）橘川武郎『日本電力業の発展と松永安左ヱ門』（名古屋大学出版会、一九九五年）三六〜四二頁。
（18）林安繁『宇治電之回顧』（宇治電ビルディング、一九四二年）八〇〜八二頁。
（19）宇佐見省吾『電気の鬼　人間松永安左衛門』（設備出版社、一九五三年）。
（20）東邦電力『営業報告』による。
（21）古島敏雄『台所用具の近代史』（有斐閣、一九九六年）一四九頁。
（22）中山伊知郎監修『電力百年史（前編）』（政経社、一九八〇年）。
（23）上林貞治郎「日本工業電化発達史」（小山弘健・上林貞治郎・北原道貫『日本産業機構研究』伊藤書店、一九四三年）二三三頁。
（24）阿部武司・橘川武郎「日本における動力革命と中小工業――産地綿織物業の場合」（『社会経済史学』五

三巻二号、一九八七年）。
(25) 農商務省工務局工務課編『工場通覧』（一九一一年刊）。
(26)「高橋大蔵大臣の財政経済方針演説」（『銀行通信録』三三八号、一九一三年一二月二〇日）九八頁。
(27) 堀江保蔵『外資輸入の回顧と展望』（有斐閣、一九五〇年）一一五頁。
(28) 高橋誠『明治財政史研究』（青木書店、一九六四年）二三〇頁。
(29) 大浜徹也『明治の墓標　庶民のみた日清・日露戦争』（河出文庫、一九九〇年）二四〇頁。
(30) 石井寛治『日本の産業化と財閥』（岩波書店、一九九二年）五四〜五五頁。
(31) 本宮一男「一九一一年関税改正の意義」（高村直助編『日露戦後の日本経済』塙書房、一九八八年）。
(32) 中山弘正『帝政ロシアと外国資本』（岩波書店、一九八八年）二一六〜二一七、二七五〜二八六、二九〇〜二九二、三二三〜三二六頁。
(33) 高村直助「転換期としての第一次大戦と日本」（『講座　日本歴史』近代3、東京大学出版会、一九八五年）。
(34) 神山恒雄『明治経済政策史の研究』（塙書房、一九九五年）二七六〜二七七頁。
(35) 安藤良雄編『近代日本経済史要覧』（東京大学出版会、一九七五年）より算出。
(36) Mitchel, B. R., *European Historical Statistics 1750-1970*, The Macmillan Press Ltd., 1978.
(37) 斎藤萬吉著、鈴木千代吉編『日本農業の経済的変遷』（青史社、一九七五年）一三九〜一四一、一四九〜一五一頁。
(38) 森川英正『日本財閥史』（教育社、一九七八年）五三〜五四頁。
(39) 粕谷誠「中上川入行前後の三井銀行」（『経営史学』二二巻三号、一九八七年）。
(40) 池田清『日本の海軍』下巻（至誠堂、一九六七年、全訂版、朝日ソノラマ、一九八七年）二七〜三三頁。
(41) 竹中亨『ジーメンスと明治日本』（東海大学出版会、一九九一年）一一八〜一二一頁。

(42) 盛善吉編著『シーメンス事件　記録と資料』(現代史出版会、一九七六年)。
(43) 安岡重明『財閥の経営史』(日経新書、一九七八年、現代教養文庫、一九九〇年) 七八〜七九頁。
(44) 武田晴人「多角的事業部門の定着とコンツェルン組織の整備」(橋本寿朗・武田晴人編『日本経済の発展と企業集団』東京大学出版会、一九九二年) 七九頁。
(45) 三井八郎右衛門高棟傳編纂委員会編『三井八郎右衛門高棟傳』(三井文庫、一九八八年) 二二八〜二三〇、二七一〜二七二、六二九〜六三六頁。
(46) E・ハワード著、島津久大訳『薩摩国見聞記』(原著一九一八年刊、新人物往来社、一九七八年)。
(47) 横山源之助「貧街十五年間の移動」(中川清編『明治東京下層生活誌』岩波文庫、一九九四年) 二六六〜二八〇頁。
(48) 横山源之助「共同長屋探見記」(同上書) 二五五〜二六一頁。
(49) 津田真澂『日本の都市下層社会』(ミネルヴァ書房、一九七二年)。
(50) 兵藤釗『日本における労資関係の展開』(東京大学出版会、一九七一年) 三一七頁。
(51) 同上書一二八〜一二九頁。
(52) 武田晴人『日本産銅業史』(東京大学出版会、一九八七年)、二村一夫『足尾暴動の史的分析』(東京大学出版会、一九八八年)。
(53) 中富兵衛『永岡鶴蔵伝』(御茶の水書房、一九七七年)。
(54) 橋本哲哉「民衆運動と初期社会主義」(『講座　日本歴史』近代2　東京大学出版会、一九八五年)。
(55) 以下、宮地正人『日露戦後政治史の研究』(東京大学出版会、一九七三年)、有泉貞夫「明治国家と民衆統合」(岩波講座『日本歴史』近代4、前掲) による。
(56) 夏目漱石『それから』(『朝日新聞』一九〇九年六〜一〇月、岩波文庫、一九三八年) 九一〜九二頁。
(57) 小木曾照行「ポーツマス講和会議」(信夫清三郎・中山治一編『日露戦争史の研究』河出書房新社、一九五九年）。
（58）海野福寿『韓国併合』（岩波新書、一九九五年）一六二〜一六五、二四四頁。
（59）森山茂徳『近代日韓関係史研究』（東京大学出版会、一九八七年）二〇〇〜二二六頁。
（60）田中慎一「韓国併合」（井口和起編『日清・日露戦争』吉川弘文館、一九九四年）。
（61）海野福寿『日本の歴史18　日清・日露戦争』（集英社、一九九二年）二四三〜二五三頁。
（62）尹健次『朝鮮近代教育の思想と運動』（東京大学出版会、一九八二年）。
（63）石井寛治「問題提起（共通論題　日本資本主義と植民地）」（『社会経済史学』五一巻六号、一九八六年）。
（64）安藤彦太郎編『満鉄』（御茶の水書房、一九六五年）二〇頁、鈴木隆史『日本帝国主義と満州』上巻（塙書房、一九九二年）一一九〜一二二頁。
（65）小林英夫『満鉄』（吉川弘文館、一九九六年）三〇〜三四頁。
（66）松村正義『日露戦争と金子堅太郎』（新有堂、一九八〇年）四八〇〜四八四頁。
（67）鈴木隆史『日本帝国主義と満州』上巻（塙書房、一九九二年）一二三頁。
（68）Carosso, V. P., *The Morgans, Private International Bankers, 1854-1913*, Harvard University Press, 1987.
（69）三谷太一郎「ウォール・ストリートと満蒙」（細谷千博・斎藤真編『ワシントン体制と日米関係』東京大学出版会、一九七八年）。
（70）原田勝正『満鉄』（岩波新書、一九八一年）四〇〜四一頁。
（71）大江志乃夫『日本の参謀本部』（中公新書、一九八五年）九〇〜九五頁。
（72）井上清『日本帝国主義の形成』（岩波書店、一九六八年）三一七〜三四〇頁。
（73）島田俊彦『関東軍』（中公新書、一九六五年）六〜四〇頁。
（74）坂野潤治『大系日本の歴史13　近代日本の出発』（小学館、一九八九年、小学館ライブラリー、一九九三年）三六二〜三六三頁。

終　章　産業革命から情報革命へ

(1) 姜在彦『朝鮮の攘夷と開化』（平凡社、一九七七年）一一八〜一三九頁。
(2) 旗田巍『日本人の朝鮮観』（勁草書房、一九六九年）一二〜二〇頁。
(3) 坂野潤治『明治・思想の実像』（創文社、一九七七年）二九〜五七頁。
(4) 旗田巍『日本人の朝鮮観』（前掲）二七一〜二九五頁。
(5) 芝原拓自『日本近代化の世界史的位置』（岩波書店、一九八一年）三九三〜四〇六頁。
(6) 王暁秋著、小島晋治監訳『アヘン戦争から辛亥革命』（原著一九八七年刊、東方書店、一九九一年）一〇六〜一二九頁。
(7) 井上清『日本帝国主義の形成』（岩波書店、一九六八年）一五四〜一五八頁。
(8) 杉原達「黄禍論」（歴史学研究会編『講座　世界史』強者の論理、東京大学出版会、一九九五年）。
(9) 井口和起「日本人の国際政治観」（井口和起編『日清・日露戦争』吉川弘文館、一九九四年）。
(10) 王暁秋著『アヘン戦争から辛亥革命』（前掲）二二四〜二四九頁。
(11) 海野福寿『日本の歴史18　日清・日露戦争』（集英社、一九九二年）七六頁。
(12) 石井寛治『情報・通信の社会史』（有斐閣、一九九四年）七三〜七四頁。

原本あとがき

本書の成り立ちの発端は、いまから五年近く前の一九九二年九月のある日、朝日選書編集部から、『日本の産業革命』といった内容のものを一冊書きませんか、とお誘いの電話をいただいたことにあった。産業革命というテーマは、自分の本来の研究テーマであったにもかかわらず、大学生向けのテキスト『日本経済史』（東京大学出版会、一九七六年初刷）を全面改定した『日本経済史〔第二版〕』（一九九一年初刷）でも、産業革命期についてはあまり改定する余裕がなかった私は、この機会に新しい構想で日本の産業革命を論じてみたいと思い、快諾した。いまから考えると、そうした私の側のやや「不純」な動機が、朝日選書としては、若干異色の、漢字の多い、堅い文章のつながった本書を生む一因になったと反省している。

執筆は、私のほうの事情から予想以上に遅れ、選書編集部に大変なご迷惑をおかけした。執筆に取りかかる予定の一九九四年四月に、たまたま経済学部長の仕事が回ってきてしまったためである。最初は学部長の仕事の合間に書きましょうなどと呑気な約束をしていたが、東京大学の全学的な大学院重点化の組織改革の波のなかに経済学部も巻き込まれ、仕事の合間などというものはまったくなくなった。それに、学部長として日々の判断業務に追われていると、限られた情報量のもとで次々と判断を下す忙しさに慣れてしまい、重要な情報を可能なかぎり集めつつじっくりと考えて執筆をする、という落ち着いた頭脳労働への切りかえができなくなってしまった。そういうわけで、結局九五年九月に学部長の任期を満了したあとに改めて執筆準備に取りかかり、本格的な執筆には九六年の後半を充てざるをえなかったのである。

執筆は楽しくかつ苦しいものであった。久しぶりに最近の諸研究に目を通したり、直接オリジナルな資料を探して加工する作業を苦労してすすめながら、研究者への復帰を実感することができた。それだけに、私としては具体的な事例を入れて読みやすくしたつもりだったが、結果的には堅苦しい論文調の文体になってしまった。一九九七年に入ってからは、できあがった第一次草稿の手直しを行った。「最初の読者」である編集部からは、私の論文調の固い表現をわかりやすい平易な表現に直すための厳しい注文が相つぎ、そのお陰で随分と文章が改良されたのではないかと思う。編集のプロの適切な助言に感謝したい。

ともあれ、本書は、『大系日本の歴史12　開国と維新』（小学館、一九八九年。ライブラリー版、一九九三年）につづく、私の一般読者向けの全体史の試みの第二号である。執筆のために、数多くの研究を参照させていただき、その主要なものは注記した。私も、このあと当分のあいだは、本書の執筆過程で発見したいくつもの個別テーマの専門研究に戻って研究の蓄積をすすめたいと思う。

本書の序章でも触れたように、最近、日本近現代史についての社会的関心が高まる出来事があったが、その契機となった問題提起の内容は、かならずしもわれわれの歴史認識の深化をもたらすものではなく、その多くは、提起者の国家主義的な現実認識を歴史のなかに恣意的に投影しただけのものにすぎなかった。そこでは故司馬遼太郎氏の作品が御神輿《おみこし》のように担ぎまわされたが、昭和史への厳しい批判のゆえにあえて明治史の再評価をこころみた当の司馬氏が、生きておられたら仰天するような肯定的な昭和史像が提起されており、司馬氏の作品は体よく利用されただけであった。

もっとも、いわゆる司馬史観そのものにも、特定の人物を中心に歴史の一局面のみをクローズアップすることによって、他の重要な局面を切り捨ててしまうという問題がはらまれていたことは、最近刊行された中村政則『近現代史をどう見るか――司馬史観を問う』（岩波ブックレット427、一九九七年）が的確に指摘しているとおりである。読者は、私の『日本の産業革命』を読むことによって、日清・日露両戦争の歴史的性格についても、従来の常識的見方や司馬史観のいずれとも異なるイメージに出会って驚かれるかもしれない。それは、数多くの個別研究によって発見された新事実に基づいて、私なりの視点から構成した新しい全体像である。私の見解の土台となった諸研究については、それぞれの箇所で注記してあるので、より立ち入った勉強を望まれる方々は、それらに直接当たって下さるよう希望する。日本の産業革命全体に関する最近の代表的研究は、序章の注（13）（14）に記してある。

最後に、このささやかな書物を世に送り出すにさいして、私の研究に大きな影響を与えた三人の恩師について一言触れることをお許しいただきたい。

まず、名著『日本資本主義分析』（岩波書店、一九三四年）を著された山田盛太郎先生は、たとえば資本主義社会といったような全体の把握から、いきなり個別事象の位置づけへと走る議論の方法はとられなかった。着実な個別的事実認識の積み上げのなかから全体の構造を明らかにし、そのことを通じて個々の要因の、全体の一環としての意義をあらためて確定するという、独自な構造論を分析方法として提起し実践された。一九八〇年一二月に亡くなられた山田先生の追悼講演会で、大塚久雄先生は、そうした山田構造論の特徴を指摘しつつ、歴史研究者としては、さらに、「構造から構造への移行過程を、それが可能でありまた必然であった軌跡を、追いかけていかなければならない」といわれた。

この部分は、じつは固定的な構造把握に陥りかねない山田理論への大塚史学からの批判であり、構造を支えるとともに変革する人間主体のありようを人間類型論として展開したところに、大塚史学の特徴があったのである。その大塚久雄先生も、一九九六年七月に亡くなられた。二人の先達の残された「構造」と「主体」の統一的把握という方法に立ち、現代の世界と日本を見据えつつどのように歴史把握を行うかが、われわれに与えられた課題であろう。

私としては、そうした課題を、学生時代以来の恩師で、満九〇歳になられた今日も三井文庫館長としての職務のかたわら、研究に励んでおられる山口和雄先生の徹底した実証的手法に倣いつつ、今後とも果たしていきたいと願っている。

本書が、多くの人々によって読まれ、日本の近現代史の認識を深めるために少しでも役立てていただくことができれば幸いである。

一九九七年六月　東京世田谷の寓居にて

石井寛治

文庫版あとがき

本書が一九九七年に朝日選書の一冊として刊行されてから、早くも一五年の歳月が流れた。版元で品切れになって久しいため、現役教員の後輩諸氏からなんとかならないかと言われていた矢先に、講談社学術図書第一出版部の稲吉稔氏から、同社の学術文庫として出版する話が持ち込まれ、渡りに船とばかりに了承した結果生まれたのがこの文庫版である。

この一五年間に日本産業革命に関する実証研究は大きく進展し、それが通説のように中央先導型の発展ではなく、むしろ地方経済の発展を基礎にしたことを重視すべきだとする中村尚史『地方からの産業革命』（名古屋大学出版会、二〇一〇年）のような新しい問題提起もなされているが、産業革命研究を帝国主義研究と結び付けて考える本書のような見方は必ずしも深められておらず、その意味で本書の役割は依然として失われていないように思われる。

筆者は、畏友王新生教授の招きで、しばしば中国の北京大学において日本経済史の集中講義をしている。今年は九月下旬に「帝国主義日本の対外戦略」と題して講義をした。折しも尖閣諸島を巡って日中関係が悪化していたが、そういう時だからこそ、大学の中では歴史の正確な評価を深めることが必要だと考えて、予定通り六回に亘る講義を行った。

講義の冒頭で、今回の日中間の対立の本質は資源問題にあるが、決して解決不可能ではなく、両国政府がお互いの意見の対立を認めた上で、武力を使わずに外交交渉を通じて知恵を出し合えば平和的な解決の道が必ず見つかるはずだと話した。

そして講義では、日清戦争が、国内政治対立を解消しようとする日本政府によって開始されたこと、満州事変は、満州の地下資源の確保を目指す日本政府と軍部が、日露戦争の結果ロシアから受け継いだ満州利権を延長・拡大せんとして始めた戦争であり、資源確保を領土支配と絡めると戦争が避け難くなることを指摘したが、北京大学の教員・院生・学生は、私の言わんとすることをよく理解してくれたように思う。

歴史問題として考えるとなると、日清戦時における日本政府の同諸島の領有措置が国際法に照らして合法だったとしても、もともと国際法なるものが、明確な統一的理念によるものでなく、当時の帝国主義的環境のもとでの有力国家間の力関係のバランスによって規定されており、往々にして力ずくの支配が「国際法」の名のもとに行われたことが問題となろう。

その点で、本書第四章で言及した日露戦争直後の第二次日韓協約の合法性をめぐる論争に一脈相通ずる問題が、そこにもあることが指摘されなければならないが、ただ、韓国併合過程の韓国側のような明確な異議申し立てが中国側から見られなかったことも事実である。したがって、中国側が、今になって領有権を取り戻すと称して、力ずくの行動をとることは、正当性を欠くものと言わなければなるまい。

このように、対立を歴史問題として後ろ向きに議論すると、出口のない袋小路に入り込みかねないため、問題解決のためには、鄧小平氏の示唆を生かして資源の日中共同開発というような前向きの議論をするべきではないかと思う。

本書には、「日清・日露戦争から考える」という副題が付いている。日本の産業革命は、一八七〇年代から一九一〇年代にかけての古典的帝国主義の時代に行われ、当初は危険な外資を排除して自力で経済近代化を試み、それに並行して、同じ帝国主義候補国であった清国と日清戦争を戦い、その勝利によって自ら帝国主義国になった上で、今度は同じ後発帝国主義国のロシアと日露戦争を戦って勝利した。

通説では、日本は日清・日露の二大戦争に勝利したために、アジアで最初の産業革命を達成できたと考えられてきたが、本書の理解は必ずしもそうではない。本書は、むしろ、日本は戦争を通じて世界有数の軍事大国になったが、国民経済の全体的規模や生活水準は先進諸国に大きく劣っており、産業革命を行ったとはいえ経済大国にはなれなかったと考えている。

正確に言えば、軍事大国化したために経済大国化できなかったのであり、対外戦争が経済近代化を支えたとは必ずしも言えないのである。この点についての本書の実証は十分ではなく、今後さらに研究を深めなければならないが、本書執筆の狙いはそこにあったことを記しておきたい。

経済大国になれなかったもうひとつの理由は、産業革命の過程で日本政府が外資の導入を禁止し、日清戦争賠償金という巨額の「外資」もそのほとんどをロシア相手の軍備拡張に費消したことにある。

外資を排除するという、当時の国際常識に反する方法を取りながら、ともかくも産業革命に必要な資金を調達できた理由としては、近世以来の商人的蓄積が、開港後は外国商人の国内通商を禁止する政策に支えられて一層進展したことと、明治維新後は地租改正などにより恣意的な課税が抑えられた結果、長期的投資の「計算可能性」が保証され、商人的蓄積の産業分野への投資ルートが整えられたことが挙げられよう。

本書第一章では、商人的蓄積の重要さを強調したが、その後、その実態を、拙著『経済発展と両替商金融』（有斐閣、二〇〇七年）において、近世最高の資産家である三都の両替商に即して具体的に究明した。その作業を通じて、大塚久雄先生の商人資本の把握についての疑問が深まったことも、同書序章に記した通りである。

このように日本産業革命の資金提供者の中心が近世以来の商人であったとすると、彼らに代表される「日本型ブルジョアジー」のエートスはどのようなものであり、彼らは度重なる戦争に対してどのような態度をとったのであろうか。

本書ではほとんど扱わなかったそうした問題を論じたのが、私の近著『帝国主義日本の対外戦略』（名古屋大学出版会、二〇一二年）である。そこでは、近世商人や近代ブルジョアジーが、自らの経済活動の価値を、人々の役に立つことではなく、君主ないし国家の役に立つことに求めていたため、明治中期の渋沢栄一（第一銀行頭取）東京商業会議所会頭や、昭和初期の阿部房次郎（東洋紡績社長）大日本紡績連合会委員長は、大規模軍拡や満州事変に対して自己の経済合理性の立場からは反対したいと考えながらも、最終的には反対の鉾を収めてしまったことを明らかにした。とくに満州事変と日中全面戦争については、本書ではまったく言及できなかったので、関心のある方々は同書を参照していただければ幸いである。

二〇一二年一〇月

石井寛治

KODANSHA

本書の原本は、一九九七年八月、朝日新聞社より刊行されました。本書の記述中および引用部分に、今日から見れば不適切とされる表現が用いられている箇所がありますが、内容の時代的な背景ならびに著者が差別を意図して用いていないことを考慮し、そのままとしました。